人人都是产品经理
WWW.WOSHIPM.COM
出品

起点学院
互联网黄埔军校

移动互联网
产品运营
提升笔记

运营攻略

LEVEL UP

BUY!

陈辉◎著

人 民 邮 电 出 版 社

北　京

图书在版编目（CIP）数据

运营攻略：移动互联网产品运营提升笔记 / 陈辉著
. -- 北京：人民邮电出版社，2017.12（2021.4重印）
ISBN 978-7-115-47204-5

Ⅰ．①运… Ⅱ．①陈… Ⅲ．①移动通信－互联网络－
邮电企业－运营管理 Ⅳ．①F626.5

中国版本图书馆CIP数据核字(2017)第270350号

内 容 提 要

本书深入浅出地告诉大家什么是运营，梳理了移动互联网时代各类运营方向的工作重点与工作方法，结合实例指出了每类运营方向的提升要点；结合作者的亲身经历，解答了无数运营人与产品人纠结的运营与产品到底有什么异同的问题；指明了运营人的核心竞争力，并对处于不同阶段的运营人提出了相应的建议与要求；尤为难得的是，书中还阐述了内容型产品与工具型产品应该如何实现高效运营等。

"人人都是产品经理"团队参与策划了本书，书中还附带了"起点学院"的多个真实案例，并在最后附赠了运营人员最需要的各类模板及运营工具包。

本书作为移动互联网时代一本难得的产品运营图书，不仅适合运营人员阅读，还适用于产品人员，大家阅读时可以在书中找到很多实用的工作方法。我们希望本书能成为移动互联网时代中提升运营的一个范本。

◆ 著　　　　　陈　辉

　 责任编辑　孙　媛

　 责任印制　陈　犇

◆ 人民邮电出版社出版发行　　北京市丰台区成寿寺路11号
　 邮编 100164　 电子邮件 315@ptpress.com.cn
　 网址 http://www.ptpress.com.cn
　 固安县铭成印刷有限公司印刷

◆ 开本：720×960　1/16
　 印张：17.25　　　　　　　2017年12月第1版
　 字数：290千字　　　　　　2021年4月河北第9次印刷

定价：59.00 元

读者服务热线：(010)81055410　印装质量热线：(010)81055316
反盗版热线：(010)81055315
广告经营许可证：京东市监广登字20170147号

序

FOREWORD

"人人都是产品经理"社区创办于2010年，至今7年。这7年间，互联网发生了翻天覆地的变化，从PC时代到移动互联网时代再到今天的人工智能+时代。时代的变迁，互联网运营的角色也在不断迭代蜕变。

我2005年开始做站长，做过各种类型的网站共十几个，大学期间做的校园同城交易平台，算小有名气，后来被一家公司收购了。基于这段电商平台的经验，受邀加入了沈阳一家做比价的电商公司负责运营工作，当时公司对运营职位的定义就是除了产品和技术的活全都干（当然，职能类的除外），涉及的事情有商品信息采集编辑处理、类目建设、站内运营、站外推广、SEO、平台运营规划等，庆幸的是在小公司，就我一个人做运营，并且公司流量不小，每天有几十万IP可以"折腾"，虽然每天事情很多、很杂，但是老板放心大胆让我处理，所以这段经历收获满满，也是我第一份正式的运营工作。

毕业后到上海加入了51.com做社区运营，负责的是51同城频道的整体运营工作，大概有300多个城市站点和上千人的站长团队需要运营和管理，本以为到了大公司做运营会有所不同，结果仍是什么都做，写帖子、写内容推荐、约稿、建立社区管理制度、群运营、千人站长团队管理、各地线下活动策划等。

当然，这是过去，我相信很多运营人都和我有共同的经历，我经历的只不过是运营人中的一个缩影。

之所以讲述过去，是想让现在的运营人知道过去的运营人是怎样的艰辛状态（严肃脸），过去的运营人都是铁打的。

现在做运营不一样了，绝大部分公司都讲究精细化运营，职位划分特别细，细到我觉得是一种人力资源的浪费，细到阻碍了一个职业的进化发展，只要公司略微有点规模（A轮起），多半都会按照以下职位类型去规划运营部门：产品运营、市场运营、渠道运营、销售运营、内容运营、用户运营、社区运营、APP运营、类目运营、游戏运营、社群运营、新媒体运营、商家运营、活动运营、数据运营等，光运营职位可能就有几十种细分。

如果你现在找有3年以内经验的运营人去聊，问TA什么是运营，那么你会发现很少有人能系统地回答，要么给你几个金句，要么是对运营的某一块工作的描述，缺乏对运营的系统认知。

我一直有个观点（不知道对错，抛出来看看，大家轻点喷），在BAT等一线互联网公司，细分职位没问题，毕竟专人干专事（公司也有钱），尤其是产品成熟期后确实需要精细化运营才能做好，才能保持产品活力。但是在我国可能98%的公司都是中小型公司，中小型公司产品多半不成熟，盲目跟风，按照大公司的方式来做精细化运营是没有必要的，我认为更需要的是系统化的运营人，也就是运营多面手，一个运营能干多个运营模块的事，但是必须精通某几个模块的事，这样才能系统地把控运营，把控最终效果。

很多大公司的运营人到中小型公司做运营后发现"水土不服"，或许就是因为过去在大公司里职位划分太细，导致"技能不全"。

因此我个人比较推崇全栈运营发展，毕竟运营是个系统化的工程，需要把控好每个环节。

人民邮电出版社的编辑一直找我说，能不能写几本运营的书籍，把运营职位的主流类型都讲讲，让运营新人和打算入行做运营的同学更系统地了解运营，于是我找到了现任豆瓣内容事业部副总经理，前金山办公运营的总监陈辉老师。陈辉老师在运营职位摸爬滚打十多年，小公司、国企、大公司都任职过，运营的方方面面都做过，这书他来主笔最合适，历时差不多一年，终于完稿了，感谢陈辉老师给我"参与感"，让我参与本书的策划和讨论，希望这本书能给大家带来收获，谢谢。

　　　　　　　——"人人都是产品经理""起点学院"创始人＆CEO　曹成明

前言

PREFACE

　　说到移动互联网的运营，不能说自己是多么资深的专家，但至少是个爱研究的行家。说起来，我也算是个很资深的互联网网民了。印象中第一次接触互联网是1998年，被同学拉进一家网吧，注册了人生第一个OICQ（即现在的QQ），同学是计算机老师的儿子，所以很早就开始接触这个新奇的领域，感谢周同学的引领。从那以后，每隔一段时间我都会去网吧刷QQ、打开邮箱、浏览论坛、看看网页，每次都重复这些在现在看来是挺无聊的事情。

　　也许是和互联网有缘，身处青年政治学院的我居然有机会去国内当时著名的一家互联网公司新浪网实习。当年，新浪网收购了红极一时的UC聊天，作为当时国内技术最成熟、用户量最大的网络视频聊天平台，全新的新浪UC似乎人手不够。很幸运，我在大三时和另外3位同学一起加入了UC部门，负责其中一档官方节目的策划和主播工作，后来大四的毕业实习也是在UC部门完成的。想想当时的网络视频聊天就是现在的手机直播的雏形，可惜当时新浪没有特殊照顾这个"外来子"，错过了直播这股风。也就是那段实习时间，让我坚定了以后要进入互联网行业的念头，放弃了传媒大学的研究生复试机会，选择留在离中关村更近的母校。

　　研二下半年，进入新浪网读书频道实习，负责文化栏目和视频访谈栏目，这一年多的实习，让我学习到了门户资讯网站运营的工作方法，感觉到了新浪网作为当时四大门户网站之首的魅力。中间，我还开了自己的淘宝网店，成了第一批"吃电商螃蟹"的人，也是第一批通过电子商务"富起来"的人，当时所有的生活费和大学7年的学费几乎都来自电商的收入。2009年毕业后，我很幸运地留在了新浪读书，负责自己很感兴趣的新浪读书手机版，同时兼顾读书频道视频访谈栏目。记得那时主编还和我说，"陈辉，你负责的移动和视频都是新浪接下来重要的方向啊，要好好干"。事实也确实如此，之后各家视频网站迭起，移动互联网风吹遍大江南北。2010年，大家都说是移动互联网元年，我也很有幸地在这个移动互联网的萌芽期加入了移动互联网行业。在新浪网读书频道的两年，让我充分了解了手机站的运营模式，了解到移动客户端的发展方向，至今我还是很感谢我工作的第一家公司，感谢新浪！

2011年，我离开新浪读书，后来去了移动阅读客户端覆盖率最高的掌阅iReader，管理一条产品线的运营工作，很快又负责了整个运营中心的工作。iReader是我运营的最有成就感的一款产品，其中首页图文结合的改版，至今还在被很多产品使用，事实也证明，iReader确实成了国内同类产品中的第一名。后来，一群原新浪读书的伙伴一起出来到了中国出版集团的数字传媒公司（简称中版数字），准备来一场体制内的创业，我主要负责所有移动端的产品、运营和渠道的对接。很多人都问我，那两年去一个并没有什么互联网基因的公司是不是亏了。实话实说，我真的觉得那两年的锻炼让我成长了很多，不只是在为人处世上，更多的是在业务上——如果在一个专业的互联网公司，可能我能做的只有运营，但是在中版数字，产品、运营、推广、商务，基本上除了研发外所有的事情，我都要去应对和处理，并且每次都需要在最小的投入上想办法得到最佳的效果，为之后的工作积累了宝贵经验。

2015年4月，在纠结是继续做阅读还是转其他方向很久后，我选择了金山。加入金山办公，负责北京公司新产品的运营，包括金山词霸、邮件和日历类应用。回到了熟悉的互联网环境，很快就找到了原来的节奏，也做了一些新的尝试，内心充实而满足。后来，公司架构调整，我开始负责公司邮箱产品的整体产品和运营，怀着既紧张又激动的心情，开始了全新的产品之路。要知道，虽然之前我在掌阅和中版数字做过一些产品的工作，但是毕竟不是成体系的。感谢葛总给了我展现全新自我的机会，也给了我一个很高的平台。在这一年多里，我真正深入到产品一线，和研发人员、测试同学一起讨论各种问题，随着用户的不断认可，也证明了当初转产品是个正确的选择。目前，我们的邮箱产品已经在国内各大OEM品牌上线，大家用的各大品牌手机内置的邮箱，基本上都是我们的产品，欢迎给我们提建议。

说了这么多，其实只是对自己这些年工作的一些回顾，从第一次到互联网公司实习至今，已经有近13年，其间我经历了互联网的洗礼和移动互联网大潮；从大互联网公司、小互联网公司到央企；从内容型产品、电商到工具类型产品；从运营到产品……都给了我很多感触和想法，这些在书中都会有体现。

这本书的诞生

2016年年中，很意外地遇到了"人人都是产品经理"旗下"起点学院"的小J同学，问我是否有兴趣做个关于运营的分享，犹豫之后答应了。没想到，这次分享成了我的"新起点"。之后每次分享，我都会认真准备，整理和总结相关的知识点。再后来，认识了老曹，发现我两对运营有着惊人的一致看法，便商量着系统整理关于运营的知识，希望能对从事运营行业的同学有所帮助，就有了写这本书的缘由。

什么是运营？运营和产品运营之间是什么关系？

运营人的思维模式与核心竞争力又是什么？

各类不同的运营工作应该如何实现高效运营？

如何让从运营菜鸟尽快提升为高级运营？

作为一个运营新人，你可以通过本书了解到运营的各个方向，包括内容运营、用户运营、活动运营、市场运营、数据运营、新媒体运营、品牌运营和电商运营等各类运营；作为一名运营老兵，你会在书中找到如何从普通运营提升到高级运营的进阶之道；作为总监级以上的运营人，你会在书中看到自己的影子，通过对本书的阅读更好地找到未来的方向。

另外，"人人都是产品经理"团队参与策划了本书内容，书中还附带了"起点学院"的多个真实案例，并在最后附赠了运营人最需要的各类模板及运营工具包。

全书没有很高深的理论知识，更多的是我对运营的理解和提炼，希望能为已经或即将步入运营的你带来小小的帮助。但读者需要了解的是，运营没有什么"包治百病"的良药，更多的是需要对产品的把握和对所在领域的深入了解，需要更多的实操部分。拿出时间，喝着咖啡，捧起这本书，相信运营并没有你想象中那么难懂。

致谢

最后，要感谢很多帮助过我的老师和朋友。

感谢我的师姐姚文坛，一次实习改变了我的一生，也让我坚信互联网终将改变世界。

感谢Sun带我重新找到了互联网公司的节奏；感谢葛总给了我展现全新自我的可能，也给了我一个很高的平台。

感谢我的第一家公司新浪，各种近似严苛的要求为我之后的工作奠定了良好的基础；感谢掌阅iReader、中版数字、金山，给了我运营一系列产品的机会和极大的成长空间。

感谢老曹和"人人都是产品经理"的各位同学，为这本书提供了很多宝贵的建议与资料，很幸运地遇到了你们，才有了这本书的面世。

感谢人民邮电出版社的编辑，是你们的努力让我有了和更多人分享经验的机会。

陈辉

推荐序
FOREWORD

（顺序不分先后）

推荐序一

上周，我去成都参加国际书店论坛，人家聊起在互联网飞速发展的今天怎样经营一家理想书店。听下来，无论是连锁书店，还是独立书店，运营都是书店的重中之重。这让我想起陈辉的新书，有关互联网产品运营，其中也有许多相似之处。

上个月，在一个小饭局上，陈辉和朋友们说自己写书了，让我们给书写序。说起这事，他还有点不好意思，但其实大家一点都不意外，凭他的工作经验和积累，早就可以写一本厚厚的书了。

说起陈辉，真算是个互联网老人了，这些年，他一直在做互联网新业务，是能跟着互联网的快速发展不断往前走的人。在互联网门户时代，他是网站编辑；在移动时代，他是最早一批做移动内容运营的人。后来，在不同的地方，他做过运营总监，也做过产品总监。

这人，爱学习、爱总结、爱钻研。这本书是他对这些年互联网运营工作的梳理，其中包含一些对成功案例的分析。仔细读下来，很有他的风格，思路清晰，善于运用数据进行多维度分析，非常细致。这书值得新人学习借鉴，也值得同行一起探讨。

总之，他的书写得足够真诚和用心，也足够实用。

陈辉让我给本书写一篇推荐序，前些日子匆匆写完又作废了。想了想，于书本身，说得太多不如请大家自己读；于陈辉本人，太熟悉了，好像可以说的很多，又不知该从哪里说起。再下笔，我还是愿意说些题外话。

我和陈辉认识，是十多年前的事了。那时我刚到门户网站工作，他刚上大二，是我的第一个实习生，我们在新浪做一档有关音乐和读书的节目。后来，我们又在新浪读书、中版数字传媒等公司共事多年。

这些年，身边的朋友都知道，无法和陈辉一起唱歌，他太专业了；也无法想象，斯斯文文的他，会是排球高手；更不会意外，他是网络游戏高手，在现实工作中也很会带团队，打胜仗。

有趣的是，听说陈辉自从上了大学，就没花过家里的一分钱，全靠课余时间打工挣钱交学费，养活自己。白天他是大公司里的实习生，晚上他是淘宝小店主。他很会管理工作时间，也很会经营小店。我曾经偷偷跑到他的淘宝小店里买过东西，客服态度极好，用户体验可以打五颗星。

2017年年初，豆瓣开始做新业务，做了内容付费产品"豆瓣时间"，还有豆瓣视频。新内容需要强运营，同行竞争激烈，这事挺有挑战的。上个月，我找到陈辉，他正在负责一家知名互联网公司的产品和运营，职位已经很高，我本着试试看的想法，给他打了电话，说了许多理想和现实，其实他一直知道我在做什么。聊到最后，我说："陈辉，这事挺难的，你来吧！"没想到他直接回了一句："好，先给我一个月时间处理好现在的工作。"这情景让我想起十多年前，当时我们的那档"阳春白雪"的读书节目做得很艰难，许多人陆续离开了。某个午后，我和那个刚来实习的大二学生坐在楼梯上聊天，他说："坛姐，只要你觉得这事可以做下去，我会和你一起坚持到底。"很多年过去了，那一幕我一直没有忘记。

如今，陈辉已经加入豆瓣。接下来，他和运营团队将接受新的挑战，需要借鉴以往经验，也需要新的尝试。我想，他的这本新书来得正是时候。如果你是同行，如果你也在读此书，希望你和陈辉一样，在运营之路上走得坚实且愉快。

——豆瓣VP　姚文坛

推荐序二

许久与陈辉不联系了，再次见面时他略显羞涩地说起他前段时间"不务正业"做了一件事，是以前从未想过要做的事。他口中的"不务正业"就是指手中拿到的这本运营攻略（电子稿）。我与陈辉的共事始于新浪读书，之后"纠缠"在一起有许多年。翻看阅读书中的很多案例很熟悉，听起来就如同昨天发生的一般。

我所认识的陈同学的第一大特点就是"人生不设限"，他会从最初在喧嚣热闹的门户时代中"退"到幕后，安安静静地做他的"WAP"，从0到1完美跨越到移动时代；而后他从商业公司到了国企后，工作环境发生了极大的变化，刚开始并非是可以最理想地开始他的业务构想，但他仍然第一时间选择的是行动，在行动中突破原有单一的线上运营，商务、版权、产品等多项能力提升使得他的运营得到了补充。更别提他十几年的电商运营经验、金山转行产品、内容型产品运营转工具型产品运营等，他从来没有给自己的人生设定定义和边框。他把这种认知和理念也加入到他的运营中，突破再突破，于是今天我看到这本书的文稿也就一点不奇怪，这本该就是他会去做的事。而我相信他能做的远不止于此。

你要是翻看各种招聘网站上运营岗的职位描述，也许你会云里雾里，越看越晕，似乎每个公司想要的运营都不一样。那么到底什么是运营？运营和产品、技术之间的关系又是怎样？运营终极目标是什么？运营人员该如何定位自己？从以终为始的态度去看运营这一角色，在商业公司里面为股东和公司创造最大化价值，这应该是一个最终的目标，其手段则是借助于为用户提供优质的产品和服务来完善。服务过程中则会采取很多不同形式的手段，至于最终采取何种手段，则是基于不同的场景来做的。不变的核心还是寻求在创造商业价值与用户价值之间取得一个平衡。在这个平衡度的把握上，陈同学有着自己的一套标准和方法论。

随着互联网与各行各业不断的融合，关于互联网相关运营实战的图书越来越多，在这样一个不确定的时代，我们如何基于原有的经验和教训来寻求相对的确定性，我想这也是所有这类图书和经验能够给大家带来的启示。在最开篇陈同学很形象地解释"产品狗""运营猫"的特点，比较通俗地介绍了一般公司内产品、研发和运营之间的关系，我松了口气，"不错，值得往下读"。一口气读完后，发现陈同学的"话痨病"一点没改，真的事无巨细地把亲身经历过的实战案例"剥洋葱"般剖析给大家，满满的干货。而且，我本以为这本书只是写给"从0到1"接触运营的新人，读完之后非常想推荐给所有从事互联网的同学，相信所有从事互联网的同学读完都会有所启发。

——华晨美创联合创始人、前百度阅读市场总监　张珊珊

推荐序三

没错，那个"骗"陈辉去做移动产品的人就是我。

那时候门户网站读书频道正风光，网站编辑们被各出版社捧着哄着，每天有各种书看，还经常有各种外出或公差旅游机会，而"WAP"是个需要不断打磨、优化的新产品，不需要跟外边打交道，没什么额外福利，老编辑都不愿意干，智能手机也没那么好用，大多数编辑对新技术也有心理障碍。

把所有人过了一遍，只有新人陈辉能"欺负"了，一个大学期间就能靠淘宝养活自己的人，必然善于思考琢磨，开店选品、厂家谈判、营销推广这些复杂的电商技能都能搞定，学习能力和动手操作能力较强，内心也足够独立、强大。

跟他聊的大意就是，如果门户网站的生命周期还有5年，那么移动产品的周期要长远得多，现在寂寞1-2年，提前学习了解，以后必然比别人走得更远。果然才一年时间，他负责的"WAP"读书就从一个小频道变成了前3的大频道，然后有了更多不断发展的后来，而之前的门户网站被移动浪潮、新技术、新趋势冲击的举步维艰。

现在陈辉修炼成了一个杰出的互联网运营专家，此书是他多年经验总结和思考的成果。通过本书，不仅可以学习互联网运营的方法和实操，还能从他身上学到互联网人是如何在不断变化的新趋势中，让自己的职业不断发展的。

要及时离开舒适区。大多数人喜欢安稳、安全，这是人性。但舒适区会让人不思

进取，所有工作已经流程化，变成不断重复的日常，个人能力在这种情况下就不可能有突破性，而是温水煮青蛙，等危机来临就会很被动。有不少老同事不愿离开门户，不主动学习移动新趋势，结果公司宣布全面移动化，"傻眼"了。

要不断调整能力结构。世界在一块块屏幕面前，变得更为扁平，对个人能力结构有更高的要求，每个人拿起手机就是超级个体，因此要善于抓住一切机会学习新知识，把自己原来的经验和能力迁移到新趋势、新平台中，并通过不断学习，增加新能力，才能让经验和新知作用于新产品，有所创新，拓宽自己的能力边界，人的创造力是没有边界的。

要善于阶段性总结梳理，提炼出有规律和章法的理论，得出自己的方法论，并通过实践不断优化。在总结中，还会获得新知，因为需要补充大量的资料和数据。陈辉向同事和同行分享自己的经验与方法论，通过讲座和写作的表达，把经验、知识内化成自己的东西。

怀有好奇心，让自己保持一点不舒适，不断调整能力结构，不断总结经验和方法论，不断拓宽自己的边界，最终，陈辉成了自己想要的样子。

——今日头条高级运营总监　陈诗莹

推荐序四

如果要评互联网行业最复杂的岗位，运营绝对算是实力派候选人之一，互联网公司几乎所有岗位的人都要和运营打交道。运营人员每天忙得"脚后跟打后脑勺"，换不完的推荐，做不完的活动策划，分析不完的数据，永远没有尽头的运营KPI（KPI，Key Performance Indicator，即关键绩效指标）……，看似每个人对运营都很熟悉，但很少有人能说得清楚，到底什么是运营？每天忙这忙那到底是为了达到什么样的目标？哪怕是做过多年的老运营，说起来也经常支离破碎。

陈辉的这本书和他的为人一样实在，没有华丽的辞藻，也没有高而玄乎的理论，从前言到后记满满全是干货。整本书从产品、运营、技术之间的关系入手，深入浅出阐述了什么是运营，从纷繁复杂的日常琐事中抽丝剥茧，直击运营工作最核心的3个部分。通过多年来经历的运营实例，剖析了内容、用户、活动、市场、新媒体、品牌等多个方面的运营工作特性，让读者对运营工作既有高屋建瓴般的整体认识，又能落地到日常每一个运营细节工作之上；既能帮职场新人快速上手，也能为普通运营指明进阶之道，还能帮运营老手掌控全局，适合从事运营工作和对运营有兴趣的互联网从业者细细品味。

——掌阅文学总编辑　谢思鹏

推荐序五

Chen Hui has a deep understand of China's Internet business & operating. Especially in areas where digital reading and digital contents. WPS's traditional focus is in productivity, so his role has additional challenges to make the content, fun, engaging, but also do not distract from the productivity aspect too much. Hui was able to be super creative but understanding the key needs and desire of our target customers.

The book has a very good exposition for the mobile Internet operating modules, especially in content operating and user operating modules. This book revolves around how to enhance the operating, a very suitable for Internet operators and products.

——Sun Shaw

陈辉对中国的移动互联网运营有着很深刻的了解，尤其是在数字阅读与内容相关的方面。WPS的传统优势在于产品端，他的加入让WPS的产品更加具有内容性和互动性，使产品变得更有意思；在做这些运营工作的同时，也让产品保持着很好的专注力。陈辉有很强的创新力，同时，对于目标用户画像和用户需求能够很好地掌握和消化。

整本书对于移动互联网的各个运营模块有很好的阐述，特别是擅长的内容运营和用户运营模块。本书的中心围绕着如何结合运营目的提升运营来讲解，是一本很适合运营人员和产品人员阅读的书籍。

——谷歌工程总监、前金山办公CTO、原微软合伙人　萧圣璇

推荐序六

运营人在推广自己产品的时候，都希望拿着有限的预算做到高曝光、高转化、高留存。要做到低投入、高产出，不仅要对产品的定位、用户群体足够熟悉，更重要的是掌握正确的运营套路和方法。

本书凝聚了作者从业十几年来所积累的丰富的运营知识和方法论，结合大量的实战案例，深入浅出地讲解运营的本质，一步步带你提高作为运营人的核心竞争力。

——博士、腾讯产品总监、天天P图负责人　高雨

推荐序七

各位坐好咯，运营大巴要开车了！书中自有黄金屋，拜读完的我早已大汗淋漓直呼过瘾。

此书不仅很好地解决了运营人最关注的"大爷常来玩儿"（用户黏性）的感性需求，还有"给你打一个天下"（用户留存）的理性承诺。"尸解"般地对内容、用户、社区、数据、新媒体等进行了"放大镜式"解读，运营小伙伴要看要看要看！

——咕咚CEO助理　李影

推荐序八

作者深入浅出地讲述了运营的概念，并结合多品牌产品，细致地阐述了"人""内容""活动"等与产品之间的关系与运营方法。入互联网圈十年有余，一直从事产品经理的工作，从用户研究到策划再到运营，经历过失败，也收获过喜悦，对于文中的见地我感同身受。

很多时候，运营是分析师，是观察者、记者，尤其在企业的初创期，运营的角色融合了编辑、市场、商务、数据分析、运营策划等，分身无数，但同时运营又是培养用户认知的一个长期过程，他们手中运营的项目短时间内不一定立竿见影，日常工作便会像"打杂"一样没有可量化的产出，所以现实决定了从事运营领域工作的人，更

应该重视理清方向，抬头看路，减少走进"苦劳无功"的死胡同。作者在本书中，结合大量的案例，为在互联网圈子里刚出道的运营人指明了一条路。阅读本书后，运营之路走的便可能不再那么孤独与坎坷了。

——美的电商运营总监、前腾讯高级产品运营经理　潘至鹏（Marc）

目　录
CONTENTS

运营到底是什么

1.1　运营的定义

很多刚步入互联网或移动互联网行业的人都很想知道，互联网行业中怎么有这么多的"动物"，如"产品狗""运营猫""程序猿""市场鸡"和"设计狮"等。其实，每个互联网公司都像一片森林，森林里的每种动物都扮演着重要的角色。之所以叫"产品狗"，最初是因为互联网公司的产品人员都比较可怜，要讨好这个讨好那个，还经常加班，常常累得像"狗"一样，但笔者认为，叫"产品狗"还因为狗是很聪明、很有灵性的动物，正如产品经理的品质；至于"运营猫"，则一开始完全是因为要与"产品狗"对应而衍生的，而猫这种动物敏感和观察入微的特质，也正是运营人员很需要的重要一点。

笔者认为，产品、推广、运营和研发是互联网公司中不可或缺的角色（也有部分公司将推广引入运营范畴），则"铁三角结构"或"铁三角理论"就变为产品、运营、研发，这3个业务为支点。

产品——产品人员将产品设计和策划出来。

推广——将用户招揽到产品里来。

运营——想办法把用户留下并产生价值，即让用户使用产品。

研发——研发人员将产品做出来，同时支持各个环节。

这样的"铁三角"应该是互联网公司基本的架构（研发支持产品、推广、运营这

3个业务），如图1-1所示。

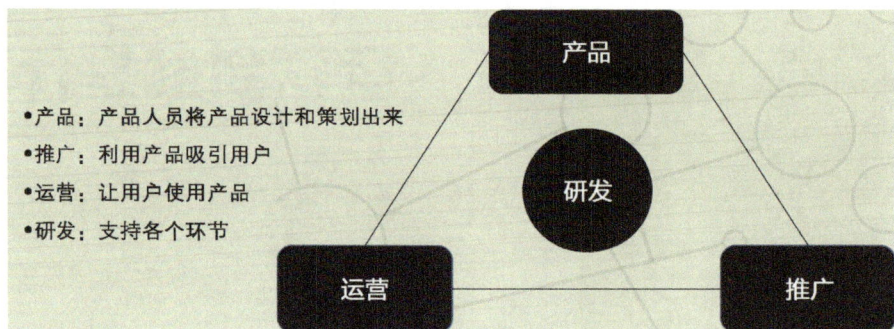

- 产品：产品人员将产品设计和策划出来
- 推广：利用产品吸引用户
- 运营：让用户使用产品
- 研发：支持各个环节

图1-1　互联网公司铁三角

作为铁三角中重要的一个环节，运营到底是做什么的呢？下面，我们将进行详细介绍。

1.1.1　千人千面的运营

说到运营，很多刚刚步入互联网行业的人员都会觉得做运营的人就是打杂儿的。平时我们看到最多的运营就是做新媒体运营的同学了，每天到处找段子或做活动来拉粉丝，希望粉丝能够认可自家的产品；也有很多做内容运营的人员，从传统媒体转到互联网行业，或者本身喜欢文字内容，每天编辑各种文章或制作各类专题推送给用户，希望增加自家产品的流量。一些做运营的人员每天就是和用户打交道，整理用户反馈的信息和在社区回帖等；还有一些运营的人员每天绞尽脑汁看各种数据和各种转化率，然后调整线上商品的价格、折扣，希望增加交易量，这些都是运营。诸如以上的工作还有很多，基本上产品人员和研发人员不负责的那些事情，运营都要负责。其实很多初入运营的同学都很疑惑：为什么做的都是这些看似打杂儿的工作？

的确，不同的产品形态，不同的产品阶段，或者运营分工是存在区别的。我们来看看上面说的这些同学，其实做的事情都是与用户、流量，与交易额相关的，这些都是运营工作的一部分。**所以，简单地说，所有与线上产品相关的人工干预都叫运营。**这里有几点需要注意，首先是线上产品，而不是线下实体产品。其实很多线下的实体经济也有运营，如在超市，每天都有摆货员根据销售时节来进行货架和货物的摆放，希望能够增加销量，这些其实是运营的线下版。其次，线上产品主要指的是互联网和移动互联网的产品（注：移动互联网产品是互联网产品的下一个阶段，基本可以说是两个事物），这两者的运营是一脉相承的，移动互联网赋予了产品更多的移动属性，同时基于移动互联网的用户群体呈现出更加多样性的特点。最后，强调的是人工干预，干预可以是推广或活动等，并伴随一定的目的性。只要是对线上产品进行了策略性干预，无论是正向的还是负向的，都算是运营工作。

1.1.2　运营的核心目标

笔者根据多年工作经验，总结了运营的3个核心目标，即增加新用户，促进用户黏度和提升活跃度，以及找到更合理的收费方式以增加产品收入，如图1-2所示。

图1-2　运营的核心目标

增加新用户：即通过市场渠道推广、活动、换量及品牌宣传等各种方式增加新用户。

促进用户黏度和提升活跃度：留存和促活。留存很多时候是由产品质量决定的，但是当用户可留可不留时，就要看运营了。促活就不用说了，就是希望用户天天都能使用自家的互联网产品，每天能多使用几次。活跃度越高的产品对于后期商业模式的推广效果就越好。互联网产品的活跃度一般指的是使用频次和使用时长。

找到更合理的收费方式以增加产品收入：简单说，就是通过运营让用户更愿意在你的产品上花钱，使产品能赚到更多的钱。

其实所有的互联网公司都一样，基本模式都是先用产品吸引用户，提高用户数量，然后再提升用户质量，让更多的用户进入产品中来，最后亮出商业模式，让用户更多地付费。这种规律与大多数时候资本市场的看法一致——一个公司最重要的就是产品和商业化，而商业化最重要的两个要素就是用户规模和单个用户ARPU（每个用户平均收入）值。因此，在不同的阶段，运营的侧重点不同，前面两个阶段更注重用户数量和用户质量，最后一个阶段注重产品收入。

我们来举两个例子，其中一个最简单的例子，如京东，最早就是用其产品配送服务和正品品质来吸引用户，然后不断地做促销、推优惠，用新商品、新花样来促使用户选择京东，等京东的用户规模到达一定程度后，就开始提高零售价格，减少优惠力度，之后再提升免运费门槛，推出更多的增值产品，如会员PLUS（付费会员）、京东金融、京东到家等，让用户有更多的机会在京东的大生态圈内消费。再往下一步就是实现盈利，当然，如果京东的战略目标是获取更大的市场份额，那么实现盈利会延迟，京东会员特权如图1-3所示。

另一个大家比较熟悉的例子是今日头条，首页如图1-4所示。今日头条上线时标榜自己的产品与其他产品不同的地方就是它的个性化推荐，每个人使用今日头条所看到的内容都会是不一样的，而且内容是极其丰富的。之后，为了提高用户活跃度，今日头条不断地增加它的内容种类和内容源，增加了视频、自媒体，让用户能更方便地找到想要的内容，增加使用时长。后期为了实现盈利，开始加入各种广告、商城、游戏等元素来变现。再往后，一般都是要布局新产品，如最近很火的火山小视频、抖音短视频等，然后重新开始这样的运作轨迹。所以互联网的产品轨迹和运营的3个目的是相匹配的。

会员特权	注册会员	铜牌会员	银牌会员	金牌会员	钻石会员
自营免基础运费	满99元免基础运费	满99元免基础运费	满99元免基础运费	满99元免基础运费	满99元免基础运费
上门自提免基础运费	满49元免基础运费	满49元免基础运费	满49元免基础运费	满49元免基础运费	满49元免基础运费
售后运费	单免	单免	单免	单免	双免（限自营商品）
评价奖励	可享	可享	可享	可享	可享
会员特权	无	铜牌会员特价	铜、银牌会员特价	铜银金牌会员特价	全部会员特价
生日礼包	无	无	可享	可享	可享
专享礼包	无	无	无	金牌礼包*	钻石礼包*
装机服务	可享	可享	可享	可享	可享
贵宾专线	无	无	无	无	可享
运费券	无	无	无	无	每月2张*

图1-3 京东会员特权

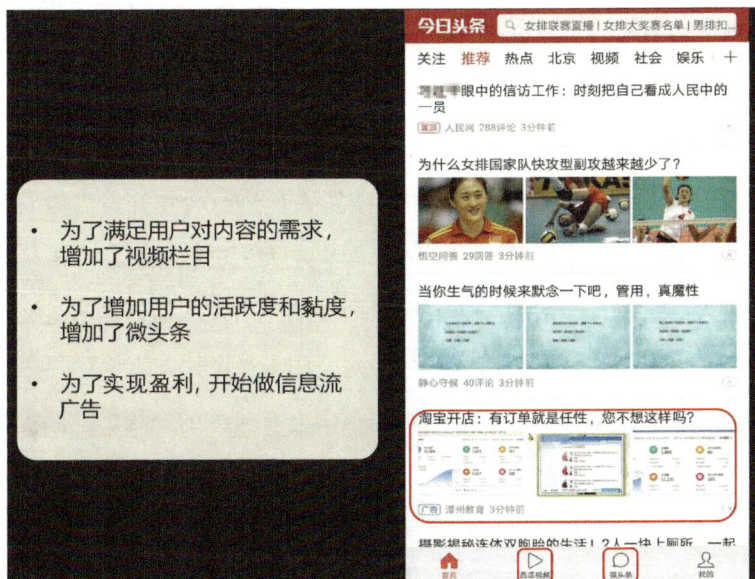

图1-4 今日头条首页

看完上面两个例子，大家应该能看出，运营的最终目的是收入。与其他公司一样，互联网公司不是慈善所，最终目的是要收入。个别谈理想的产品，也极少能摆脱商业的束缚。虽然投资人一开始会关注市场规模，但是最终还是要看商业模式和未来前景的，除非你自己花钱做产品、做情怀，那也一定是供小众用户使用，否则绕不开实现盈利这个最终目的。所以，对于运营来说，赚钱是运营绕不开的话题，最终目的一定是要让用户付费，通过产品带来更多的收入，这也是运营的核心目标。当然，还要追求用户体验，采用更合理的收费方式。

1.2　产品运营高一阶？

不少初入互联网和移动互联网行业的同学会有疑问，为什么公司研发、产品和运营的人员配比如此不同，研发人员总是那么多，产品人员总是那么少？为什么产品人员一般就是负责某条产品线或某类功能点，而运营人员有那么多复杂的分工？既然有内容运营、用户运营，为什么还有产品运营，难道内容运营不是在运营产品？希望通过本节，能为大家一一解答这些疑问。

一般在一个互联网公司里，产品、运营和研发的人员比例为1∶2∶5是相对合适的，也就是说1位产品人员搭配5位左右的研发人员进行合作开发，他们做出来的产品由两位左右的运营人员来运营。相对的，如果是大型的产品，这个规模就可以十倍甚至几十倍放大。所以，一般在一个公司里最多的是研发人员，其次是运营和市场人员，然后是产品人员，这是比较典型的互联网公司人员配比。

至于运营工作的分工类别，在后面的内容中会有具体的介绍。前面提及，所有和线上产品相关的人工干预都属于运营的范畴。如果要将一个产品运营好，就要从产品策划初期、产品上线、上线后与用户互动、后期不断更新，直到商业化变现，这些阶段的工作都要仔细做好。如果要全面地进行运营，就需要很细致的分工与合作，而每个阶段的工作内容和工作方式都不完全一样，所以就会有这么多运营分工的存在。

这里，需要明确产品运营的定义。广义上说，所有和产品相关的运营都叫产品运营，即产品运营＝运营＝所有运营之和，如图1-5所示。这时的运营，所有与运营相关的事情你都需要参与，包括内容运营、用户运营、活动运营、新媒体运营等，也就是很多人所说的"全栈运营"。

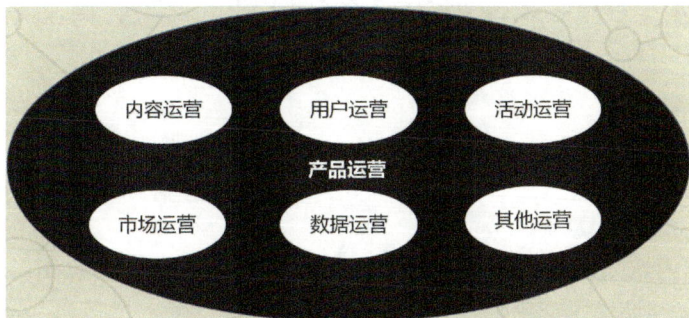

大部分情况下，产品运营就是运营的总称

图1-5　产品运营＝运营

　　根据公司和具体业务的不同，各公司对于产品运营的定义也不完全相同。在大部分公司中，所有的运营工作都围绕着和产品相关的事情来展开，所以很多时候，运营就是产品运营的简称。在实际工作中，就是和产品相关的运营工作都和运营人员有关。例如，你是京东的产品运营人员，公司说我们想做一些电商社交的功能，能增加用户黏度，所以你希望有一个购物分享的功能，最后和产品经理讨论方案并实施后，就变成了目前京东App"发现"栏目；一开始只有用户的UGC内容，后期你又要策划一个编辑ID，能主动为用户提供一些内容。诸如此类，它们其实和产品、运营都是息息相关的。

　　在一部分大型公司或一些成熟的项目中，会更加注重精细化运营，这时就需要把运营分拆成各个不同的方向来完成目标。注意，此时的产品运营可能会变成运营的一个方向，与内容运营、用户运营、活动运营等运营工作一起存在。这时的产品运营，往往就是负责内容、用户、活动等运营工作中的某一模块，更多的是专注于运营的产品，做一些调整或修改一些功能，能够刺激用户活跃度或能获得更多的收入，和产品人员的工作有些接近但出发点不同，同时与其他的运营工种有比较紧密的联系。这些产品的调整或功能建议，一方面要来自用户的反馈，另一方面也来自产品运营人员设计的需求，很多大公司也把这类产品运营人员直接归为产品经理的岗位。

总之，所有的运营都是围绕着产品来展开的，产品运营就是运营的总称。随着移动互联网行业的发展和深入，产品运营可以衍生出更多方向。

1.3　小结

在每一章的章末笔者都会用几句话，将本章的主要观点总结一下，以供读者学习。

要做移动互联网的运营，先要了解运营是什么、运营的目的及与运营相关的一些常识。

（1）互联网和移动互联网运营大概有3个核心目的——增加新用户，促进用户黏度和提升活跃度，增加产品收入。即一切能帮助产品推广，促进用户活跃和留存，以及提升产品收入的工作都属于运营的工作范畴。

（2）这3个核心目的根据产品所处的阶段的不同，有不同的侧重点。你可以致力于其中的某一个方向，也可以几个方向都兼顾。

（3）大部分情况下，产品运营就是运营的总称。

内容运营是"垫脚石"

2.1　内容运营的需求

近期，内容仿佛变成了移动互联网公司张口必谈的砝码。

百度公司董事长兼首席执行官李彦宏在百度公司内部信中称："百度从本质来讲，最核心的东西还是在做内容的分发，内容分发是我们的核心，我们之所以能够存在，并且能将很多业务做起来，是因为我们有内容分发这样一个坚强的大盘，这个道理大家一定要明白。"以"工具出海"而闻名的猎豹移动公司也在极力地内容化，收购了全球移动新闻服务运营商 News Republic，在美国推出社交直播应用 Live.me，完成了内容社交、新闻聚合、轻游戏等几大内容板块的布局。傅盛表示："我们的战略十分清晰，将继续使用工具型产品作为获取移动用户的切入点；在此之上，将内容型产品打造成为平台产品，借此不断提升猎豹用户的活跃度。凭借着海量的用户基础、强大的大数据支撑及全球化的格局和视野，猎豹移动将打造全球化的内容生态体系。"各大电商、社区、浏览器等移动互联网公司仿佛一下子都发现了内容的重要性，纷纷在往内容化转型或加重内容部分的投入。

仔细想想，内容站上舞台，这恰恰与移动互联网的发展轨迹相吻合。移动互联网发展初期，大部分产品都是以抓住用户的某一点需求为切入点而牢牢把控住用户的；在发展了一段时间后，产品逐渐稳定，产品的功能也逐渐趋同，很难在特点上有比较明显的突破，那么精细化运营的作用就逐渐展现出来了，而抓住用户最好的方式恰恰就是内容。相信再过几年,通过内容和活动等方式让用户逐渐转为付费用户,会成为新的一股潮流。

这一切变化,对于运营人员,尤其是做内容运营的同学来说,是一件好事。

2.1.1 内容运营的基本工作

对于很多刚刚开始学习运营的同学来说,内容运营往往是他们共同的选择。因为内容运营相对其他运营工作来说市场需求量更大,同时门槛也相对低一些,只要对内容有感觉,或者有一定的文字功底,就可以尝试一下内容运营。我们平时看到的互联网和移动互联网产品,无论是资讯、视频、直播,还是社区、微博、微信、电商,甚至是目前很多的工具类应用,随处都可以见到各式各样的内容。所以,内容运营基本上是每个产品都需要的基础运营工作,也是移动互联网运营中最常见的运营工种。

很多做内容运营的同学是从编辑转行过来的,个人认为编辑和运营最大的不同就是,单向和双向的区别:很多做编辑的同学就是把自己觉得好的内容编辑后发给用户;而运营更多的是选择好内容后,实时根据数据或用户反馈来调整和优化内容,同时还能够将内容形式重新打包和组合,用更多新的方式让用户来消费内容,以实现产品的价值。

讲到内容,必须先明确一点,我们讲的内容绝不仅仅指文字,内容应该包括文字、图片、音频、视频等创造出来给人提供信息和价值的展现形式。内容运营是指通过对文字、图片、音频、视频等内容信息的生产、编辑和组织,给用户提供一定有价值的内容,从而提升产品价值的运营工作。

如图2-1所示,内容运营的基本工作应该包括以下几点。

(1)**内容的收集**:大部分内容都是从各个渠道收集后进行加工进而呈现给用户的,内容素材的收集是最基础的内容运营工作。

(2)**内容的创作**:好的内容往往是原创的,文字功底深厚的内容运营一定会选择原创内容进行传播。

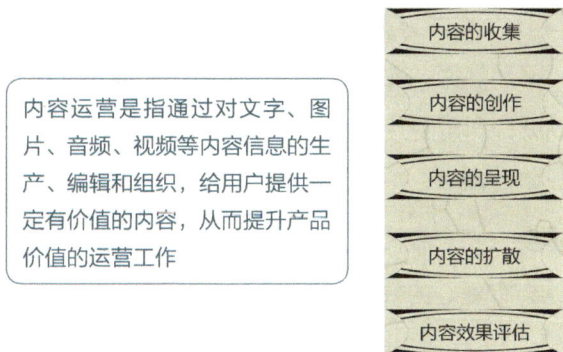

图2-1　内容运营的基本工作

（3）**内容的呈现**：有了内容后，用什么方式呈现给用户也很重要。是写成一篇文章，还是做成专题，甚至是做成H5？不同的呈现方式对于不同用户来说会有不同的效果。

（4）**内容的扩散**：有了好的内容，还必须选择正确的渠道来进行扩散，现在市场上很多时候都会选择微信或微博作为传播途径，其实很多垂直的产品（指纵向作深的产品）都有不错的传播效果。

（5）**内容效果评估**：将以上工作都完成后，再来回顾一下做内容的初衷，是希望更多的人来使用产品，还是希望使用产品的用户有更高的活跃度，需要从这两点来找到数据变化的原因。

要做好内容运营，除了这些日常基本工作外，还必须了解具体内容的筛选、内容审核、内容版权、内容消费对象和用户反馈等，这些都是内容运营人员应该了解的基本工作内容。

对于内容运营制作的内容好坏，最直接的是由用户的反馈数据来判断的。相同的位置，在用户的流量保持不变的情况下，阅读次数越多、阅读时间越长，就说明内容越优秀。要做出一篇高质量的内容，方法见仁见智，网上也有很多关于网络写作技巧的分享，这里就不做详述。笔者总结了几点小技巧，供大家参考。

（1）**了解用户，贴合时节**：在相应的热点下针对精准用户推送对应内容，才会有更好的效果，几乎所有的内容运营都会这样做。如何在众多产品中脱颖而出并且能够使推送的内容与自己的产品无缝结合，需要内容运营的同学进行更多的思考。

（2）**图文结合，简单易懂**：无论是内容还是活动，应该让用户不用花太多的时间就能明白你的主旨。充分利用图片、动图或短视频相结合以呈现内容，效果会更好。

（3）**画龙点睛，重点推荐**：制作内容时，最重要的是要吸引用户进入内容页来阅读，所以标题至关重要，它会起到画龙点睛的作用。同时，在可能的情况下，找到更好的位置来推送，也会有更好的效果。

2.1.2 内容运营的市场需求

笔者将目前市场上主流的移动产品，按照对内容需求的不同大致划分为以下 3 种。

（1）**内容型产品**：主要包括直播类（如映客直播、虎牙直播、YY 等）、长短视频类（如爱奇艺、优酷、快手、火山小视频等）、音乐类（如酷狗音乐、多米音乐、考拉 FM、唱吧等）、资讯类（如网易新闻、今日头条、36 氪、内涵段子等，如图 2-2 所示）、阅读类（如掌阅 iReader、QQ 阅读、喜马拉雅、快看漫画等）。这些产品以给用户呈现更多、更好的内容为目的。这一类产品就是为内容而生的，没有内容支撑则产品无法成形，同时这类产品需要的内容运营人员最多，而且很多时候还需要专门的内容审核人员。

（2）**强内容型产品**：包括电商类（如淘宝、京东、唯品会、什么值得买等）、社交类（如微信、微博、百度贴吧、无秘等，如图 2-3 所示）、教育类（如金山词霸、作业帮、小猿搜题、网易公开课等）、健康类（如春雨医生、平安好医生、Keep、悦动圈等）。这些产品本身不是内容型产品，但是却需要很多用户对内容进行填充才能完好地运行。电商类需要商家上传商品的图片、标题、介绍等信息，需要用户填写商品评价、晒单分享等；社交类需要用户分享内容，引好友的关注、点赞和评论；教育类需要用户将试题或课程分享到平台上，从而才会有后续的讨论；健康类有的是用户发出咨询，也有的是内容的分享。这些产品基本上也都会配备一定数量的内容运营人员。

图2-2　内容型产品——资讯类

图2-3　强内容型产品——社交类

（3）**弱内容型产品**：主要包括工具类（如搜狗输入法、UC浏览器、手机百度、WiFi万能钥匙等，如图2-4所示）、系统类（猎豹清理大师、手机管家、各类桌面和锁屏等）、办公类（如WPS Office、邮箱大师、印象笔记、百度网盘等）、生活类（如支付宝、墨迹天气、百度地图、365日历等）。这些产品大都是以满足用户某些特定需求为突破口而壮大起来的"工具型"产品，产品本身没有内容也可以很好地运行，但是为了增加用户的使用频率和后期商业化变现的需要，不少产品都提供了内容的入口。比较典型的是UC浏览器和猎豹清理大师，已经从工具型转向内容型。相信在未来很长的一段时间内，这类"工具型"

图2-4　弱内容型产品——工具类

产品会继续推行内容化，对于内容运营从业者来说既是机遇，也是挑战。

以上内容根据产品对内容需求程度的不同，介绍了目前市场上对内容运营的需求情况。下面，我们来了解目前市场上几种常见的内容运营模式。

2.2　内容运营不只是文案和策划

2.2.1　内容运营的常见模式

1. 传统单向式推荐模式

首先是大家最熟悉的传统运营推荐模式，也有很多人称为"编辑推荐模式"。的确，从互联网诞生至今，不过几十年，很多时候人们还将其称为"第四媒体"。所以在早些年，大都在用与纸媒或电视媒体运营类似的方法来运营互联网产品，比较著名的就是当年的新浪、搜狐、网易、腾讯这"四大门户"网站，如图2-5所示。

当时，很多在互联网公司做运营推荐的人员被称为"编辑"。之所以称为"编辑"，是因为很多时候是由编辑人员对纸媒或其他媒体的信息进行加工和编辑后，才推荐给用户。编辑人员认为是好的内容，才有可能被更多的用户看到。

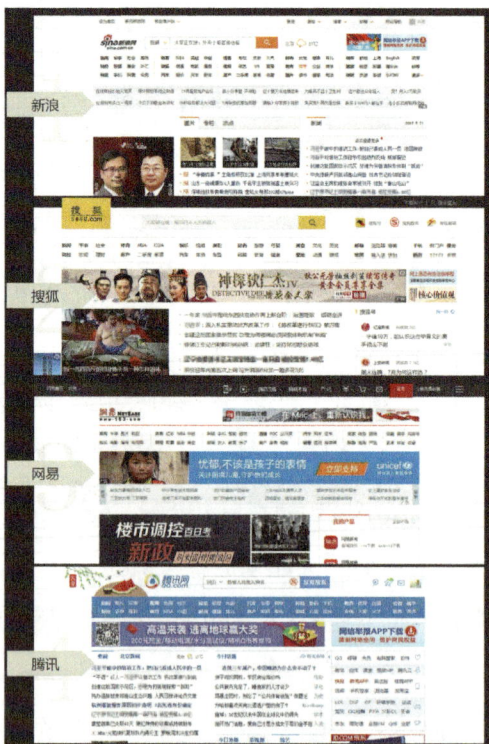

图2-5　"四大门户"网站的首页

要求内容运营人员有比较强的内容敏感度，能够把握内容方向、时效性等。编辑负责选择内容，可以保证整体产品的品质和调性，优点是能够为用户节省挑选内容的时间，用户看到的即是编辑挑选出的好内容，同时有利于在短时间内放大传播效果；缺点也很明显，内容由编辑选择，但是编辑认为适合用户的并不一定是用户需要的，用户与产品不能形成有效的互动，不够人性化。所以这种传统的运营推荐模式已经渐渐被取代，更多的是人工推荐与基于数据的机器算法相结合进行推荐。

2. 基于数据和个性化推送模式

随着科技的进步和获取信息方式的变化，越来越多的用户希望能够在短时间内获得适合自己的资讯内容，于是以今日头条、天天快报为代表的新型新闻资讯类产品应运而生。

不同于传统的运营推荐模式，这类资讯类产品囊括了市面上的各种内容来源，包括各大传统媒体、"机构大号"、个人等创作的内容都可以在今日头条上找到，用户在下拉刷新后即可加载更多的内容并且没有数量限制。今日头条将用户的浏览记录进行数据分类处理，根据用户的阅读喜好进行内容匹配，每个人所看到的推荐页面中的内容都是不一样的，而且由于本身内容的多元性，资讯内容的数量可以远远大于用户需求，如图2-6所示。这种基于数据和个性化的推送模式，目前广泛地被市场认可，越

图2-6　今日头条网站首页

来越多的内容型产品在使用这种方式。这种方式的好处就是结合用户的特点进行内容推送，用户看到的基本都是自己感兴趣的内容，不需要用户花费时间去寻找适合自己的内容；弊端就是用户可能会长期只关注一类或某几类信息，而忽视了其他信息的接收，造成"一叶障目"的情况。同时，由于要保证内容的数量足够巨大，今日头条的内容源也参差不齐，一些劣质内容会影响用户的阅读体验。

今日头条的这种基于数据的个性化推荐方式，不只有资讯类产品，包括视频、电子商城在内的很多产品也在使用这种方式，以逐渐提升用户的认可度和使用时长。据最新数据显示，今日头条的用户日均使用时长近1小时，这在所有移动端产品中是名列前茅的。

3. 专业PGC模式与用户UGC模式

前面介绍的两种模式都是基于内容推送方式来区分的，传统运营模式中更多的信息来源是纸媒或其他的媒体，基于算法推送的新型资讯产品的内容来源则更加丰富。

随着科技的发展与互联网的逐步开放，一些有优势的团队开始进行信息的采集与发布，当然这些信息更多的是生活信息或娱乐信息，基本不涉及时政新闻。很多机构和传统媒体意识到，在互联网和移动互联网飞速发展的时代，如果只靠传统门户的信息传播，不采用多渠道、多方式的传播，自己的话语权和品牌将会被逐渐淡忘。所以一些专业的PGC（Professionally-generated Content，专业生产内容，也称PPC，Professionally-produced Content）团队就应运而生，专门制造和生产垂直类的内容（如网络剧等），并利用外部渠道（如资讯平台、垂直类网络媒体等）和自己的各种媒体渠道（新浪微博、微信、百度贴吧等）进行传播。与传统媒体机构相比，这些机构所生产的内容更加贴近生活，能够根据用户的需求实时调整方向，所以PGC模式的内容更受欢迎，如图2-7所示。

与PGC模式相对应的，则是UGC模式（User-generated Content，用户生产内容；也称UCC，User-created Content），如图2-8所示。相比之下，UGC的门槛更低，可以说是"人人皆为内容制造者"。在一些大的内容平台，因为有着良好的引导及优秀的运营机制，UGC发挥着重大的作用，如百科类产品。一些社区产品，还有一

图2-7　PGC模式——"人人都是产品经理"网站

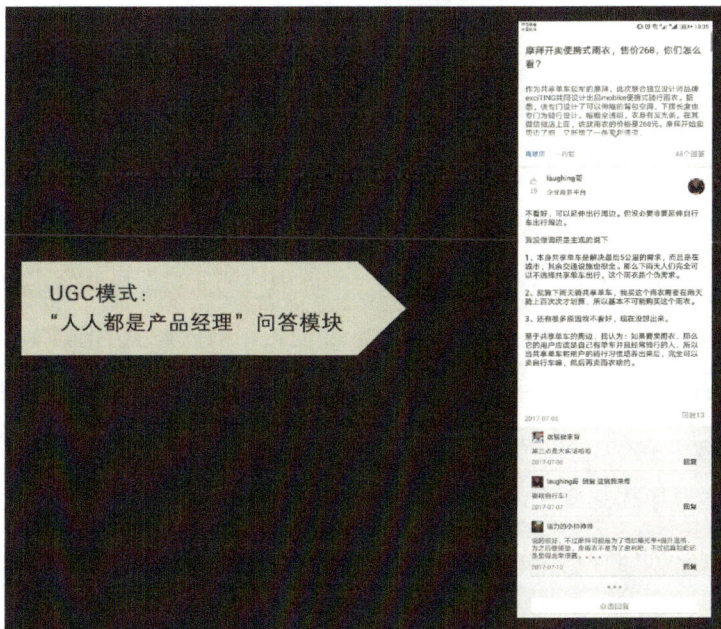

图2-8　UGC模式——"人人都是产品经理"问答模块

些短视频产品，都是通过用户自我创造内容进行传播而被大家认可的。但是 UGC 也有明显的弊端，一是内容的差异度较大，大部分内容都不如专业机构的内容精良，甚至有一些作品低俗、劣质；二是 UGC 内容在未实现商业化和规范化之前，作品的上线周期较难把握。

PGC 和 UGC 作为互联网发展的产物，各自的模式都有其合理性。用户可以从阅读、观看内容，进入到内容生产环节，从单一交互进入到互动的交互，不得不说是一个大进步。用户产生的内容在产品中发挥了价值，既实现了对产品本身的运营，还可以起到积极引导其他用户的作用。让用户更加积极地参与到内容制作当中，是使内容运营产生良性循环的运营方式。这种模式不仅丰富了用户信息获取来源，也实现了真正意义上的互动——内容制造者与内容的消费者之间可以实现转化。

了解目前市场上常见的内容运营模式，对于做好内容运营有重要意义。首先应该明确，你所运营的产品采用的是哪种推荐模式，其次必须明确产品的内容是来自用户，机构，还是传统媒体，这些都决定了内容运营的后续方向。

2.2.2　以满足用户需求为目标

作为一名内容运营人员，你必须知道自己的工作的重要性。大部分用户使用产品是为了获取内容，如果产品没有提供他们所感兴趣的内容，就很有可能流失用户。所以，对于很多产品尤其是内容型产品来说，保证内容的质量即可确保用户量不下滑。

除了少部分功能型产品外，用户使用产品时占用时间最多的基本就是获取内容，这一点已经被市场所认可。用户获取的内容可能是一篇文章，可能是一组漫画、一首歌曲、一部影片，或是一个帖子、一份简历、一组商品，等等，所有用来让用户消费时间的信息展现形式都属于内容范畴。作为一名内容运营人员，你要做的就是给用户提供他们想要的内容，持续优化，并且能通过内容不断地给用户带来新鲜感和满足感。

举个例子，用户使用资讯类产品的目的就是找到他们所需要的内容，如果你的产品里有相关的资讯，就能保证他们持续使用你的产品。如果你能源源不断地为用户提供资讯，他们继续使用你的产品的可能性就会提升。除了目前用户感兴趣的资讯外，如果你还能找到用户可能感兴趣的其他内容并被他们认可，那么他们基本上就会认定你的产品而一直使用。如图2-9所示，手机百度在加入资讯信息流后，还陆续增加了小说、视频等信息入口，不断满足用户对内容的需求。今日头条加入了短视频等新鲜的内容元素，让用户的满足感大大提升；包括后期开通的头条号，目的是让用户转换为内容创作者，这对于部分用户来说也是很有意思的事情。今日头条就是运用了以上的规则，让用户的使用时长不断提升。再比如，用户使用一个电商型产品的最根本的目的是来消费商品的，商品对于电商网站来说就是最基本的内容，如果你的电商平台上有用户所需要的所有的商品（内容），你只需要做适当的促销，就可以达到让他们消费的目的了。

图2-9　手机百度首页

用户需要内容来消磨时间、获取信息等，内容运营人员就要为用户提供相关的内容。

2.2.3　产品的定位由你确定

有些人会认为，产品经理决定了一个产品的调性。的确，经常是在设计产品时，产品的调性就被确定了。但是，有时产品的调性是由用户及产品的内容确定的。

举个简单的例子，很多年轻人喜欢去的B站——哔哩哔哩（bilibili）弹幕视频，产品形态以弹幕为主，内容都是二次元的动画和视频等，这些内容也都是符合产品目标用户的，如图2-10所示，如果换成了其他内容，如全部换成纪录片视频，那么整个产品的定位也就荡然无存了。再举个例子，很多互联网用户都很熟悉的"人人都是产品经理"，该媒体旗中的网站和APP中的文章都是与互联网的产品、运营、设计相关的，相关的活动、讲座或课程也都是与产品经理相关，甚至现在新出的问答模块也是围绕这些内容来展开的，时间久了，用户就会认为这个平台是产品经理来提升自我的。所以说，有时产品的调性，特别是内容型产品的定位，是由内容决定的。除了产品本身的设计风格外，用户通过文字、图片或视频，来对产品生成直观的印象。

图2-10　哔哩哔哩首页

内容是占用用户使用产品时间最多的一种形式，内容的好坏直接决定了用户是否会持续使用产品，有时产品的内容决定了产品调性。同时，没有好的内容维系的产品，即使功能再强大，也很难实现更大的商业价值。内容运营一定程度上起着传达品牌价值的作用。

用户需要好的内容，内容运营要为用户提供更多、更好的内容。目前，各类产品被众多投资者追逐，大家很容易互相抄袭，以快速将产品生产出来。这个时候，运营的作用就凸显出来了，运营的好坏可能会决定产品最终的走向。

2.2.4　内容运营的价值

作为内容运营人员，你必须认清：内容运营的价值在于"节流开源"，节流指的是用内容来为产品吸引更多的新用户，而减少市场的付费推广方式；开源指的是通过对内容的引进与组织，让用户在使用产品时产生更多消费。

有些做内容运营的同学，会觉得每天只是到处找素材，写点图文原创，或者是编辑文章，策划专题，觉得这些工作很无聊，也没有意义。实际上，在你认清了你做内容运营的价值后，就会发现内容运营真的太重要了，只是大部分人在每天琐碎和重复的工作中迷失了，也渐渐地让自己甘于平凡。其实内容的价值不只是简单地提供信息，很多时候，内容创作者将某种思考植入内容中，从而引起了用户的共鸣。做内容运营的同学一定不要低估内容的价值。

内容运营工作的意义就在于给用户提供有价值的信息，为产品获取用户，并且提升产品所产生的收益。举一个例子，一个电商类网站，用户登录电商类网站一定是为了购物，你就必须为他们提供商品内容。提供了商品内容后，为了促使用户消费，你要提供商品图片和文字描述，最好是多细节、多角度的图片，然后再配上一段视频实拍，如图2-11所示；如果这时你能添加一些之前使用过的用户的评论，同时还有一些促销内容，那用户就有很大可能会购买这个商品了。如果用户不明确自己需要什么，则可以通过各种内容形式给用户进行组合推荐，从而刺激没有购物需求用户产生购买欲。从电商这个例子，大家会发现，消费转化的每一步都需要通过内容来刺激完成。

图2-11　手机淘宝引导购物内容

之前我们曾提到，运营的最终目的是要找到合理的商业模式，让用户更多地付费。那么与内容运营相匹配的就是，你要做出更好的内容，让更多的人因为内容来使用你的产品，让用户更愿意使用你的产品进行消费。如果你的产品是资讯类产品，那么你的商业模式主要是发布广告，必须让用户看到更多的资讯，才有机会使用户浏览更多的广告；如果你的产品是电商类产品，那么你的商业模式就是B2C销售，必须用更好的商品介绍和促销内容，让用户产生更多的消费；如果你的产品是音乐类或视频类产品，你的商业模式就是VIP付费，作为内容运营，你应该找到更多好的音乐或视频，用多样的方式推荐给用户，让用户产生付费购买VIP服务的欲望，使用户认为如果错过相关的内容会留下莫大的遗憾；如果你的产品是直播类产品，你就应该找到更有亮点的主播，让主播表演更精彩的内容，以赢得用户更多的打赏。

商业化最重要的两点是用户规模和用户ARPU值（Average Revenve Per User，即每用户平均收入），内容运营对这两点都有很好的促进作用。第一是用户规模。很多时候，一篇很好的文章或一个出色的视频，加上有效的传播手段，就可以为你在短时间内增加很多用户，微博、微信中每天都有无数的"网红"通过各种内容走红，如papi酱、同道大叔等。第二是用户ARPU值的提升。众所周知，用户使用产品的时长越长，就有可能产生更多的价值——无论是广告价值还是消费价值，而内容恰恰是最容易增加用户使用产品的时长的手段。市面上那些用户使用产品的时长多的产品，都是和内容相关的产品，所以说内容运营对于提升产品的用户活跃度和用户黏度有着很重要的意义。

2.3　提升内容运营分3步

作为一名内容运营人员，你应该感到幸运，因为相对其他运营来说，内容运营属于市场需求较多的、能为其他运营打基础的运营工种。做好内容运营后，再转做其他运营都会比较容易上手。但是，内容运营对于很多人也是挑战，一是你要能做出比较好的内容，才能完成你的工作指标；二是内容运营确实有很多重复、烦琐的工作，如果你无法认清它的本质，并不断地为目标去持续优化工作，那么可能几年后你与刚入门时相比并不会有太大提高，只是增加了工具使用的熟练度而已。

要做好内容运营，首先一定要了解内容，对内容感兴趣，否则会举步维艰。笔者认为，要提升内容运营，认清内容运营的角色、做好用户调研和了解KPI的真正含义这3步是非常重要的。

2.3.1　从产品战略认清内容运营的角色

要做好内容运营的第一步，就是要认清内容运营人员在产品内的角色和定位。

正如前面介绍的，目前市场上的产品根据对内容运营的需求程度，分为三大类——内容型产品、强内容型产品和弱内容型产品。

如果你是某内容型产品的内容运营人员，那么你基本上已经拥有了对于产品的话语权。因为就内容型产品来说，内容是至关重要的，直接决定了用户是否持续使用该款产品。作为内容型产品的运营人员，你要做的就是根据热点、用户习惯、数据趋势等方面，找到用户感兴趣的内容，并用有意思的方式展示给用户。如UC头条这个产品，使UC浏览器完美地从工具型产品转向资讯型产品，经过笔者体验，虽然其内容的丰富程度不如今日头条，但在内容运营上的确下了不少苦功，其中不乏一些新意。笔者是智能手机爱好者，非常关注新款手机的上市情况和配置等，对于我这类用户来说，每款新手机的上市信息能够有一个汇总是再好不过的了，UC头条看到了这一点，在数码类目上设置了一个"新机月历"栏目，将新机资讯汇集于此，如图2-12所示。虽然只是小小的一个调整，但是可以看出内容运营人员的用心。诸如此类的设计，在UC头条中还有不少。

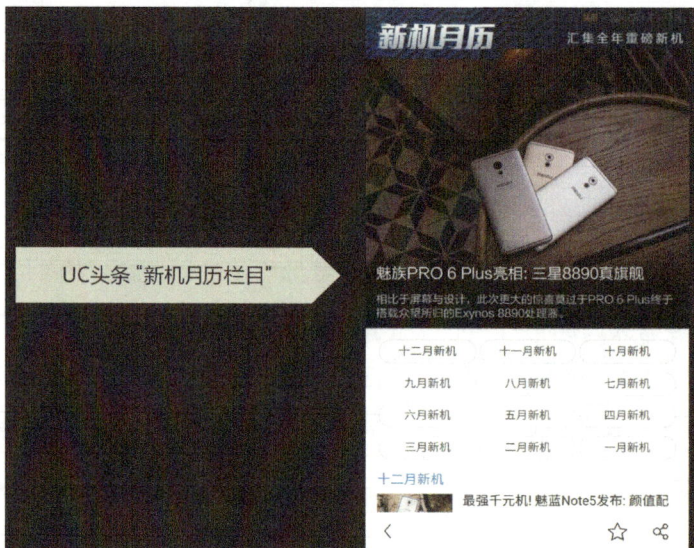

图2-12　UC头条"新机月历"栏目

对于很多UC订阅号作者和"大V达人"来说，仅仅是给他们提供内容是不够的，为了能够与用户有更多互动，UC浏览器将一些UC订阅号作者和"大V达人"，会集在一起做了一个"问啊"产品，如图2-13所示，类似知乎，但是用户只能对一个人提问。对于"大V达人"来说，有更多的机会与用户互动；对于用户来说，在这里能获取更专业的知识。原有的资源（作者和用户）有了更多的选择形式和更多的出口。以上这些都是不错的内容运营例子。

图2-13 UC头条"问啊"产品

如果你是强内容型产品的内容运营人员，那么你需要清楚产品的商业模式及内容对于产品的商业模式所起到的作用。基本上大部分强内容型产品的内容运营要做的事情，其实也是内容运营本身的核心工作——找更好的内容推送给相应用户，增加用户对产品的消费。这里的消费指的是用户更多地消费时间或金钱。如大家平时用的最多的微信，一开始所有人都只是将它当作代替短信、电话的沟通工具，直到微信4.0版正式加入朋友圈功能以后，微信才真正地在"广大人民群众"中流行起来。对于朋友圈这一功能，笔者更愿意将其理解为是产品经理为了增加微信的用户黏度，将QQ空间和Google+（Google+是谷歌的社交工具）相结合的产物，同时也满足了中国人"爱现"的特点。朋友圈功能出现后很长一段时间，其实都没有运营的介入，直到微信的活跃用户增长开始趋缓后，朋友圈才开始有了一定程度的内容运营投入。首先是进入默认搜索时，除了原有的"朋友圈、文章、公众号"外，增加了"小说、音乐、表情"；其次增加了"搜一搜"和"看一看"的入口，点击后会结合你的阅读习惯显示你关注的公众号及整个微信平台上的精选文章，如图2-14所示。虽然这些很多时候都是基于数据运算的结果，但是背后一定是有产品运营的团队来制订规则，并进行深度分析后对产品进行的修改。

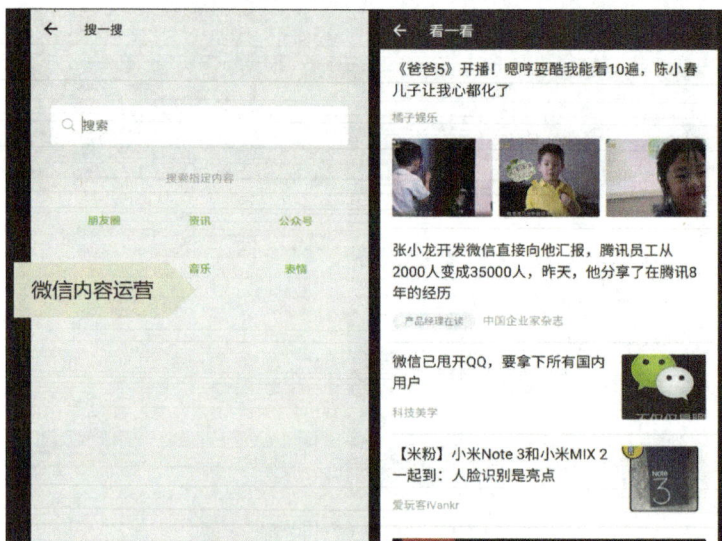

图2-14　微信内容运营

作为弱内容型产品的内容运营人员，你的境遇显然不如前两者，基本上充满了未知和变数。用户对于在此类产品中加入内容相关的元素，可能兴趣不大或根本不感兴趣，不能很好地起到为产品增加用户活跃度，或者是增加商业付费的作用。目前，市场上比较典型的弱内容型产品有工具类中的墨迹天气和猎豹清理大师（如图2-15所示），都在尝试增加资讯等内容来吸引用户，增加用户停留时长，但是作为非专业资讯产品，体验一定不如今日头条等资讯产品，盲目地增加与产品无关的内容，并不一定会得到用户的认可。用户使用产品的次数，取决于使用场景，如果没有相应的场景，你再怎样刺激用户可能也没什么作用。工具型产品应该更多地结合自身的产品场景和用户特点，从需求出发去拓宽，如一些母婴类应用增加母婴和女性相关的内容，就是比较合理、准确的。**如果在产品里找不到合适的内容着陆点，那么就往外拓展，从利用内容推广产品的角度来做一些内容运营，可能会有意外的收获。**

不同类型的产品中，内容运营人员的角色定位不同，认清自己的产品的特性，从而明确自己的工作职责和目标，是提升内容运营的第一步，也是最重要的一步。当然，你还要了解你的用户，制订产品的内容运营规划。

图2-15 猎豹清理大师"发现"界面

2.3.2 做好用户调研

一般来说，作为产品经理，用户调研是最基础的工作。同样，内容运营人员对于用户的了解也非常重要，如知乎的用户定位主要是互联网人群，美丽说的目标定位就是年轻女性，陆金所的定位就是有一定经济能力的准备投资的用户。只有对产品的用户有深入的了解，知道什么情况下应该给用户推荐什么样的内容，才能很好地完成既定目标。

内容运营对于用户的了解主要为用户的年龄、性别、地域、职业、喜好这几个方面。年轻的用户更青睐轻松的娱乐内容；年纪偏大的用户，更愿意阅读鸡汤类、健康类等内容。用户的性别对于内容的偏好也有很大的影响，男性用户更愿意获取时政、金融、军事、历史、互联网等类别的信息，女性用户则更愿意获取娱乐、时尚、健康、母婴等类别的信息。不同地域的用户对于内容的消费也不一样，我国东部和南部经济发达地区的用户更愿意分享相对轻松、话题不是很沉重的内容；北方和西部相对经济欠发达地区的用户更愿意分享与社会生活相关的内容。通常，用户的职业会与其消费的内容相关联：房地产行业的用户更关注房地产方面的内容；娱乐行业的用户更关注娱乐内容。用户的喜好，就是用户感兴趣的方面，如果能从用户的一些数据中获知用户的兴趣所在，从而更多地推荐，则会达到更好的效果。

　　前面讲的几个方面，是内容运营人员了解用户的几个基本点，目前这些基本点的获取方式有以下几种。一是通过用户填写个人资料或引导用户填写相应内容，这种获取方式是最常见的，用户在个人资料里可以设置自己的相关信息，也可以设置自己感兴趣的内容，这种方式常见于很多资讯客户端，如图2-16所示；二是通过收集用户的阅读行为和阅读内容，进行数据分析后，给用户一定的标签和数据统计，然后推送相应内容，这是目前最流行的个性化推荐；三是通过其他渠道（如用户QQ群）进行用户资料收集，用整体的大盘情况来反映用户的数据。

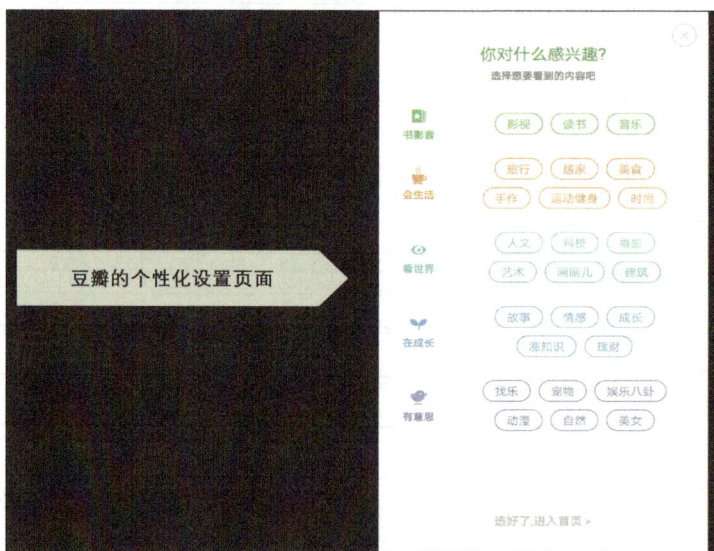

图2-16　豆瓣的个性化设置界面

　　基于以上基本的用户数据，进行分类组合，再结合一定的时间点，就可以分析出每类用户大致的用户需求，在进行内容运营时就会收到更好的效果。

总之，做内容运营时，一定要明确你的内容是给哪些用户看，要知道什么样的内容才会令用户满意，会使他们留下来。同时，由数据来判断，如果这些运营有效果，就要持续，用各种运营手段让用户喜欢你的内容，甚至愿意主动将你的内容分享出去。最后，在发送内容给用户后，记住要与用户保持互动，从而使用户感受到更多的"产品温度"。要用你所运营的内容与用户交朋友，而不是只将内容当成一种工具。

2.3.3 了解KPI的真正含义

很多时候，互联网公司都是反对KPI的，但是对于运营来说，制订KPI后会有明确的目标，这点同样适用于内容运营。内容运营人员的工作往往是组织和编辑内容，并将可能让用户满意或引发用户消费的内容推荐给用户。通常内容运营包括网站内容运营、移动产品内容运营、新媒体内容运营、UGC（User Generated Content，即用户原创内容）内容运营等，它们涉及的KPI基本类似，主要是要反馈用户对内容的满意程度，包括PV（Page View，即网络浏览量）、UV（Unique Visitor，即网站独立访客）、阅读时长、阅读完成率、收藏量、点赞量、转发量、评论量、发帖量、粉丝量、转化率等，如图2-17所示。除了平时要注重这些数据外，更重要的是根据完成情况和数据分析来指导下一阶段的内容运营工作。

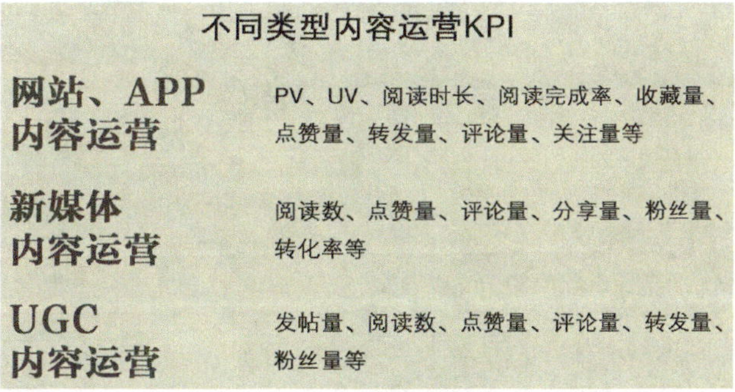

不同类型内容运营KPI

网站、APP 内容运营	PV、UV、阅读时长、阅读完成率、收藏量、点赞量、转发量、评论量、关注量等
新媒体 内容运营	阅读数、点赞量、评论量、分享量、粉丝量、转化率等
UGC 内容运营	发帖量、阅读数、点赞量、评论量、转发量、粉丝量等

图2-17 不同类型的内容运营KPI

作为一名合格的内容运营，你必须知道，这些KPI指标的根本需求就是增加用户的阅读时间，从而增加广告曝光率，增加收入，或者是让用户消费更多付费的内容。了解了这些以后，再做内容运营就会得心应手。

既然选择做内容运营，千万别想着前一天做，第二天就能看到明显效果。运营不是一蹴而就的工作，内容运营就更需要时间的沉淀和用户习惯的养成。好的内容通常都是能够连续性地给用户提供价值的。虽然偶尔能遇到通过一篇好文章、一个好视频而连续增加数千粉丝的情况，但是千万别奢望经常能这样。做一篇好的内容容易，但是难的是天天都有好内容推送给用户，内容运营是需要时间和数据积累后才能逐渐看到成效的工作。虽然每天要重复同样的工作，但不要忘记KPI的真正意义，不是为了那些数据而做，而是你得知道怎么样做才能对那些数据有积极作用，并去实践、落实。

有时内容运营做的事情不一定能够完全用数据来量化，如日常的专题、活动等，但是不做的话可能用户看到没有好内容就会离开。而这些不能直接量化的工作，属于隐形收益，对于产品的整体品质提升是有一定帮助的，也是需要长期坚持的。

总之，运营、特别是内容运营是一个长期建立用户与产品之间信任的过程，并不是通过某一个"爆款"或一篇"热文"就可以建立起来的，内容运营人员需要持续性地投入，在不断尝试中，找到能够为用户和产品服务的那个点，如图2-18所示。

图2-18　抖音短视频：不断增加新玩法和新内容

2.4 知乎的内容运营之道

我们以一个大家都熟悉的内容型产品——知乎为例子，学习知乎的内容运营之道。

很多人都喜欢将知乎叫作问答社区，笔者则认为它是一个内容平台，整个产品以问答内容为主线，以问答的人物为辅，核心在于它汇集了高质量的内容和提供好内容的人。我们来看看知乎的内容运营是怎么做的。

首先，明确知乎的产品定位。百度百科中对知乎的定义是："知乎是一个真实的网络问答社区，社区氛围友好、理性，连接各行业的精英。用户分享着彼此的专业知识、经验和见解，为中文互联网源源不断地提供高质量的信息"。知乎希望通过不同的问题，吸引相关用户产生答案，并通过关注找到自己感兴趣的人，让这些人之间产生互动，衍生出更多优质的回答。

下面来看看知乎的用户群体。知乎的目标人群应该是热爱互联网，希望能够通过互联网分享知识、学习经验，从而得到他人认同的各行业的人员。一、二线城市的白领用户及大学生是知乎的用户主力。

了解产品定位和用户后，就要了解商业模式。目前来看，知乎的商业化变现并不是很顺畅，目前知乎的用户量已经趋于稳定，开始想办法利用其足够多的用户量，进行一些商业化的尝试，如正在进行的值乎、知乎live、电子书、线下活动等，都是很好的例子。

下面来看看知乎的内容运营做得好的几个点。

1. 利用用户来筛选高质量回答

在知乎首页中，最主要的模块是根据用户个人兴趣和数据匹配的"最新动态"，这里推荐的问答基本上每条都会有几十条甚至上千条评论，有的还会配图，这些都是吸引用户点击的重要元素，如图2-19所示。点击并进入单个问题以后，会看到一条提问和一条被点赞次数最多的回复，知乎做得不错的是利用所有用户的认可度来筛选回答，你会发现知乎里被用户点赞最多的回答往往就是最好的回答。除了最优回答外的其他回答都被自动折叠起来，用户必须手动点击"全部回答"，才能展开并查看其他回答。

据说，如果一个知乎新用户写出了一个很好的答案，通过算法推荐，也会获得更好的曝光。在公平性上，知乎做得很不错。

图2-19 知乎首页

2. 建立问题之间、用户之间的联系

知乎的每个问题都有标签和归类，每个用户也可以关注相应的标签，这些标签之间互相建立联系，用户可以从一个问题看到很多相关话题，也可以找到很多和自己有相同兴趣的用户。这样就使得问题具有发散性，从一个问题可以衍生出很多相关的知识内容，形成话题，黏住用户。

知乎在初期，采用的是邀请制度，利用填写真实姓名或其他社区账号的模式，来保证回答问题的质量，同时也保证了被邀请人的质量。新注册的用户会选择自己感兴趣的领域，选择后会推荐该领域中的优秀回答者。从各个方面建立用户之间的联系，让用户在产品内有更多的停留。

知乎建立的问题之间的联系及用户之间的联系都是为了能让用户对产品增加黏性。

3. 利用人性来抓住用户

在知乎上很少见到激励机制，但用户的参与度却很高，主要原因是知乎满足了人性的需求，如图2-20所示。1943年美国心理学家亚伯拉罕·马斯洛在《人类激励理论》论文中提出需求层次理论，将人类需求像阶梯一样从低到高分为5种，即生理需求、安全需求、社交需求、尊重需求和自我实现需求。知乎更多的是满足了人的尊重需求和自我实现需求。人类是渴望分享和被认可的动物，朋友圈及之前火热的微博的流行都证明了这一点。而知乎这个被外界认为"往来无白丁"的精英社区，用户的回答被这么多的"非草根用户"所"赞同"和"感谢"，所带来的满足感比其他任何激励措施都更加有效。

图2-20　知乎：抓住人性需求

对于有了一定知名度的专家用户来说，能驱动他们的除了本身乐于分享经验、表达观点、拓展高质量的人脉外，与高手交流和切磋也是很重要的，有点类似思想的碰撞。

近一年，知乎在主推其付费内容，包括知乎live、电子书、付费咨询、值乎等各种形式,也使得头部用户(指产品内的高级用户,可以理解为KOL)在获得粉丝肯定的精神基础上,有了更多的物质承载。

4. 内容形式高级化

除了我们平时在知乎看到的各种问题和话题外,知乎的运营团队,对于在平台上的优秀内容也进行了重新整合——"知乎日报"将每天更新的全站优质内容进行整合,分门别类提供给用户查看;"知乎周刊"以电子书的形式将内容深度聚合,如图2-21所示;后期在进行的知乎live、值乎、课程等,都是将优质内容以一种更新、更高级的形式呈现给用户。这一点是值得很多做内容运营的同学借鉴的。

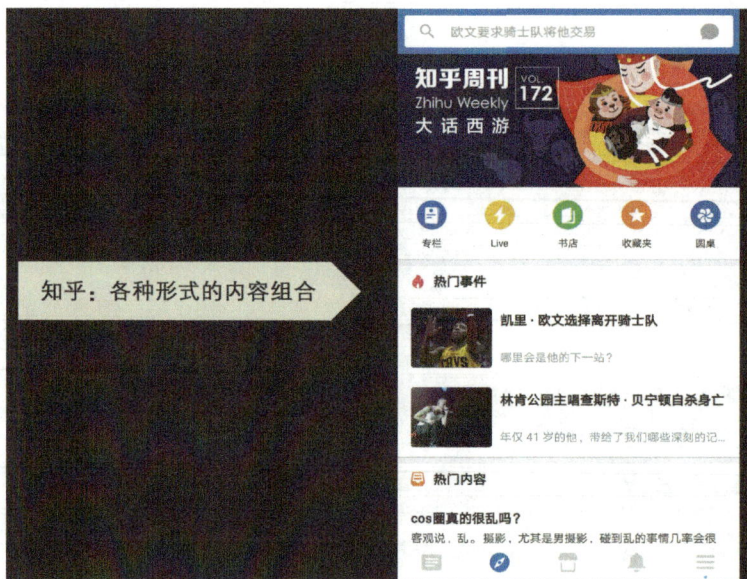

图2-21 知乎中的各种内容形式

通过以上介绍不难发现,知乎的内容运营之所以做得好,主要还是用内容抓住了相应的用户,然后通过心理层面的激励,来刺激用户更多地参与提问和回答问题,再用更加多样化的形式,将好的内容包装后推送给用户,使用户愈发觉得平台"高端大气",增加用户对知乎的认可度。这些都是做内容运营的同学可以借鉴和学习的地方。

2.5 小结

（1）目前市场上的移动产品对内容运营的需求分为内容型产品、强内容型产品和弱内容型产品，整体对内容运营的需求较强。

（2）内容运营决定了产品的调性；内容运营的意义在于给用户提供有价值的信息，能够为产品获取用户，并提升产品的收益。

（3）想提升内容运营，必须先认清产品中内容运营人员的角色，做好用户调研，了解KPI的真正含义，并且能够长期坚持。

希望通过本章的学习，能够让大家对内容运营有初步的了解，并能找到自己工作中需要努力和提升的方面，借鉴合理的方法进行改进。

➡ 起点学院小课堂 Chapter 1 ⬅

我和老曹（人人的CEO曹成明）沟通了好久，老曹说我习惯将很多的案例结合知识点一起串讲，这样给用户的印象不够深刻。所以，与老曹及人人的同学们沟通后，我决定增加"起点学院小课堂"环节。在后面的内容中，会安排一些发生在我们身边的真实的案例，希望能够通过案例加深大家对所讲解的知识点的认识。

Chapter 1.1 ➔ 内容运营：以"人人都是产品经理"为例

首先，很感谢本书作者陈辉老师给予这次机会。在此，将通过最近与小米科技合作的一个产品测评大赛，来复盘"人人都是产品经理"在内容运营中的经验心得。

1. 一种获取内容的活动形式：产品测评大赛

对我们来说，为社区用户提供高质量内容是我们的使命，而活动只是获取高质量内容的一种形式。

为此，作为内容运营的我们会策划一些产品测评大赛来鼓励社区作者进行内容输出。如去年有陌陌7.0版本的产品测评大赛，今年8月"人人都是产品经理"联合小米科技共同举办的小米直达服务测评大赛。

从去年的陌陌到今年的小米，我们为什么要致力于策划产品测评大赛？

作为一个内容型平台，"人人都是产品经理"社区网站有一个独特的文章分类——分析评测，这个栏目汇集了大批作者对各大产品的分析文章，其中不少优质作品还获得该产品公司HR的青睐——向作者抛出了橄榄枝。

有句话说得好，专业的人做专业的事。"人人都是产品经理"作为中国最大、最活跃的以产品经理、互联网运营为核心的学习、交流、分享社群，若是能把刚上线的产品扔到这个拥有最多产品和运营人员的社区，产品创造者就能看到目标用户的真实反应，尤其是用户在交流互动中碰撞出新的火花。

就像这次与小米合作的产品测评大赛，我们在这一个月的时间里共吸引了500多位参赛者，最终评选出了29篇优秀作品，且这些获奖作品得到了社区用户的认可。

除此之外，这场产品测评大赛还颇受小米方面的认可。

那么，为了这次产品测评大赛能达到以上的好效果，我们主要做了些什么呢？下面来细说。

2. 从4个方面确保内容的质量

在内容运营的过程中，内容是重中之重。所以在这次产品评测大赛中，我们主要从4个方面来把控内容：一是内容主题方向，二是渠道分发，三是评选机制，四是投稿者的质量。

（1）确定内容主题方向：应把用户当小白。

在一场产品测评大赛中，其所产出的内容应具有差异性，而不是同质化的。所以，在确定内容主题方向时，我们希望看到不同的文章类型，比如从运营方向到市场格局，从优缺点、建议到产品设计等。

就拿这次与小米的合作来说，为了把控好本次大赛的内容主题方向，我们在宣传文中给出了几点建议，详情如图。

如上图，你会发现本次大赛的内容主题方向，只是根据用户类别给出了适合其撰写的大概方向。因为一开始在内容策划的时候，本着不要给参赛者限定的原则，所以我在内容主题方向只是给了大概建议。

后来在征稿期间，我才意识到自己在内容主题上忽略了一个重点，即当用户并不了解一款产品时，让其在有限的时间内迅速产出内容，这是不利于用户体验的。换句话来说，就是大家可能都有一些想法，但并不是每个人都能通过文章很好地呈现出来。

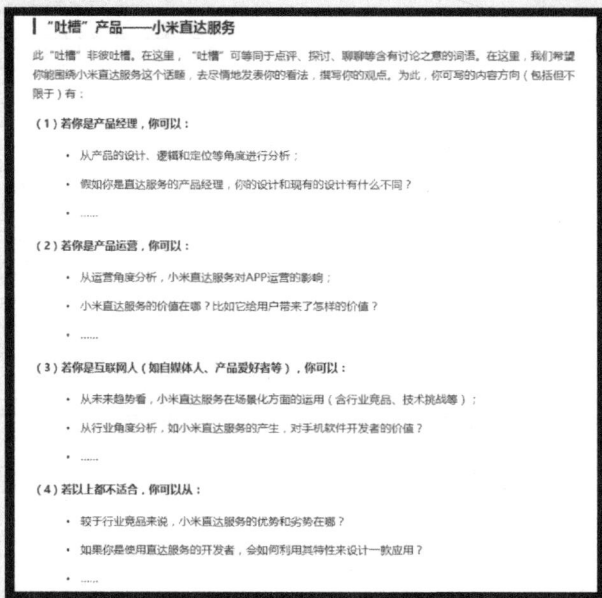

所以，这就需要我们给用户更具体的内容主题方向，才有利于他们去撰写分析文章。或者说，我应该选出之前类似的文章，给其提供一定的参考。如陌陌产品评审大赛中最具代表性的获奖作品。

总而言之，当我们在策划内容主题方向的时候，一定要把用户当小白看。只有这样，我们在进行宣传后才能得到彼此都想要的结果。

（2）渠道分发：两次传播，多方向触达。

为了号召更多的参赛者及获取更多的内容，我们需要在各种不同的渠道进行多次宣传。在这次产品测评大赛宣传中，主要分为两个阶段：

① 首次传播：利用渠道资源，展开内容宣传。

在确定内容主题方向后，我们就开始对产品测评大赛进行宣传。既然是产品测评大赛，那么作为中国最大、最活跃的产品经理社区，"人人都是产品经理"的自身渠道自然是主战场。所以，我们用上了所有的渠道，详情如图。

序号	主要渠道	推荐方式	推送时间	下线时间	持续时长	备注
1	官网网站	首页轮播位第2条	8月13日	8月18日	6天	
2		活动详情页第2条	8月18日（早）	8月30日	13天	
3		首页置顶	8月11日（9：00 am）	8月13日		
4	官方微博	首页轮播位第2条	8月11日（早）	8月13日		
5		发布博文并首页置顶	8月11日（早）	8月17日	7天	
6	官方微信公众号	头条文章	8月11日（8：00 am）	8月16日		人人都是产品经理
7	官方APP	首页轮播位第1条	8月11日（早）	8月16日	4天	
8		活动页轮播位第2条	8月20天	8月24日	5天	
9		启动页	8月18日（早）	8月21日	4天	
10	今日头条	首页置顶	8月11日（早）			
11	起点学院QQ群	中报小尾巴	8月14/21/25日（早）		一周一次，共3次	
12	人人是产品经理微信群	早报小尾巴	8月14/21/25日（早）		一周一次，共3次	
13	小米开放平台微信公众号		8月11日（早）			
14	MIUI论坛		8月11日			小米
15	小米用户粉丝群		8月11日			

为了触达更精准的用户，我们大赛的宣传文还会自动同步到与"人人都是产品经理"合作的70多家主流媒体，如今日头条等。

通过在各大渠道的曝光，我们希望更多爱产品、爱分享的朋友参与进来，与大家交流自己的想法。

② 再次传播：为了吸引更多的参赛者，在社区发布优质的参赛作品。

为了吸引更多的参赛者，我们会在征稿期间筛选1~2篇优秀作品发布在"人人都是产品经理"社区，以便更多的朋友关注到此活动。所以，我们会对精选的参赛作品进行包装，即编辑排版和优化标题等，希望作品一经发布，就能得到更多用户的关注，以及吸引更多的目标用户参与进来，从而输出更多的优质内容。

如何挑选参赛作品在平台上发布？这里就涉及下面讲解的评选机制。

（3）评选机制。

这里的评选机制主要为大赛奖品的设置规则和参赛作品的评选标准两大方面的内容。

① 设置奖励机制：提高参赛者的积极性。

除了在渠道上吸引更多的人参与，我们还会在奖品设置上进行一定的思考。

本着吸引更多参赛者及体现内容的丰富性的原则，本次大赛的奖品主要设置为3类奖项，分别是：

- 第一类奖项：最佳创意奖（3名）
- 第二类奖项：最佳脑洞奖（5名）
- 第三类奖项：最佳参与奖（20名）

所以，我们不仅在奖项名称追求传播点，在奖品数量上更是尽可能地想给参赛者带来更多的奖品，以及提高获奖的概率。果不其然，大赛的宣传文一经发布，就吸引了作者们的关注，并引起了热烈的讨论。

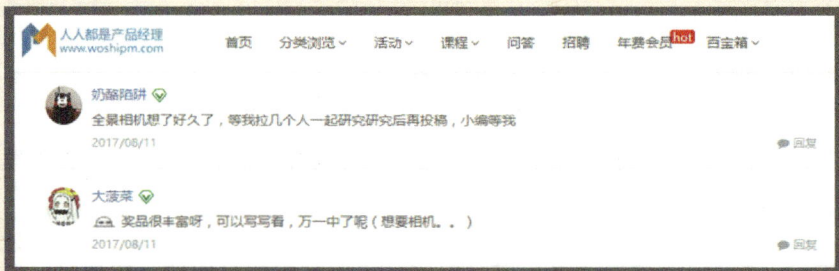

② 审核机制：确保参赛作品的内容质量。

像此类大赛，除了在奖项设置一定的机制上，我们在对内容层级的把控上还需要围绕以下3个方面来思考：

- 内容预判

基于对社区作者和行业的了解，我们首先会对本次测评大赛即将收到的内容质量进行一个预判。比如，本次大赛将会收到多少篇稿件，以及作品内容将会呈现一个怎样的程度等。

不可否认，要想做出精确的内容预判，则需要内容运营对自己社区作者的熟悉程度及测评对象对作者展开创作的容易程度有一定的了解等。

- 审核机制

为了筛选出优质作品，我们制定了严格的评审机制，包含审核标准和审核方式。

在本次大赛中，为了选出高质量的参赛作品，小米和"人人都是产品经理"组成了专家评审团，在文章主题、操作可行性、分析深度和创意度等评审标准下，经过3次审核，才选出了最终的获奖作品。

● 预警方案

在做策划方案的时候，我们都必须做plan A、plan B等。只有尽可能地想到问题点，并为此做可实施的备用方案，我们才能把事情做到"perfect"！

如本次小米直达服务测评大赛，虽然对稿件数量和稿件内容做了一个预判，但我们还是做了一个预警方案，主要是围绕以下两点内容：

一是当投稿数量不足的时候，是重点向作者约稿呢？还是要延长征稿时间？

二是当稿件超出预期的时候，该如何把控参赛作品的质量？

（4）把控投稿者的质量：保"量"和求"质"。

为了保证最终的内容输出是最佳的，我们还需要对参赛的投稿者进行把控的工作。围绕本次大赛，所有的参赛者主要分为3大类群体：

一是来自"人人都是产品经理"社区：作者、专栏作家、自媒体和产品爱好者等。

二是来自小米：粉丝用户等。

三是其他：非互联网的产品爱好者等。

为此，我们把以上参赛者分为两种，即自由投稿的作者和定向邀请的作者。

① 自由投稿的作者。

对于自由投稿的作者，我们主要重视参赛作品的"量"。

上文提到，大赛的宣传文被分发到不同渠道进行宣传，其实就是为了可以吸引不同行业、不同领域、不同职业的人来关注比赛，并积极参与进来。比如，本次大赛有位获奖者就是来自宝岛台湾，是小米的重度用户。通过小米的宣传渠道，我们可以吸引米粉来参与体验产品及分享产品心得等。还有位参赛者来自传统行业，是一位典型的产品爱好者。虽然她没有从事互联网行业，但每天来逛"人人都是产品经理"社区已经成为她的习惯。也正是因为这样，她才能及时地关注到小米直达服务测评大赛，并付诸行动，最终斩获奖品。

② 定向邀请的作者。

对于定向邀请的作者，我们更看重的是"质"。而在这一过程中，内容运营者需要保持耐心。

在这次的产品测评大赛中，若我们只是纯粹地征稿，来者不拒，那么我们的文章质量肯定不佳。为此，我们在接受投稿的同时，也会对参赛作品给予一定的建议，但是否选择重新修改在于个人。不过对于这两种人，我们会选择重点沟通：一是有独特视角，却没能力写好；二是有能力，却只是简单地叙说。需要我们与其进一步沟通，并让其尽可能地呈现更好的作品，分享给大家。

上文提到，"人人都是产品经理"拥有一群最专业的产品体验者，而社区作者则是这里面的代表人物。为此，我们会在作者群和专栏群给每位作者朋友发函，邀请他们过来参加大赛。邀请函如图。

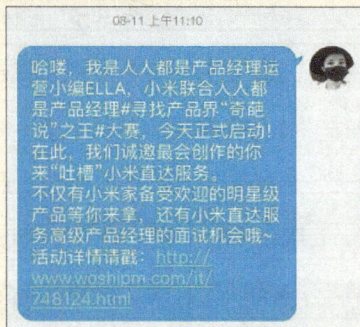

并不是我们发出邀请的作者都会来参与，但接受邀请并积极参与产品测评大赛的作者都是足够优秀的。记得开始，有位参赛者只是通过天天问来发表自己对小米直达服务的看法，却得到了小米生态开放平台负责人的赏识，并联系到我们要邀请其来参与大赛。值得高兴的是，即使他之前从未在"人人都是产品经理"社区发表过任何的作品，也很积极地接受我们的邀请。还没撰写之前，他给我的承诺是一周后会给我交稿。但一周后，鉴于没收到约定的文章，所以主动联系了他。原本以为他放弃了，毕竟想法的涌现与内容的输出是两回事。可他表示自己都觉得很水的东西，不应该拿出来与大家分享。说真的，那刻我们是感动的，只因他的认真。有句话说得好，付出就会有回报。通过自己的不断修改与完善，当他的文章提交给我的时候，我们就知道肯定是进前三的。当然，最终的结果也是如此。

其实在输出的过程中，我们也需要与内容生产者不断地沟通。记得有位专栏作家在我们的热情邀请下决定参赛后，也以积极的态度参赛。在花了一定时间的撰写后，也给我们提交一篇不错的稿子。但由于对其个人能力与之前在社区作品的了解，我们觉得他可以写出更好的文章。所以，我们决定把文章退回给他继续修改。

其实在反复改稿中，参赛者大多数是不厌其烦的。很幸运的是，我们的作者都有一颗恒心，且相信好的产品都是改出来的。面对要重新修改的稿子，他们依然能乐观地接受意见，并快速地梳理出一篇更优秀的作品。

3. 总结

总的来说，产品测评大赛只是我们想获取高质量内容的一种活动形式。在这一过程中，最难的不是策划方案，而是沟通执行。因为其中涉及很多需要沟通才能解决的问题，而沟通是一种非常不确定的因素，需要我们运营人员保持耐心。只有这样，我们才能得到用户的认可。

"不要把自己当成编辑，你是运营！"领导的话虽时常围绕在耳边，但从未真正地领悟，直到本次全程负责小米直达服务测评大赛后才深刻体会到。如果只是一名内容编辑，那么我们就只需要对文章进行编辑与排版等基础工作；而内容运营一定要懂用户，并懂得"对症下药"。只有这样，我们才能在工作中得到自己想要的。

常言道，"罗马不是一天建成的"。正如成为一个优秀的内容运营人员，从来都不是一蹴而就的事情。如果你也认同这个道理，那就坚持吧。当你从一个坑中爬出来后，又会跌入另一个坑，你还是你，但你会发现：此刻的你再也不是原来的你。

——"人人都是产品经理" Daisy

附：作品展示

在此，我选出了几篇获奖作品与大家分享：

（1）《与其他轻应用相比，小米直达服务如何体现差异化》 作者：杨智茗（扫描如下二维码查看详细内容）

扫一扫，看一看

（2）《细数小米直达服务需要迈过哪些大坑》 作者：吴邢一夫（扫描如下二维码（左）查看详细内容）

（3）《西天取经，一路直达——看小米直达服务的印度之旅》 作者：尹杰亮（扫描如下二维码（右）查看详细内容）

扫一扫，看一看   扫一扫，看一看

Chapter 1.2 ➔ 电子书内容运营：《寻城记·南京》

讲到内容，很多人第一个想到的是图书。的确，作为内容承载最完整的一种方式就是阅读。我曾在中国出版集团旗下的数字传媒公司工作，当时有幸参与了一些重点电子书内容制作的全过程，从内容的选择、策划、制作到上线后的推广运营，将产品包装成案例等，其间还得到了苹果App Store的推荐。

从2014年开始，电子书逐渐形成新的阅读趋势，移动阅读成为很多用户的选择。当时，我所在的公司研发了一套设备，能通过工具将文字、视频、音频、动画很好地融合起来，制作出当时比较流行的"富媒体"电子书（将文字、视频、音频和动画效果制作成交互式的电子书）。

我们的目标就是找到一个典型的案例进行包装并推广，进而在集团内的所有出版社中推广我们的产品和我们提供的服务。在确定目标后，我们找到了商务印书馆和人民文学出版社，两个出版社分别提供了当时各自热推的图书选题。在经过一番比较后，我们决定选择商务印书馆的《寻城记·南京》作为第一个案例，如下图所示。选择这本书的原因有3个，一是因为其内容的可读性比较高，该书被当作"人文地图"来推荐；二是因为这是一本"摄影+文字"的图书，素材比较丰富；三是当时这本书刚上架，还有一些热乎劲儿，能借势推广。

《寻城记·南京之烟雨秦淮梦》

在确认了选题后，我们就与图书的责任编辑及作者一起探讨具体的内容。对于一本很厚重的纸质书来说，在将其制作为电子图书时，通过怎样的形式变化，才能够让潜在用户发现最有意思的部分并且乐意去阅读，是我们需要解决的问题。当拿到这本书后，我们对图书内容进行了梳理，发现整本书将南京城从古至今的各个角落都进行了描述，有一些小地方连当地的"老南京人"可能都没有去过。对于非南京本地的用户来说，可能有点过于细致了。最后，我们选择了全书中相对出名，并且普通用户都有所了解的秦淮烟雨的部分作为电子书的主要内容。"十里秦淮"两岸有着古代中国南方地区会试的总考场江南贡院和南部教坊名伎聚集之地（著名的旧院、珠市等）。虽然很多人从未到过南京，但大都听说过关于秦淮河的凄美爱情故事，于是就有了《寻城记·南京之烟雨秦淮梦》这个产品，如下图所示。最终的事实也证明了这一点——大部分没有去过南京的用户，都会因为秦淮河而愿意更详细地了解南京。内容运营中，内容点的选择是至关重要的。

《寻城记·南京之烟雨秦淮梦》

　　确认内容后，需要进入产品制作的环节。制作之前，我们向作者要来相关的资料，然后开始设计电子书每一页的交互效果。从全景、细节到插入的视频、音频的选择，在整个过程中，团队进行了反复的沟通和讨论，务必使产品形式让用户感觉丰富，从而令用户满意。如图中的七桥瓮，我们融合了视频技术手段，使图像中的桥下水流动了起来；中间我们尝试了几种不同的画面来呈现，最后选择了渔翁、渔船和鸬鹚作为画面的主要元素，以突出背景七桥瓮，让用户借此感受到当时秦淮河日间的风景。图中的秦淮花灯，我们设计了花灯明暗转变的环节，当用户打开电子书的这页时，花灯是暗的，之后逐渐变亮。在灯光变亮后，就开始了秦淮歌伎的演唱，声音从弱变强，再慢慢淡去，让用户仿佛感受到了数百年前天香国色、才艺俱佳的秦淮八艳在用凄婉的歌声来表达自己对爱情的追求与失望的情绪。每一页故事，每一个地点的呈现都融入了南京的人文历史元素，我们希望让用户对这个六朝古都产生憧憬与向往。事后，我们对部分用户进行了访谈，结果确实实现了我们期待的效果，用户对于内容产品的这种变化形式印象深刻。总结来说，就是内容运营的形式必须新颖并且与内容有紧密的配合。

《寻城记·南京之烟雨秦淮梦》截图

　　经过几次修改后，我们将设计好的初稿发给了田飞和李果两位作者，他们在肯定我们的作品的同时，也提出了一些意见，如下图所示，如产品中的部分信息不够翔实等，也给我们补充了一些在图书出版过程中因为篇幅原因而删掉的内容，让用户能够对秦淮河畔有更深入的了解。作者给我们补充的材料是如此详尽，让我们深受感动。

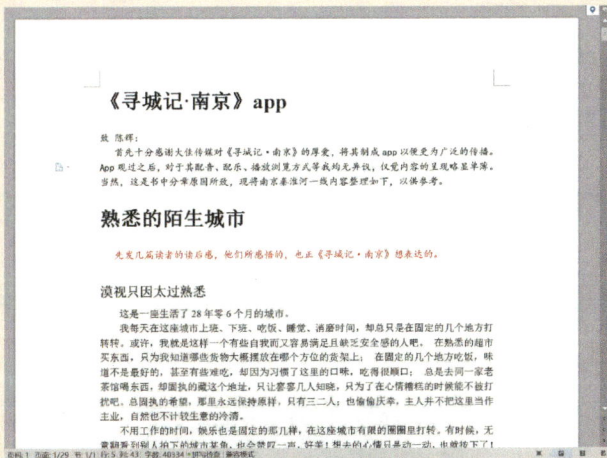

作者反馈截图

　　经过1个多月的策划、设计、制作与修改后，我们的产品终于大功告成了。经过

App Store 1 个星期左右的审核后，产品顺利上架。在上架之后，由于我们没有任何推广经费，所示就将身边可利用的推广渠道都用上了。外部的 iOS 的推广渠道，如同步推、91 助手等都注册了账号并进行了上架推广；在豆瓣、当当等图书渠道也进行了一些活动宣传；同时在公司和产品的官方微博、微信上进行了下载推荐的有奖活动；作者和出版社内的资源也都进行了推荐。值得肯定的是，当时我们在公司和商务印书馆内部进行的一波内部员工的推广的效果。我们制作了一套完整的下载与评论指南发给大家，希望大家在家的时候利用自己的 iOS 设备进行下载（如果利用公司内网会很容易被判为作弊），并邀请大家对产品进行评论，发表自己的真实想法。经过大约 1 个星期的时间，在没有任何推广费用的情况下，我们的产品实现了近 1000 次的下载。并且在 1 个星期后，我们发现在 App Store 图书分类的首页中，出现了《寻城记·南京之烟雨秦淮梦》产品的下载推荐，如图所示，推荐持续了约 3 天，每天都给我们带来了大量的下载量。这让我们兴奋不已，也倍感骄傲。这个案例再次说明，内容运营需要借助所有可运用的资源进行推广，先利用内部资源，再利用外部的免费资源，如果条件允许，可以利用付费资源。前提一定是内容本身有"看头"！

App Store 下载界面

此后，可谓"一发不可收拾"，这次的努力带来了丰厚的回报。在有了第一个成功案例后，我们将案例进行了包装，并汇总数据统计结果与用户反馈，向集团内的出版社进行了推荐。之后，包括人民文学出版社、人民美术出版社、对外翻译出版社、民主法治出版社等数十个出版机构联系我们，希望能够为他们制作"富媒体"电子书。我们利用电子书的产品制作技术，换取了很多之前并不容易签约的电子书版权；后来，甚至有几个出版社的重点书，

《寻城记·南京之烟雨秦淮梦》产品iOS版二维码

都是与我们合作，进行图书-电子书同售，并且在他们的图书中印上了我们的产品二维码。

整个过程，比我们预想的要好很多，本来我们只是想推广我们的服务，获得一点收入，但是最后我们获得的除收入外还有很多。第一，通过电子书的合作，我们与出版社建立了良好的合作关系，通过服务得到了很多版权机构无法得到的好书的电子版权；第二，通过这个项目，我们推广了公司的数字化服务，后期除了集团内的出版社外，还有其他机构也找我们制作类似产品，后来公司逐渐将这个项目进行单独运作。

这个案例是在特殊环境中的特殊案例，当时确实是没有任何资金投入，只能靠人工，我们也并不知道做这个事情的结果会是怎样，只是按照我们的理解去做了，结果确实让人惊喜。将这个案例分享给大家，是希望大家了解内容运营的精髓：内容运营一定要懂内容，然后懂得如何将内容进行包装，找到合理的方式和合适的渠道推荐给用户。每一个渠道都有其特点，要根据渠道特点和用户特征做针对性的运营，这样效果才会好。有时，不一定只是为了收入，如果能变成一种置换价值的手段，可能会产生更大的价值。

第 3 章

用户运营必须"走心"

3.1 用户运营 = 社区运营？

用户是产品的最终使用者，可以说是产品公司的衣食父母。近两年，用户运营逐渐被互联网公司重视，特别是在移动互联网公司中，用户离产品更近选择也更多样，用户运营就更为重要。用户运营是需要"走心"的运营工作，这里说的"走心"，不单是指要认真，更多的是指需要用自己的真心来换取用户对你所负责的产品的认可。

3.1.1 用户运营的工作内容

很多刚入门的做用户运营的同学还不太明白，到底用户运营要做什么。有的同学每天到处发广告，吸引用户来注册和使用产品；有些同学每天在产品的 QQ 群里和用户聊天，收集用户的各种反馈；有的同学每天在自己的产品论坛或社区里上传大量的内容，或者定期策划、组织活动，吸引用户参加；有的同学每天计算用户的积分有多少，给用户设置各种等级和不同权限，然后还要负责会员体系等相关工作，想着怎么让更多的用户转化为收费 VIP。其实，这些工作都属于会员运营的一部分。

根据笔者多年的运营经验，用户运营是指通过产品与用户建立联系，利用各种方式增加用户在产品内的留存率和活跃度，并通过用户不断提升产品质量和产品价值的运营工作。这里的产品价值指的是两个方面，一方面指的是产品的口碑价值，希望通过用户运营培养出产品的意见领袖，将产品的口碑形成正向传播，让更多的用户因为口碑而使用产品；另一方面指的是商业价值，当用户认可你的产品时，就可以通过VIP等会员增值的形式，让用户为你的产品付费，增加产品收入。

其实移动互联网中的用户运营工作与娱乐圈中的"粉丝运营"类似，粉丝会因为喜欢某个明星而聚集在一起，希望通过他们的力量让明星更加"闪亮"，如图3-1所示，同理可以应用于用户运营工作。

图3-1 百度贴吧：李宇春吧

简单讲，用户运营工作包括新增用户、用户留存/活跃度、用户付费、反哺产品这几个方面，如图3-2所示。

（1）**寻找并聚集产品的目标用户**：利用各种方式为产品寻找目标用户，利用QQ群、论坛等方式聚集核心用户，不断扩大产品的用户规模。

（2）**提升用户留存和用户活跃度**：有了用户后，要了解并掌握用户画像，对于不同用户采取不同的运营方式；要想办法让用户感受到产品的"温度"，你可以通过一些内容或定期的活动，让用户觉得被重视，并适时留住将要流失的用户。

（3）**会员商业模式**：并不是每个人都能接触到该商业模式，必须是产品进入成熟和稳定的阶段，并且有合适的商业模式时才会出现（会员商业模式需要两点，一是需要产品稳定并且有一定规模，二是必须要能找到让用户成为会员后能享受的服务，这里合适的商业模式指第2点）。基本上到这一步，也到了用户生命周期的尾段，要将现有用户进行分级，实施不同的运营策略，给会员提供更多的产品价值和选择，吸引用户付费。

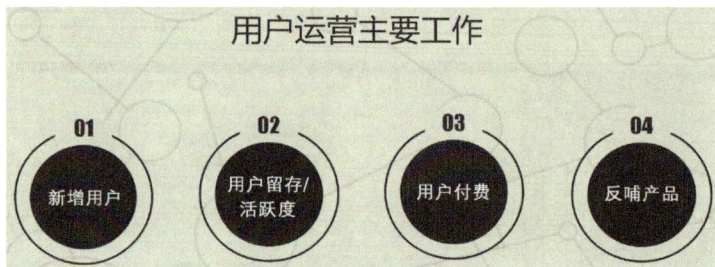

用户运营主要工作

01	02	03	04
新增用户	用户留存/活跃度	用户付费	反哺产品

图3-2　用户运营主要工作

（4）**指导产品方向**：利用各种方式收集用户反馈，让核心用户测试新功能并提出意见和建议。很多时候，产品下一步的发展方向不是由产品经理决定的，而是用户，他们会告诉你下一步怎样走才合适。

除了以上这些主要工作外，好的用户运营还要对用户数据有相当高的敏感度，要掌握用户的行为数据，通过对用户的行为数据的分析，了解用户为什么来、为什么流失、为什么持续活跃及为什么会被挽留等，然后在用户的新增、流失、留存、活跃度、付费和挽留相应的节点，通过一定的运营手段将正向数据进行提升。这样才是好的用户运营。

下面来看一个用户运营的案例。比如，有一个以影视内容为主的视频产品，想做好用户运营，可以从这4个方面入手。

第一，可以从提高用户留存方面入手。密切关注新注册用户的使用数据，观察在哪些使用节点和哪些模块是用户流失较多的，并采取行动来尽力挽留用户。比如，发现未注册用户的流失率比注册用户流失率高50%，那么运营就要鼓励用户来注册使用，并告诉用户注册使用的好处，如可以保存播放记录，给予未注册用户以前享受不到的特权等。在用户流失的几个高峰时间点，如注册7天后、30天后，可以给用户推送一些火热的内容或设计专属的活动，降低用户的流失。

第二，在提高用户活跃方面。应该建立一套完整的用户画像，同时将用户画像标签与视频的内容标签打通，根据用户画像给用户推送相应的内容集，类似淘宝的"千人千面"，这对于提升用户活跃度会有一定帮助。同时，可以和产品人员一起来设计一些与视频场景相结合的功能，如让用户自建视频辑提供分享功能并可以获得积分，更好玩的评论功能，或者是可以用积分换取的小游戏功能，甚至是在产品里打通线上线下的各种活动报名功能。这些对于提升部分用户的活跃度都是有效的手段。

第三，可以在产品内打造一个用户社区。社区可以与视频内容相结合，目的是为了聚拢有相同兴趣爱好的用户，让用户可以在产品内建立联系与沟通。比如，可以为《三生三世十里桃花》建立一个同名的社区，用户在社区内讨论剧集、八卦明星，甚至后期可以与线下的影迷会相结合。同时用户在社区里发表对影视剧的各种看法和评论，用户间也建立了轻社交的联系，对于提升整体的用户活跃度也会有帮助。

第四，要培养自己的头部用户。大部分用户来视频产品里只是看视频，或者是购买会员资格以去除广告，除了使用数据外，并没有给产品留下太多的价值。作为用户运营，要想办法让活跃的用户在产品里产生价值。比如，使用户成为产品的专属评论员，撰写出精彩的影评来吸引其他用户；使用户成为产品的用户管理员，协助管理产品社区；使用户在后期有机会成为视频内容的提供者等。建立这样一支队伍，会对用户运营有很大帮助。

不同产品间的产品形态和最终需求不一致，如果视频产品要推广会员，那么用户运营也必须要偏向于活动运营，需要结合内容和功能打造很多的会员活动，向有不同需求的用户推送不同的内容。

3.1.2　用户运营的不同阶段

产品的不同阶段，用户运营人员要做的事情也不尽相同，如图3-3所示。

产品初期的用户运营，基本上是最辛苦的阶段，而且这个阶段的用户运营工作最为重要。**产品初期的用户运营工作就是要为产品找到种子用户，并给予产品一定的反馈，使用户产生参与感。**作为用户运营，你必须帮助产品找到第一批种子用户。

你会发现，你需要到各大网络社区去不停地发帖，去各种竞品的QQ群里找到试用

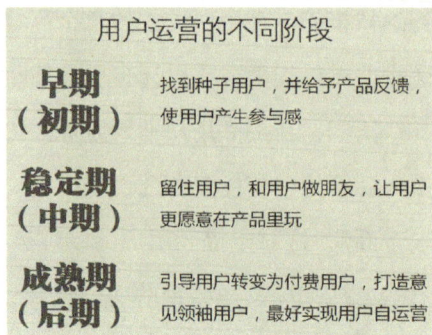

图3-3　用户运营的不同阶段

用户，到处找人谈合作，争取一点点的曝光量以换来一些用户。这些比较精准的用户到来后，要让用户可以简便地开始使用产品，向他们说明产品的情况，让他们来试用产品，并让他们进行反馈，可能还需要给用户提供一些"好处"等。在这个阶段，用户运营的主要工作就是要想办法找到产品的种子用户。

产品稳定期的用户运营，工作内容就会相对丰富一些了。**产品稳定期的用户运营工作主要是通过各种方式留住用户，和用户做朋友，让用户更愿意在你的产品里"玩"，让他们更多地提出意见和建议。**

这个时候，产品已经有了一定的用户量，你也已经建立了产品的社区和用户群等，要定期地举办活动，让用户感觉到产品的"温度"；对于用户流失要有一定的定义，到达数据的某个标准时，就要进行相关的挽回工作，如利用推送或短信、电子邮件等方式召回用户。同时，积极地听取和收集用户反馈，将用户的建议整理、汇总后发给产品人员和运营人员，为产品的后续方向提供参考。

产品进入成熟期，一般需要2~3年，这个阶段的用户运营工作与之前相比会有比较大的区别，当然不是说之前两个阶段的工作就可以不做，只是说前面的工作已不再是重点。**产品成熟期的用户运营工作主要是维持用户活跃度，引导用户转变为付费用户，打造意见领袖用户来进行产品的正向宣传和传播，最好实现用户的自运营。**

进入产品的成熟期，可以让一些核心用户参与用户运营的工作，如让用户自己来管理论坛、发布活动等，这些都是用户运营在成熟期的表现。

举个例子，小米的MIUI一直被认为是"粉丝经济"，大家都公认小米的用户运营做得好，得到了大量的用户认可。

早期的小米是以MIUI的手机ROM起家，坚持为"米粉"做一款最好用的刷机系统。一开始就是小米团队的用户运营到处寻找用户，将用户引进论坛后，把用户"当作上帝一样来伺候"。刚开始做MIUI系统时，主管MIUI的负责人黎万强介绍："满世界'泡'论坛，找资深用户，我们注册了上百个账户，天天在手机论坛发帖、发广告，精心挑选了100位超级用户参与MIUI的设计、研发、反馈等。借助这100位用户的口碑传播，MIUI得以迅速推广。那时，雷军会每天花1小时回复微博上的评论，工程师也要按时回复论坛上的帖子。据统计，当时小米论坛每天有实质内容的帖子大约有8000条，平均每个工程师每天要回复150个帖子。而且在每一个帖子后面都会有一个状态，显示这个建议被采纳的程度及解决问题的工程师ID，这给了用户被重视的感觉"。

论坛逐渐稳定后，用户运营的同学要每天在MIUI论坛发帖、回帖，和用户进行各种互动，组织活动等。当时，小米还办了一个强大的线下活动平台——同城会。小米官方每两个星期都会在国内不同的城市举办小米粉丝见面会，根据后台分析各个城市的用户多少来决定同城会举办的顺序，在论坛上登出宣传帖后用户即可报名参与，每次活动邀请30~50位用户到现场与工程师做交流。小米还会邀请核心用户，成立"荣誉开发组"，让他们体验未发布的版本，甚至参与绝密产品的开发。这些极大地增加了用户的黏性和参与感，让"米粉"投入更大的激情参与产品的升级过程。

MIUI逐渐成熟和稳定后，面对越来越多的用户，单靠公司内部的运营团队已经不能完全支撑起来了，这时公司就将越来越多的权利交给了之前的那些核心用户，包括论坛的管理，"同城会"的活动组织，各大校园俱乐部，等等，如图3-4所示。现在大部分情况下这些运营活动都是用户自行组织的，公司内部的运营人员会将大量权力下放，并给予用户一定的资源支持。

总结一下，合理的用户运营的几个阶段是：寻找种子用户－发掘核心用户－吸引更多的用户－实现用户自运营－转化付费用户。

图3-4　小米MIUI俱乐部

3.1.3　如何找到目标用户

如果没有用户，那么用户运营工作就无从谈起。很多做用户运营的同学都会问，如果我是一个运营"小白"，没有做过用户运营，那么我该怎样为我的产品找到目标用户呢？

基本上，目前市场上找用户有两种方式：付费和免费。

如果是一个"土豪"公司，那就简单了，目前市场上的付费渠道有很多，如各大应用市场的推广，大型APP的广告位，微信、微博的"各种通"，都可以让你很快获得一批用户。当然，这些渠道的费用也不会低，基本上每个用户成本约为5元。即使是"不差钱"，也需要在选择渠道时了解和分析渠道的用户特点，再进行投放。如工具型产品，将其投放到手机淘宝（手淘）的开屏广告页上就不太合适，手淘的用户量多但是宽泛，很难从这么多用户中筛选出目标用户，类似大海捞针，性价比过低。另外，因为涉及付费推广，建议初期先花费少量资金进行尝试，如果效果好再进行追加。投放完一个渠道后，至少间隔3个月再进行二次推广，否则效果会成反比。

如果你和大部分人一样，加入一个创业团队或没有推广预算的公司，那你就要通过四处寻找免费渠道从而为产品找到目标用户。目前市场上的免费渠道虽然很多，但每个渠道都需要你有一定的投入，这里的投入更多的是时间和精力。基本上，很多时候大家会觉得既然是免费的，那不要白不要，有量就行。但是你要想明白，你是为产品找到目标用户，希望通过这些用户的反馈而指导产品下一步的方向，如果一开始就找错了目标用户，那么这些用户所给的建议的价值也会大打折扣，甚至可能因为选择了错误的用户而选择了错误的方向。

一般来说，最简单、有效的就是到竞品的用户运营社区或QQ群中去寻找目标用户，可以在竞品的论坛上发一些广告（肯定会被删帖，只能说尽量发得取巧一些，让帖子存在的时间尽量长），找群里的一些目标用户不时地"单聊"，用这种方式拉来的用户，相对精准一些。还有各种同类型的互联网论坛、贴吧、微博、QQ群等途径，可以用一些比较好的标题或文案，来吸引用户点击，最终都是希望他们能下载并试用你的产品。还可以和一些可能有相同用户特点的产品进行合作，如"大姨妈"这类产品就可以和美丽说进行合作，"脉脉"这类产品就可以和名片王进行合作。如果两者之间的用户重合度比较高，则更容易找到目标用户。

作为用户运营人员，你在不断地想方设法去获得新用户的同时，还必须弄明白一件事情，即获取一个新用户的成本，比维护一个老用户的成本要高得多。所以，新用户到来后，要尽量想办法将用户留下来，提高用户的留存，才可能有后续的一系列行为，如图3-5所示。

图3-5　新老用户运营

3.1.4 社区运营和用户运营真不一样

很多人都说用户运营和社区运营很像，有些人甚至直接将社区运营等同于用户运营。的确，从某个角度来看，两者有很多类似的地方，需要注意两者也有着本质的区别。

社区运营，是希望更多的用户来到某个社区或论坛里，通过不断地浏览、发表或回复相应内容，成为社区的参与者。本身是为了更多的用户来使用社区，让社区更活跃，以巩固社区在同类产品中的地位。社区的用户就是产品的所有参与用户，用户用的是社区这个产品形态。

用户运营，是以社区或论坛的手段，来聚拢用户，收集用户的反馈并不断优化和提升产品价值。用户运营的目的是让更多的用户来使用产品，而让用户使用产品对于社区只是一种手段，不是最终目的。社区的用户只是产品中的积极用户，用户用的不是社区这个产品，而是其他形态的产品。

社区运营的工作基本上围绕着拉新、内容和活动展开，用户到了论坛，也就是路径的终点。用户运营工作在社区部分，也有着拉新、内容和活动的工作，但是最终目的是为了吸引用户到产品中，而不是一直停留在社区中。所以说，两者有着类似的工作方式和方法，但是最终目的是完全不一致的，不能简单地将社区运营等同于用户运营。用户运营比社区运营的范畴更宽泛，只能说社区运营是用户运营工作的一部分。

3.2 growth hacker（增长黑客）6条法则

整个移动互联网的用户发展的正向轨迹应该是：试用用户－使用用户－活跃用户－付费用户。在移动互联网中，用户运营是一项看似不起眼，但是却越来越重要的工作。没有用户的时候，用户运营必须先找到用户，有了用户后，用户运营需要想办法让用户喜欢自己，最好还能帮助做各种宣传，到产品后期，还会有一部分用户流失，必须在用户的生命周期内发挥用户的最大价值，这些都是用户运营人员要面对的挑战。做用户运营容易，但是要做好用户运营真的需要"走心"。

讲到用户运营，最近有个很流行的词叫growth hacker（增长黑客），基本原理是产品通过小投入就能够获得大量的用户，有5个环节：Acquisition（用户获取）、Activation（用户活跃）、Retention（用户留存）、Referral（用户推荐）、Revenue（用户收益），如图3-6所示，笔者针对这5个环节归纳出以下6条法则。

图3-6　growth hacker（增长黑客）

3.2.1　从痛点处吸引目标用户

作为用户运营人员，你必须了解用户使用产品的原因：因为能够满足用户的某种目的，产品里有和自己志同道合的用户，可以参与到产品当中有参与感，或者是用户在某个产品中是个"大咖"。这些都是用户会使用产品的原因，也是用户的痛点所在。用户运营必须深刻地了解人性，关注用户。

从移动应用上看，目前安卓和iOS市场上有几百万个应用可供用户下载，而一般用户平时能用到的应用也就有20~30个，要在几百万应用中脱颖而出，在用户的手机界面上占有一席之地，真的没有那么简单。一个产品必须有其突出解决用户问题的痛点，才有机会吸引用户进行下载使用或购买。如交友类产品，你就应该突出用户通过产品能找到什么样的人，用户能够获得什么，而不是突出注册用户量大、下载量大这些宽泛的内容。

用户运营人员必须和产品人员有深度沟通，明确地了解你的产品有什么突出特点，哪些是别的产品所没有的，哪些是别的产品做得不够好的，这些都可能是你用来吸引用户的亮点。如市面上的手机流行趋势是大屏幕、高性能，但是电池续航却成为痛点,于是OPPO推出了"充电5分钟,通话2小时"——第一款当时支持闪充的OPPO Find 7,如图3-7所示。也是从那时开始,OPPO在手机市场逐渐站稳了脚跟,如今已经成为国内数一数二的手机厂商。同样,作为用户运营,你也必须和产品人员一起总结你产品的优势和特点,不断地放大这些点,给用户留下"固有印象",让用户想到某个特点就想到你的产品。这样的用户运营,才是好的开始。

图3-7　OPPO闪充用户破千万

3.2.2　用尽全力留住用户

新用户到来后,前几天特别是第一天的流失率是很高的,做过移动互联网的同学一定都知道这一点。很多时候,用户是否会持续使用产品是由产品特性决定的,但是用户运营的同学也是可以做一些工作来留住新用户的。

初次使用产品时的前10分钟简直太重要了,用户对产品的第一感觉直接决定了后面的留存。所以在设计产品时,一定要让用户在第一时间就能用得明白。可以观察和统计一下流失用户离开产品时最后的界面,将用户流失最高的几个界面进行优化。

新用户进入相应页面时，可以给予其一定的指导甚至是激励。在新用户首次离开产品时，可以提示持续使用会带来的奖励或意外的惊喜等，这些都会对留住客户起到一定的作用。当用户1个星期后还未使用应用时，可以尝试进行推送，这个推送最好是和其他用户不同的，我们平时叫作"召回推送"，就是针对新用户下载安装后但未持续使用的一种推送方式，需要根据用户特点，制订适合用户的推送内容。

比如，之前笔者在某个工具类产品上试过，在用户下载后的3天、7天、15天和30天后进行有针对性的推送，分别推送了VIP免费试用、"吐槽"弹幕、使用成绩单和抽奖活动，用户的留存率至少提升了3%以上。如果每天来10 000个新用户，那么每天都至少有300个用户因为这样的循环推送而变为活跃用户。记住最好的防止用户流失的方法是在用户流失之前，对用户进行挽留。比如，你通过数据发现"90后"的男性用户在使用1次产品后很有可能会流失，那就在用户退出前，给他想要的东西——内容、活动或情怀都可以，这在用户流失前是最有效的做法，如图3-8所示。

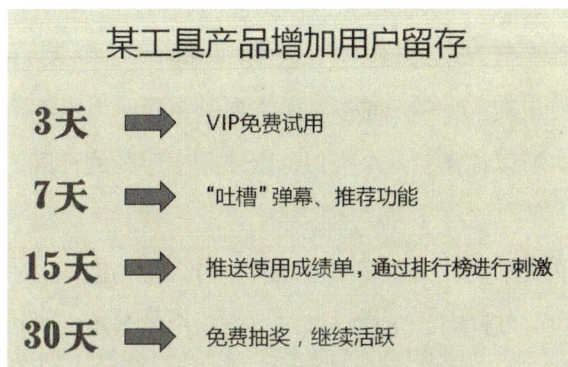

某工具产品增加用户留存

3天 ➡ VIP免费试用

7天 ➡ "吐槽"弹幕、推荐功能

15天 ➡ 推送使用成绩单，通过排行榜进行刺激

30天 ➡ 免费抽奖，继续活跃

图3-8　某工具产品增加用户留存

当然，召回推送只针对未卸载应用的用户，已经卸载应用的用户，只能通过电子邮件、短信、微信、微博等方式进行召回了。电子邮件的成本最低、发件量较大，但是转化率不高；短信的成本高，能实现投送必达，但目前用户的手机短信里几乎都是广告短信，所以转化率也不会太理想；如果用户关注过产品的微博、微信，使用这种方式来推送是最合理的，可以直接给用户推送相应的内容，告知老用户正在进行回馈

等活动。召回的内容一定要个性化，让用户感知到被关注，给TA推送的是与TA的使用数据相关的信息。用户召回后还需要对这些挽回的用户进行"区别对待"，告诉他们在放弃使用产品的这段时间里产品都做了什么改进，有什么新鲜的内容，当然最好还能有一份"关怀礼包"，同时还要看一下这些挽回用户的留存数据。

用户运营应该制订产品的流失预警机制，对用户的行为进行长期的监控，一旦在某些条件下数据有较大的变化，就要采取相应的措施。比如，产品发布新版，更改了一些核心功能，在某个渠道首发等，并且需要特别注意这些事件的时间点。

3.2.3　建立用户社区，将用户连接起来

在用户运营初期，往往是通过一个QQ群将用户连接起来的。QQ群的管理就是对用户运营的工作能力的考验。有的人只是每天往QQ群发一些产品介绍，久而久之QQ群也就不活跃了。有些运营人会每天陪着用户聊天，唠唠家常，和用户搞好关系，等产品有活动需要转发或支持时，用户都会很踊跃地参与。QQ群通常是用户运营的雏形，慢慢地群里的人会越来越多，千人群甚至两千人群都不一定能够承载不断涌入的热情用户了。所以你需要一个类似论坛或贴吧形式的社区，将用户更好地连接起来。

这里的连接指的是两个方面，一个方面是将产品和用户更好地连接，用户在社区里可以表扬、建议、"吐槽"，用户社区可以将用户的各种行为更好地记录下来。同时，社区可以承载更多的内容和活动，用户运营的同学可以在这里提供很多好的内容供用户消费，也可以组织一些活动让用户在业余时间参与进来。另一个方面是可以将用户之间更好地连接起来。人天生就是社交的动物，有社交需求。社区是有某类共同爱好的用户的"自留地"，这些用户可以在里面谈天说地，甚至是结交好友。良好的社区氛围也会让用户更加自发地在社区里发帖和回帖，对于新加入社区的用户来说，无疑是一种正向的引导。比如，笔者之前负责的iReader，最初就是一个移动阅读应用，给用户提供各类电子书。后来随着用户的增加，为了提升用户的活跃度，增加用

户和产品及用户之间的联系，就建立了用户社区——书友圈，如图3-9所示。用户可以在圈子里发帖、跟帖，讨论作品，结交朋友等。

图3-9 iReader书友圈社区

等社区有一定量级的用户后，就需要制订相应的规范和制度，同时招募用户管理员来协助管理社区，慢慢实现用户的自运营。

3.2.4 让种子用户开花结果

当你好不容易找到用户并且留下了一批忠诚用户，赶紧将这部分的用户价值最大化吧！

一般来说，产品的核心用户都是产品的高频用户（指使用产品频次较高的用户，也可以理解为忠实用户），他们在使用中会给产品提出很多有价值的建议，并且乐于向身边的朋友推荐自己使用的产品。对于用户运营人员来说，应该将这些用户充分利用起来，让用户帮产品进行推广。如一个学习类产品，可能特别适用于教师人群，就应该让这些核心用户帮忙将产品传播到所在的群体中。最好可以给这些用户一些物质或精神上的奖励，但最好不要是钱，如果用钱则整个事情的性质就会有所改变，而且可能还得不到想要的效果。

很多时候，用户不使用你的产品，并不是你做得不好，而是还不够完美，这种用户很多时候会针对所使用的产品在相关处留言，作为用户运营，就必须将这些用户的留言记录、汇总并发给相应的产品和运营人员，让他们对用户集中反馈的问题进行优化。记得之前看过一些产品，甚至会在产品日志中提到，增加了某项功能，感谢某某用户的建议，如图3-10所示。虽然这种感谢是精神层面的，但用户的感受是很好的。

当用户感到你的产品用起来很"爽"时，会不遗余力地将产品推荐给身边的同类人，希望大家都能用上好产品。这个时候，就需要产品里有相应的推荐功能，让用户能通过简单、轻松的一步就可以将产品推荐出去。有很多电商类或消费类产品，还有推荐有礼的活动，都是为了让用户能够"开花结果"。

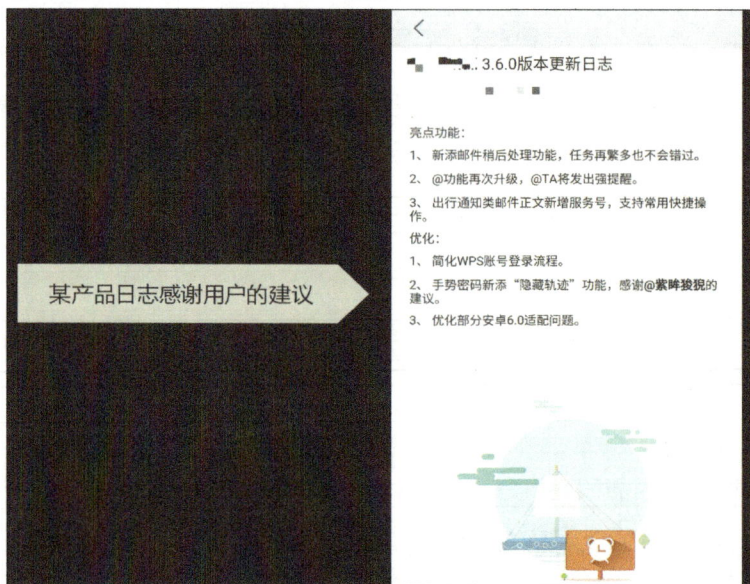

图3-10　某产品日志感谢用户的建议

3.2.5　用心和用户交朋友

这一点说起来容易，但是做起来却一点儿也不简单。做用户运营，最怕的是将用户的那些事情当作一种工作或任务来做，最好的状态是你乐于和每个用户沟通和交流，愿意倾听他们的想法，希望他们能在使用产品中得到快乐。

你需要将用户当作你的朋友，当用户有疑问时，要尽力为用户解答，再想为什么用户会这么问，是不是产品的某些地方做得还不够好；当用户提出建议时，要认真倾听，无论对错，就像你的朋友在和你倾诉一样，可能并不重要，但是你的倾听就是最好的回应；当用户的建议有反馈时，要及时通知到他（她），让用户感受到自己被尊重。但是，并不是每个用户的建议你都要听从，你应该从和他们的沟通中收集有用的信息并汇总。和用户做朋友，但又不可以盲目亲近，毕竟用户运营是产品中用户的规则制定者，从某个角度来说，你是管理者。

用户也是普通人，很多时候也需要被关注和关怀。如社区的管理员，可能是一名核心用户，也许他（她）只是在业余时间来帮助产品管理论坛，如果在他（她）的生日或假期里能送上一份定做的礼物，那么他（她）会觉得非常贴心。记得之前看过一则新闻，一名外地来北京的"米粉"在小米大楼的门口和小米的米兔合影，正好被雷军看到了，他就邀请这名米粉参观他的办公室，并和这名"米粉"聊了很久，还拍了合照，让这名"米粉"受宠若惊，于是到处传播这件事情。对于雷军来说，只是做了一件很小的事情，但是对于这名"米粉"来说，真的是一份惊喜。

除此之外，一些精神上和物质上的激励也是不可缺少的，如社区里的等级、头衔，游戏里的勋章、排名等，都是为了刺激用户的持续活跃。在这点上，MIUI做得非常好，核心用户不但有更多的机会参与MIUI的各种活动，还可以成为荣誉开发组成员，享受各种优先体验的机会等特权，如图3-11所示。

谈起做用户运营要用心，笔者想到一个自身的案例。之前我和"人人都是产品经理"旗下的起点学院合作，对方希望笔者能够对产品运营做一些分享（其实也是这本书的雏形）。和笔者对接的一个小伙子Jason（以下简称小J），可以说是做用户运营的一把好手。

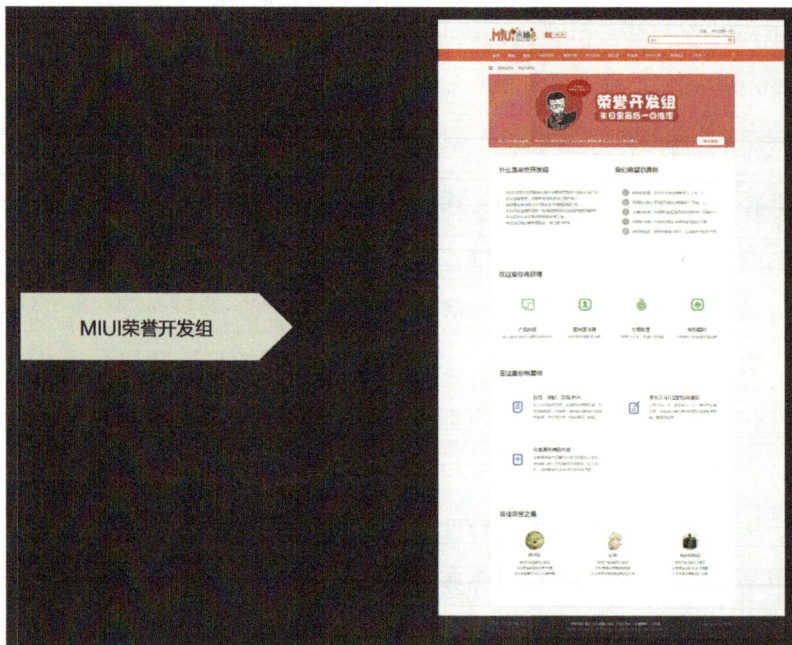

图3-11　MIUI荣誉开发组

　　在和笔者简单沟通后，小J给笔者传达了分享的具体流程：需要确认选题，准备大纲，然后制作完成PPT，之后根据PPT内容制作录屏的视频。一开始笔者以为很简单，等到要处理时才发现，需要准备的工作还是很多的。估计小J因为要面对很多不同行业、不同领域的分享者，所以对于这些分享者的心理已经摸透了。他会在不同的时间点和笔者进行不同方式的沟通，让笔者不得不心服口服。比如，需要在1个月内完成所有的分享工作，通常每星期小J会和笔者沟通两次：在确认任务后的第1个星期的星期三，他问笔者是否已准备好大纲，如果还没确认，小J会提出希望笔者在周末花一点时间准备一下，然后会在星期五的晚上给笔者发微信，问候一句"周末愉快哦"。虽然笔者知道小J是在"催作业"了，但是笔者一点儿也不觉得不舒服，反而觉得挺贴心的，于是在周末赶紧将大纲准备好。大纲完成后就是做PPT了，又是1个星期类似的流程，其间小J会说："很多同学都期待老师的这门课，希望老师能赶紧给大家分享。"让人听完心里还是会很舒服。第3个星期开始视频的录制，小J会先发来应用工具，然后过两天会说："工具使用过程中是否有什么问题呢？可以尝试一点一点来录制，不必一次性都录好"。当小J发现笔者进度略慢时，他还会"装可怜"，告诉笔者说这个月的KPI要无法完成了，希望笔者能够帮帮忙。这一切，看似自然，实际也都是从用户的角度出发去沟通的，在完成了自己任务的同时，也让用户感觉到了自己被"区别对待"。感谢小J，让我有机会从"新起点"开始。

3.2.6　逐渐放大用户价值

作为用户运营人员，你必须了解产品中哪些部分是让用户用起来感觉最"爽"的，增加部分功能是否会有足够的付费意愿，是否会让用户觉得值得。公司的最终目的，一定是希望更多的活跃用户能够转化为收费用户，用户运营的最终目的也必须将用户的价值逐渐放大。

目前移动产品的付费模式基本就是广告和增值服务两种形式，广告这种形式更多的是通过用户更长时间的使用，达到更多的展示，以实现更高的收益。相对来说，增值服务起初的量级会较小，但一旦被用户接受，后期的增长空间就相对较大了。增值服务的收费方式一般都是付费购买对普通用户未开放的功能，如在游戏内购买一些特殊道具，这些道具会有一些特殊属性，对游戏人物有不同效果的增益，如图3-12所示。如王者荣耀的"皮肤"，推出了赵云"皮肤"，该道具的单日收入可达1.5亿元人民币。

还有一些产品的付费模式是购买产品的VIP或会员功能，能够享受不同的服务和权益，如手机QQ；或者付费后可以看到一些普通会员无法观看的内容，如爱奇艺视频会员，如图3-13所示。说到这里不得不提一句，随着这几年移动应用的发展，越来越多的用户已经从互联网"免费时代"的绝不付费，开始转变为"为需要付费"。相信未来增值服务的发展会越来越好。

图3-12　王者荣耀商城页面

图3-13　爱奇艺视频会员频道

　　在增值服务方面，国内的一线公司非腾讯莫属，从2000年开始，腾讯就推出了 QQ会员功能，直至2013年，又衍化为超级会员功能，如图3-14所示。从QQ会员 开始，每月10元的会员费也被大部分用户熟悉和接受，并衍生出一个又一个"红黄 绿蓝黑钻"10元会员业务。腾讯的增值服务的收入占整体收入的比例一直很高，这也造就了腾讯在移动互联网时代稳固的地位。

图3-14　手机QQ会员特权

　　通常，笔者习惯将产品里的用户进行分级，基本上会分成5级：流失用户、沉默用户（不活跃用户）、活跃用户、付费用户、核心用户。对于每一级用户，都应该采取不同的策略：流失用户，应该分析为什么用户会流失；不活跃用户，应该用更多的方式刺激他们活跃；活跃用户，应该分析他们经常来的原因，想办法将他们转换为付费用户；分析付费用户的付费习惯，不断地优化付费体验；核心用户通常是使用产品时间较长，并且持续活跃或持续付费的用户，他们对产品的意见和反馈尤为重要。要想不断地放大用户的价值，就必须让后面3种用户的比例越来越高，才能构成好的用户模型。

3.3　如何将目标用户转为付费用户

　　提到会员这种在移动互联网下越来越为用户所接受的增值付费方式，笔者亲历过会员项目的转化过程，其间会遇到各式各样的用户。

　　笔者将用户分为以下8种类型，如图3-15所示。如果要将相应的每一类用户转化为付费会员，都需要有一定的解决方法和具体手段。

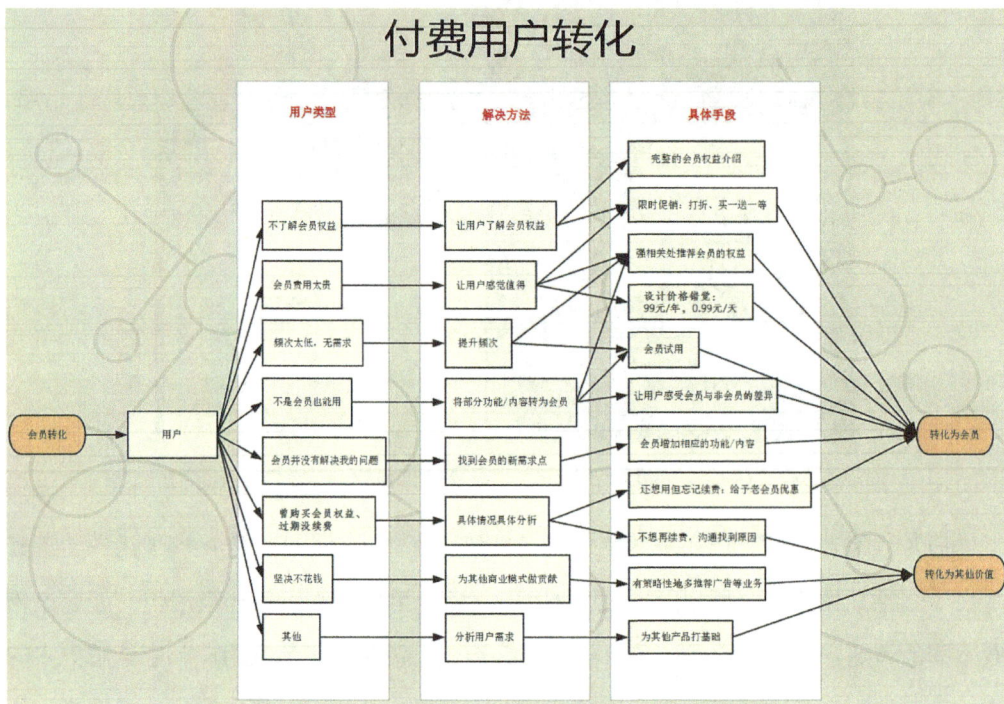

图3-15　付费用户转化

　　（1）**不了解会员权益的用户**。这类用户大部分是产品的新用户或关注产品较少的用户，应该给他们推送详细、完整的会员权益介绍页，让其中对会员有兴趣的用户能第一时间了解并购买会员，同时要结合一些促销活动，如限时折扣等，提升会员转化率。

　　（2）**认为会员费用太贵的用户**。这类用户对产品有比较多的了解，需要的是一些刺激，如根据他们的使用数据，在相应的功能或内容处，进行会员权益的推送，同时再给予一些专项的促销刺激，如买一送一，在价格上可以稍微加以设计，如99元/年，0.99元/天等，让用户认为价格实惠。

（3）**认为会员使用的频次太低，需求不高的用户。**这类用户也是属于对会员权益了解不够多的用户，可以根据用户使用习惯在与会员功能较相关的功能点更多地推荐会员，告诉用户购买会员后对该功能使用的提升之处。同时，可以通过免费试用的方式，给用户一段体验免费会员权益的时间，争取在免费试用期内抓住用户的痛点，令其使用后就忘不了。

（4）**认为不是会员也可以照常使用的用户。**这类用户基本属于比较精明的用户，会利用各类的网络资源来解决自己的需求。这种情况，就只能将一些独有的资源或功能，转化为会员权益，让用户感受到会员和非会员的区别。

（5）**认为会员并没有解决需求的用户。**这类用户属于产品的高端用户，会很明确地知道自己的需求是什么，此时需要产品人员和用户进行充分的沟通，将用户认可的并可能创造价值的需求增加到会员权益中。

（6）**曾购买会员权益、过期未续费的用户。**这类用户有两种，一种是到期忘记续费的用户，应该在产品设计上及时提醒用户会员权益已过期，会丢失重要数据并丢失会员身份。此外，向老用户提供优惠的价格，使其续费；还有一种是使用过会员觉得没用就不再续费的用户，这类用户和第五类类似，可以通过类似方式来召回，如果还是无效，可以寻找用户身上的其他价值。

（7）**坚决不花钱的用户。**其实这类用户在每种产品中都有，可以多看看用户的使用习惯，前期在使用较多的场景中提示用户充值，如果都行不通，那么就给这类用户多推送广告等产品的其他商业服务，从其他方面创造价值。

（8）**其他用户。**还有一些用户虽然在使用产品，但是没有购买会员权益，产品人员和用户运营人员要想办法和用户沟通，获知其真正的需求，可以增加相关会员权益以满足这些需求，或者为公司的其他产品打基础。

基本上，用户运营都希望越来越多的用户转化为付费的会员用户，如果无法转换，那么就为产品提供广告、相关生态产品导量等其他商业价值。

3.4　从优步（Uber）来看用户运营

作为近年来移动互联网创业公司的典型代表，优步已在全球70多个国家或地区的500多个城市开展了业务，每天都有上千万的用户选择优步出行。优步开创了典型"互联网+交通"的出行解决方案。作为共享经济的领军企业，优步通过创新模式，一方面高效、充分利用闲置的车辆资源，另一方面帮助无车用户通过共享车辆实现便捷出行，降低社会出行总成本，并减少了上路车辆。这无疑也为中国共享经济做出了表率，之后崛起的快的、滴滴、摩拜单车、ofo单车，甚至是共享充电宝、共享睡眠等，身上都能看到优步的影子，如图3-16所示。

优步作为共享经济的领军企业，一方面高效、充分利用闲置的车辆资源，另一方面帮助无车用户通过共享车辆实现便捷出行
为中国共享经济做出了表率，之后崛起的快的、滴滴、摩拜单车、ofo单车，甚至是共享充电宝、共享睡眠等，身上都能看到优步的影子

图3-16　优步

2016年8月1日，滴滴出行宣布与优步达成战略协议，滴滴出行收购优步中国的品牌、业务、数据等全部资产和在我国内地的运营权。虽然在本土化上，滴滴远超优步，但是笔者认为优步的体验其实远超滴滴，起码在优步与滴滴并行的时间内，笔者在北京的出行90%都是选择优步，很大原因是优步的司机无法选择目的地，有单必接，这点在很大程度上保证了用户体验。如果不是因为滴滴在中国提前入场，并且有

强大资金支持，这场市场争夺战的最后胜者是未知的。尽管优步在中国只运营了约两年，但是它的一些先进的用户运营理念是值得我们学习的。

优步在用户运营方面的过人之处在于对司机端用户的运营。初期，每个城市的优步运营团队都不会超过10个人，通过之前迅速复制国外其他城市的成功经验，实行一套严格并且完善的用户管理规则来提升运营效率。

1. 利用奖励和补贴政策实现效果最大化

上线之初，优步的奖励是惊人的，有的司机一单才有十几元，但是奖金却可能有50元。这种大规模的"烧钱"，让优步在初始阶段通过司机端的宣传极快地扩大了司机规模。同样，乘客端也是疯狂补贴，时不时地打折，很长一段时间优步的价格只是滴滴快车的60%~80%。用户多、补贴多，对于司机来说再好不过了，所以司机也会为了完成奖励任务，不停地接单，虽然他们知道这种奖励不会长期持续，并且每星期的任务奖励也在逐渐减少，但是依旧有不少司机加入到优步中来。当初笔者坐优步时，与司机聊天，他们都说很多优步司机之前很轻松就月入过万甚至两万多，所以他们才一直做优步司机，但后来不如之前好赚钱。

优步的奖励政策，最基础的是按完成单数的冲单奖励，如每星期完成30单奖励多少，根据冲单奖励的不同层级，还会有一个翻倍奖励，如每星期完成40单后，早高峰和晚高峰每单还可以获得基本车费的1.6倍作为奖励，每单上限30元，冲单越高的司机在翻倍奖励中获得的奖励倍数越高。同时，还必须是评星4.85以上、80%接单率、无拒载投诉等。这些规则在每个城市会有所调整，但是整体的策略是一致的，如图3-17所示。看似简单的规则，实际是环环相扣的：作为优步的司机，如果想获得高收入，那么第一关就是必须先满足优步的基础冲单要求，达到每星期基础的冲单数，但是完成基本冲单数很多时候还不可以获得翻倍奖励，如基础冲单奖励是30单，可能你要完成40单才可以获得翻倍奖励。所以，完成第一关后经过一小段努力你才能开始第二关。到了第二关后，又会有几个小关卡需要你去跨越。同时，优步还设置了一个附加关，就是司机推荐，司机间相互推荐可以获得200元的奖励。当你以为通过这些关卡已经打败最终的"大恶魔"时，你会发现，其实还有一关，你是一路都在闯的，就是需要面对评分、接单率和无投诉这3个"BOOS"。比如，一个客户给了你4分的评分，你就必须再获得6个5分，才能保证你的平均分数不低于4.85。还有那个"可怕"的80%接单率，优步的司机端是无法选择订单的，当平台将订单派给了离客户最近的你，而如果你不小心10次里有两次以上因为有事情而没有接单，那么你这星期的奖励就泡汤了。

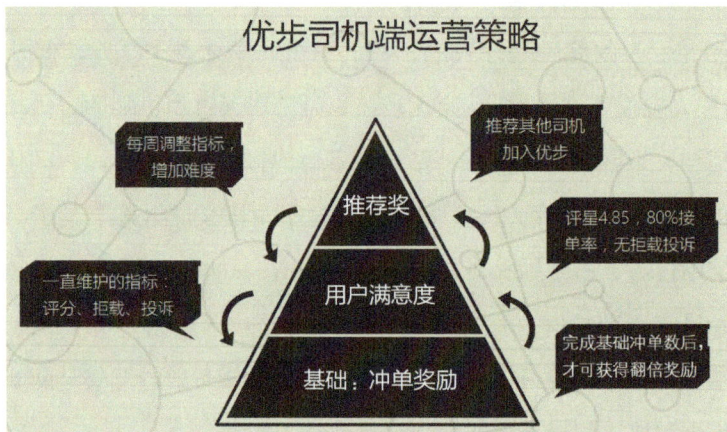

图3-17 优步司机端运营策略

只有闯过了这些关卡，才是真的完成了这星期的目标，结果下一个星期这些目标好像又被调高了一点点，于是你拖着疲惫的身躯，继续"为优步奋斗"。而优步也在不断地调整奖励和补贴政策，来测试司机和乘客的反应，为奖励和补贴找到一个效果最大化的平衡点。这种做法一定程度上实现了"用户的自运营"。

2. 通过严苛的规范提升用户体验

对于使用优步的司机，优步列出了一系列严格的规范，如禁止司机收取现金、禁止接客户时有其他乘客在车内及完成行程后私自联系客户等。涉及严重违反平台规定的行为，优步都会"一经发现，永久封号"。

优步对于乘客的投诉非常重视，如图3-18所示。优步内部将投诉分为三级，即初级投诉、中级投诉和严重投诉。初级投诉的内容包括不熟悉路线、让乘客久等、仪容不整、车况不佳、不符合电话礼仪等，如果一个月内发生了3次，即永久封号；中级投诉的内容包括向乘客收取过路费或其他现金等，第一次禁止上线一个星期，如果一个月内发生两次，即永久封号；严重投诉的内容包括刷单、骗取奖励、与乘客争吵、完成行程后私自与乘客联系等，一经发现即永久封号。不难看出，优步对于司机端的控制是很严格的，利用高额的奖励让司机不得不遵守规定——即使这些规定与司机的意愿相悖。

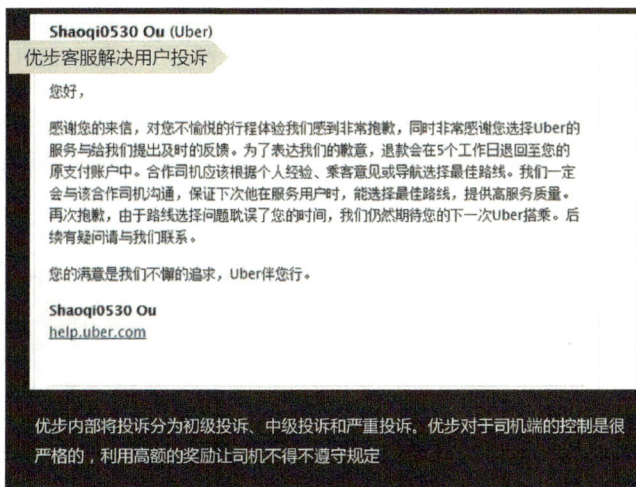

图3-18　优步客服解决用户投诉

优步这些严格的规范，从某种意义上建立了一套用户规则，让司机端的用户能按照规则来完成任务，这些规则也让乘客端的用户体验不断得到提升。

3. 发掘用户痛点来吸引用户

一直以来，用户出行最大的痛点是打不到车、出行费用较高、司机拒载、出行安全问题等，这些点在优步上线之初就得到了很好的解决。

优步的司机是不用抢单的，系统会自动将订单指定给距离最近的适合的司机，司机在一定时间内必须接单，接单率低的司机就会失去奖励，优步的系统也不会将乘客的目的地告诉司机，以防止司机拒载。在这点上只有优步一家能做到，并且很大程度上提升了乘客端的用户体验。优步还会根据区域间乘客和司机的数量，依据供求动态平衡，实行溢价计价的方式，平时只要20元的车费，会因为在某个时段乘客需求多而附近司机少，变为40元。在市场经济的条件下，相信某些时间点的溢价也是用户能理解的。

另外，和滴滴不同的一点就是坐优步的车时常能遇到很好的车，估计不少因为对于优步的政策好奇，想尝试新鲜事物而加入的新司机。其次，优步会效仿在国外的运营方式，在特殊的时节，当地上线特殊的活动，如之前在北京曾上线"冰激凌车"，叫来冰激凌车吃冰激凌；在杭州曾上线"摇橹船"，用户在西湖边能叫到人工摇橹船；据说国外还曾上线"打飞的"的功能，打车打出个飞机来。对于乘客来说，这些都是属于意外的加分项。

优步作为一个国外的互联网公司，更加注重的是规则和用户体验，利用相对健全的规则让用户在一定程度上"自运营"，实现正向的增长，利用合理的规范、抓住用户痛点，不断提升用户体验。这些都是国内互联网公司需要学习和借鉴的。

3.5 小结

（1）用户运营最核心的工作是要深度了解用户，并将用户的价值最大化；正确的用户运营轨迹是"试用用户–使用用户–活跃用户–付费用户"。

（2）在吸引到新用户的同时，要尽量减少用户的流失。通过各种活动和内容来刺激用户的活跃度，并让活跃的用户转化为付费用户，同时最好能让他们给予产品一定的建议和反馈。

（3）作为用户运营人员，必须时刻关注用户行为和用户数据，明确地知道不同阶段的用户应该采用什么样的运营方式，以及运营的目的是什么。

（4）用户运营一定要用心和用户做朋友。当然，也不是说用户运营要一味地讨好用户，那些不是产品的"目标用户"的用户，即使流失了，也不要觉得太可惜，要将更多时间花在"有价值的用户"身上。

第 4 章

活动运营要有效

4.1 策划一个有趣的活动

4.1.1 活动要简单、有趣

从互联网时代到移动互联网时代，很多规律并没有发生变化：依旧是通过产品吸引用户，通过各种方式扩大用户规模，然后打造产品的商业模式，促进更多的用户转为付费用户。产品规模稳定后，会继续从新的方向不断复制这种模式，这就是互联网和移动互联网公司的发展方式。这中间每一次的转变，都需要无数的活动来刺激用户的转化，可能是类似"双11"这种需要提前半年策划并且事务较多的大型活动，也可能是很简单的抽奖活动。

顾名思义，**活动运营就是利用互联网手段，结合各种事件包装后，以活动形式推送给用户，最终促进用户转化，实现指标提升的运营工作。**目的可能是增加新用户，增加销售额，或者是增加用户对产品的依赖。要明确的是，活动更多地起到的是"催化剂"的作用，而不是决定性的作用。这里讲的活动更多指的是线上活动。

正如前面提到的，在产品的不同阶段，所需要的活动类型也会有所不同，如图4-1所示。

产品初期，主要目标是吸引更多的新用户来产品里试用和体验。相应活动的目的也是比较简单，即吸引新用户来使用产品，提高产品的知名度。一般此时的活动都是属于拉新型的活动，活动形式包括关注、注册有礼，邀请有奖，甚至还有拉新的比赛等，最典型的就是各个银行的信用卡活动，每个季度都会有邀请新人注册的比赛。

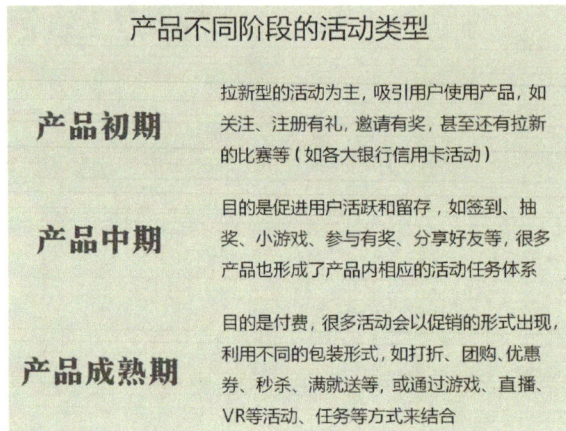

图4-1　产品不同阶段活动类型

　　产品到了中期，活动的目的变为增加用户的活跃度。相应活动类型也会有所调整，更多的偏向于促进用户留存的形式，如签到、抽奖、小游戏、参与有奖、分享好友等促进用户使用产品的相关活动，很多产品也形成了产品内相应的活动任务体系。

　　产品进入成熟期后，产品的商业模式基本明确，活动的目的会变为通过活动增加付费用户，促成付费用户的更多付费。此时更多的活动都会和消费相关，所以很多活动会以促销的形式出现，然后有各种各样不同的包装形式，最终目的都是促进购买。电商活动是用户接触较早也是较多的活动形式，从早期的打折、团购、优惠券、秒杀、满就送等，到现在的通过与游戏、直播、VR等活动方式相结合来进行，用户被不断地"培养"着。

　　根据活动目的的不同，活动的类型也有所不同，拉新类的活动更注重活动的传播和抵达的用户群；促销类的活动更注重商品的品类和最终的销售额；还有一些近两年兴起的游戏型活动，实质是盈利型的活动。如各家的积分商城，都推出了"赌博类"小游戏，典型的还有1元夺宝，以夺宝这种类似抽奖的游戏形式，降低用户的参与门槛和用户的思想防线，最终通过差价来获取收益，如图4-2所示。

图4-2　夺宝类产品

　　有几种屡试不爽的活动策划套路，和大家分享一下。第1个是星座、命运测算类，每次类似活动的传播量都会比较高；第2个是行业资料类，如2000个最新安卓扁平化风格ICON下载；第3个是小游戏，简单、轻松的小游戏，如别踩白块儿，加入好友排行和稍许物质刺激；最后就是补贴类了，如滴滴的注册送10元打车券，当初在推广滴滴打车时就起到了很大的作用。

　　这里不得不提笔者2016年关注的一个活动，就是腾讯的NEXT IDEA创新大赛，他们设计的《穿越故宫来看你》H5的的确确被刷屏了，如图4-3所示。明朝皇帝朱棣"被迫"化身成Rap歌手，戴上墨镜、跳骑马舞、玩自拍，亮点主要还是在朱棣的那段说唱中，时时刻刻提醒着用户，你们看的和用着的都是腾讯的各种产品，如果有新创意，请来参加腾讯的NEXT IDEA创新大赛。通过H5的方式，将历史人物配以时下流行的说唱方式，再在热点社交产品上进行推广传播，很容易达到火爆效果，实现了传播品牌的目的。

图4-3　腾讯《穿越故宫来看你》

4.1.2　策划活动从这几点切入

策划好一个完整的活动，一定要基于对本身的产品和内容的充分了解，抓住用户的需求点来进行精密的设计和规划。好的策划方案具备强自传播性、活动游戏化、轻松化等特点，且用户参与和分享的门槛较低。

做活动策划时需要从活动目的、活动对象及传播性这几个方面切入。

1. 切记需要明确活动的主要目的

每个活动策划之初都有其相应的目的和指标，移动互联网的活动要么是为了推广品牌吸引新用户，要么是为了增加用户活跃度及增加销售额。比如，摩拜单车和ofo单车"激战正酣"时，双方在同一时间分别推出"免费骑行"和"充值100返100或110"的活动，目的就是争夺新用户，扩大自己的市场份额；支付宝的"集五福"活动，更多的是为了在春节时阻击微信红包的渗透，目的是巩固固有用户，同时发展新用户。所有的活动内容和形式都必须为活动目的服务，不能走偏。

2. 策划活动必须明确活动的对象

策划活动时必须考虑好活动上线后哪些用户会参与，他们有什么特征。确定活动目标用户的特点，主要是为了能够根据用户画像，设计出更合理的活动形式，以及活动后期的宣传预热及推广渠道的选择等。只有选择了与用户画像相匹配的渠道，才能更好地为活动宣传造势。活动对象相关的属性包括用户的性别、年龄、学历、地域、消费水平等，精准的人群定位能够使活动价值最大化。比如，前阵子朋友圈很火的面容整蛊软件，大家都将自己被整蛊后的形象分享到朋友圈，这种活动的对象很明确，基本是针对年轻人。

3. 切入用户需求点的活动更容易被"引爆"

活动策划得再好，如果没有传播，那么效果可想而知。用户传播活动的原因很简单，即自己觉得有意思或对自己和别人都有好处。策划活动时，一定要抓住用户的痛点，从痛点切入设计活动，都会比较容易使用户产生共鸣。

实话实说，以目前互联网和移动互联网的发展速度，用户每天接收到的信息量巨大，要从纷繁的信息中挑选出自己关注的信息已不太容易，更何况是要挑选自己关注的活动，成本之高可想而知。所以在策划活动时，活动形式的选择很重要，要寻找目标对象更喜欢的活动形式和活动传播载体，这样容易收到更好的效果。

4.1.3　活动上线只是一半的工作

策划好活动后，就是上线推广了。在推广之前先发给自己身边的朋友测试一下，看看用户对于活动是否都能完全理解，是否有意愿参与，根据用户的反馈进行调整后再正式上线。上线后要用各种方式让你的新老用户得知产品的活动，包括产品内的消息、推送、短信、电子邮件等。如果有预算，可以在各类媒体及其他渠道里购买一些广告位将活动消息传达给用户。

很多年轻的做活动运营的同学都以为好不容易将活动策划上线了，基本上就大功告成了。实际上，活动上线仅仅只完成了一半的工作！大部分情况下一个活动要进行

1天以上，有的甚至要进行1个月，如果只是将活动推出了就完事，那么数据就会很惨淡。

通常，线上活动的整个轨迹为"活动策划－活动开发－活动测试－活动预热－活动上线－活动高潮－活动收尾－活动返场"，如图4-4所示。当然，活动上线前，还必须有严格的测试环节。大部分经验不多的做活动运营的同学，都会以为活动上线后活动就完成了，其实还有很多后续工作。

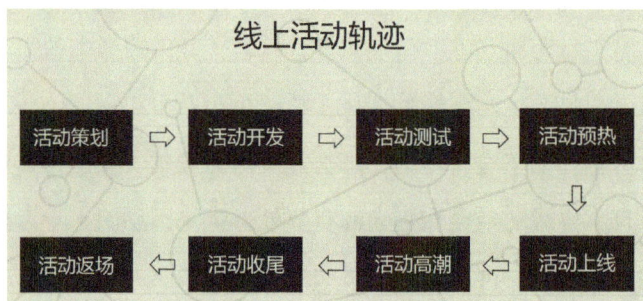

图4-4　线上活动轨迹

活动的每个阶段都会有一个时间周期，这个周期通常为2-7天，一般情况下，需要根据活动上一个阶段的数据和用户反馈，及时地对马上要开始的下一个阶段进行调整，这样才能使活动的效果更加理想。活动预热更多的是对将进行的活动进行一些铺垫和宣传，让用户关注和收藏活动；活动上线是指活动正式开始，此时开始各渠道推广；活动高潮指的是整个活动中最火爆、最集中的那个时间点，如淘宝"双11"活动仅11月11日当天；活动收尾通常是指活动结束后的总结和分析；活动返场是指在活动结束后的一个阶段中通常数据量会下降，所以利用一些类似的活动上线对数据进行补足。

举个例子，京东每年的"6·18"活动，是京东与淘宝"双11"相抗衡的一个电商活动，如图4-5所示。截至2017年6月18日24点，"6·18"全民年中购物节的累积下单金额为1199亿元人民币，与淘宝"双11"在2016年11月11日的1207亿元人民币交易额接近。京东的"6·18"活动也遵循前面提到的线上活动轨迹，基本上在每年4月就会开始策划整体思路，然后邀请各个分会场的卖家参与、备货；5月底就会开始预热，发放6月主力活动会场的优惠券，如果此时发现用户优惠券的领取数据并不理想，那么就必须在6月活动上线时，有更多的活动刺激，如增加优惠券的品类、高额的优惠券限时秒杀等。到6月18日为活动高潮，是当月优惠最多、活动最多的一天。然后在"6·18"活动结束之后，通常也会有返场活动上线。

图4-5　京东"6·18"活动

再来看个线上线下结合的活动，如平时我们最常见的QQ同城活动，也遵循着活动运营的轨迹，如图4-6所示。一个同城活动的几个阶段为"活动预热（群内外了解用户需求）-活动上线（线上报名）-活动准备（准备各个环节）-活动高潮（线下同城活动）-活动收尾（活动结束后的效果及总结）-活动返场（再次活动）"。这类O2O（线上到线下）活动的每个阶段侧重的工作也会所有不同：预热阶段更多的是收集用户需求和用户信息，保证活动上线时有足够的关注量；活动上线后进行全方位宣传和推广，并根据用户的报名情况调整线下活动的策略；活动高潮即线下活动当日，根据用户现场的情况决定后续环节；活动收尾阶段，通常这类线下活动会有后续的环节，如英语活动会在现场推荐线下课程等，此时可以考查整个活动对这些课程推荐的效果如何，需要做哪些调整等。掌握以上的信息和数据后，就可以在下一次活动时进行调整和弥补，以保证有更好的效果。

图4-6　QQ同城活动

千万不要简单地认为活动上线后就完成了任务，一个好的活动是需要一连串完整的环节保证的，中间还需要实时关注数据的变化，根据数据及时调整活动形式和活动方案，最终目的是使活动有更好的效果，如更多的销售额，或者获得更多的用户。这里，再次重复强调了第1章中提到的运营的目的。

4.2　活动运营中的4个环节

要做好一个活动，绝不仅仅是做好策划或文案那么简单，需要各个环节的紧密配合，这其中最需要重视的4个环节为活动时机、活动内容、活动数据和风险设计。

4.2.1　活动时机最重要

活动时机最常见的就是各种节假日，"五一""十一""端午节"这类常见的节日，还有各种节气、纪念日等，利用这些日期里先天的流量优势，很容易吸引用户来关注活动，如图4-7所示。但是，当全世界都在做"三八女神节"时，可能再多一个"女神"不如多一个"女神经"来的效果好。说白了，大家都在借势，你就要借得巧妙。

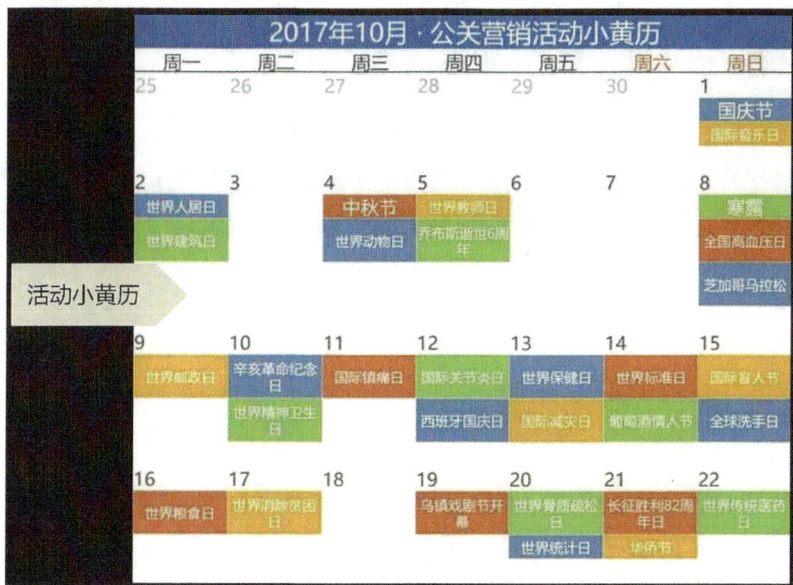

图4-7　活动小黄历

同时，还有一些社会热点事件，是很容易结合后进行活动策划的，如4年一度的奥运会就是典型，如图4-8所示。

活动时机对活动的选择至关重要，有时甚至起到了决定性的作用。在这点上，相信做过活动运营的同学都有深切的体会。微信红包一定在春节才会是最高的爆发点，电商一定在"6·18"活动或"双11"时交易额才会到达一年中的顶峰。

电商借势奥运会而举办活动

图 4-8　电商借势奥运会而举办活动

4.2.2　活动内容没那么简单

好的活动内容才能吸引用户参加和传播。活动内容包括了活动形式选择、活动方案撰写、活动流程设计、活动规则制订等一系列工作，基本上是活动的核心部分。好的活动一定是有趣、简单的。

人都是带有趋利性的，你想让用户参与活动，必须给用户一些好处，好处可以是金钱，也可以是物质的奖励或精神的愉悦。那种讲情怀的活动，实际参与活动的用户并不多，当然某些"大佬"自带流量的除外。除了常用的物质刺激外，活动策划还可以通过制造稀缺性、利用用户比拼心理、人的心理诉求方面（如炫耀）来入手。通常活动需要将这些刺激用户的点放在最明显的位置。

活动内容有时可以是简单、"粗暴"的，也可以是细致、复杂的。如手机 QQ（手Q）的"新春红包"，就是每天整点让用户下拉刷新手 Q，即可刷出红包。也可以是精心布置的，如同样都是春节红包，支付宝的内容就更"丰满一些"，用户必须每天"扫福字"来得到红包，变相地推广了支付宝的AR红包新功能，同时也可以邀请好友赠送"五福"，还有"万能福"等形式，整体感觉更完整。虽然最后用户得到的好处并不多，但是也达到了"普天同庆"的效果。

通常情况下，在用户参与数较多且参与成本较低的活动中可以采取抽奖的方式，即用户完成了相应的任务后，就可以参加抽奖，常见于微博上各种转发抽奖活动；对于活动参与成本较高的活动，如注册、付费等，奖品可以采取普奖（即大部分参与用户都有奖励），加上阶梯奖励的方式，用户完成度越高，奖品越高，如各大理财App为了刺激用户购买理财产品推出的多买多返活动，如图4-9所示。

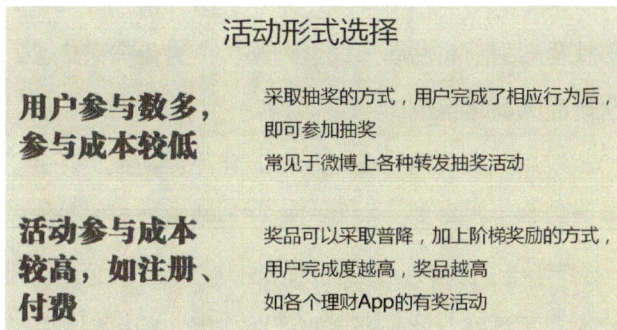

图4-9　活动形式选择

有一点要注意的是活动的规则切记不可太复杂。一般来说，如果移动端用户的操作超过5步，那么用户流失率就会大大增加。如果在活动过程中能加入类似游戏的元素，会很大程度上减低用户的焦虑感，增加用户对活动的认同感和提升参与度。无论如何都必须明确，活动内容是为活动目的服务的，最终的目的都是要实现更多的用户转换。

4.2.3　活动需要有风险设计

这点在前面提到过，就是在活动的每个阶段都要实时监控活动数据，如果在某个阶段活动数据出现问题，需要有备选方案进行弥补。活动正式上线之前，还必须进行严格的测试，确保不存在技术或流程上的Bug，防止上线后出现问题。

活动风险在活动的每个阶段都可能出现。

活动上线之前，可能会因为与研发、设计或其他部门沟通不顺，而导致活动延期，必须提前安排好活动计划，每个节点提前沟通需求，防止出现活动无法上线的情况。

活动上线后，可能因为资源不到位，或者传播效果不好，导致活动效果不理想，要及时对活动策略进行调整，并尽快寻找第三方资源进行补充。

比如，策划产品的一个线下用户见面活动，提前1个月开始用户报名，如果在活动前一个星期发现报名人数还不够，但是场地、道具都已经准备了，这时就需要主动邀请用户，如果经过主动邀请后人数还是不够，说明你的产品还没有足够的资格以举办用户见面会。那就需要提前将活动形式做调整，变为用户茶话会，或者邀请媒体一起参加，转为一次产品的媒体报道。

再比如，活动上线后，发现用户参与踊跃，奖品提前被消耗完，就要临时申请增加奖品，或者对线上规则进行微调。当然，最好不要采取后一种方法，以免遭到用户的反感。

还有一种风险需要预测到，就是需要有"防作弊"的机制，防止一些"水军"进行刷奖，避免造成不必要的损失，否则会影响活动效果。

所有的活动都必须有风险预测，当一些无法把控的环节出现问题时，要事先准备好后备方案，否则如果到活动上线时才发现问题，就已经消耗了大部分流量，对活动影响较大。

4.2.4　活动效果由数据说了算

做活动，就是要效果，一个活动的活动数据是活动效果的唯一标准。

通常情况下，一个活动，我们会关注的指标有PV、UV、点击率、转化率、销售额、人均停留时长、人均浏览深度、ROI指标等，基本上关注的都是用户行为及成本销售的相关指标。一些加入新媒体传播的活动，还会关注用户的阅读数、分享数等。这里特别要关注的是ROI指标，即投资回报率（Return On Investment）=（收益÷投资）×100%。正常情况下，应该是ROI越高越好，越低的成本带来越高的回报。在活动执行过程中，要有效地控制成本，同时积极专注最终的转化，有多少用户通过活动下单或购买，或者带来了多少新用户，每个用户的成本又是多少。讲到成本，其实活动可以联合第三方一起举办或进行资源置换，这样第三方可以为你带来一定的自身流量和活动奖品，从而分摊了活动的成本，这也就是为什么网络上的活动有各种品牌露面，很多视频节目结束后有很长的"口播"介绍了。

说回数据上来，如某个活动是老用户邀请新用户注册后，就可以免费获得产品VIP会员1个月。这里，我们要关注的数据有：活动页面的老用户转化率、老用户邀请新用户的转化率、新用户的注册转化率、新用户的行为轨迹、老用户的续费率等，这些数据都可以通过调整投放的渠道、推送的内容和产品的流程得到进一步的优化。

作为活动运营人员，在活动结束时必须要复盘整个活动，明确需要分析的数据指标，整理出一份活动数据报告，列出活动的要素、活动效果、成本支出、总结等。这个总结，更多的是归纳这次活动中的经验，指导以后的活动。多次活动后，要建立数据模型，作为未来活动的标准。

4.3 从支付宝"五福"中我们应该学到什么

互联网界有一句话："技术看百度、产品看腾讯、运营看阿里。"阿里巴巴的运营能力一直被业界称道。从诞生之初，阿里巴巴就以促进商品双方成交为目的，自然注重运营。最早创立"双11"，起因只是由于距年底销售高峰时间较长，于是想再创造一个销售高潮，阿里活生生将"光棍节"打造成"购物狂欢节"，当然，这其实也是抓住了用户潜在的消费能力。所以在近两年，支付宝也开始学习，在每年的春节打造

"集五福"活动，如图4-10所示。虽然支付宝"集五福"一直为人诟病，但不可否认，从某个角度来看，"集五福"让支付宝深入了人心，同时一定程度上也降低了微信红包在春节期间对支付宝用户量的侵占。

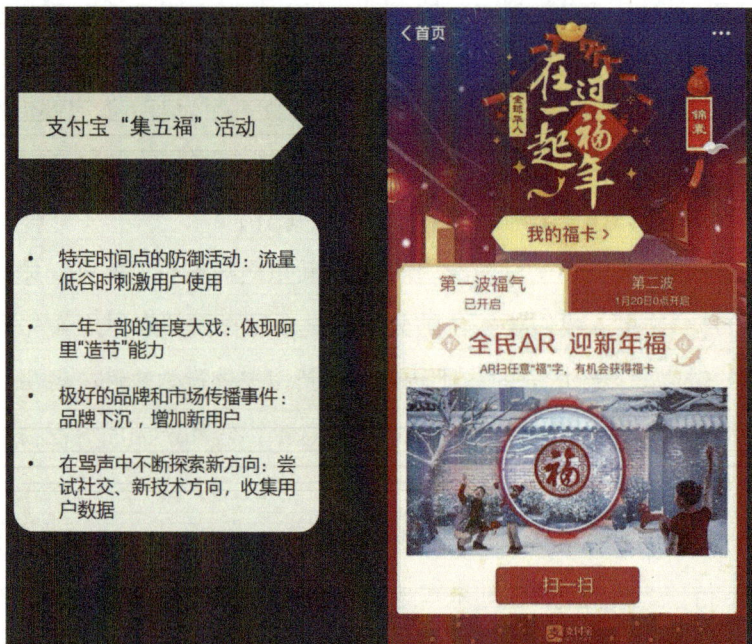

图4-10 支付宝集五福活动

大部分人都在诟病这两年支付宝"集五福"活动，大家费尽心思集齐五福后，只拿到极少的一两元人民币。某种程度上来看，支付宝在春节众多的红包活动中并未取得领先地位。但是，可能支付宝想要的并不是大家所想到的那些。笔者总结了"集五福"活动中的亮点，希望能够更新大家对支付宝"集五福"活动的看法。

1. 特定时间点的防御活动

春节发红包是中国传统习俗。支付宝选择在春节这个特殊时间点来进行"集五福抢红包"的活动，时间点选得真的很妙。要知道，春节正是一年中大家时间最宽裕的时候，每个春节回家的人，谁不是拿着手机不停地翻呢。

过年时，因为快递停运等原因，大家会减少网上购物，降低支付宝的使用频次，更多地增加社交类应用的使用。支付宝在此时推出了"集五福"活动，其实是以一种游戏的方式，让用户有机会在这个时间点进入支付宝。同时让用户知道，除了微信、QQ、微博等有红包外，支付宝有真实的不用掏钱就可以得到的红包！

从某种意义上看，支付宝"集五福"是不得不做的防守行为，一是为了防止在流量低谷对用户数据产生影响；二是为了抵抗竞争对手。

2. 一年一部的年度大戏

认真观察后，你会发现，阿里的运营的同学最擅长的就是"造节"。从最早的"双11""双12"，到后来的"三八女神节"和"淘宝造物节"，一个个看似不太重要的节日，都被电商抓住了。春节，这个电商不得不休息的一个节日，阿里只能将自己的"亲生子"支付宝搬出来。

从2016年的春节开始，支付宝希望用户通过增加好友来集齐"五福"，最后大部分参与活动的用户都集到了"四福"，最后"敬业福"一卡难求，弄得这场大戏只能草草收场，而且得到了大部分参与活动的用户的差评。于是，2017年春节前1个多月，支付宝就推出了VR红包，让用户用手机实景拍摄红包藏匿点并收集红包，为春节活动热身。为了将上一年挖的"坑"填上，支付宝的产品经理也亲自上阵，在各种媒体上"自我检讨"，让用户在2017年更容易地集齐"五福"。最后，2017年的大戏依旧效果一般，被大部分人抱怨1个星期的努力换不来一张公交车票。但是，参加并抱怨2016年支付宝活动的那些用户，在2017年还是照样热情地参加了"集五福"活动。虽然大家有抱怨，但是支付宝每年的年度大戏，依旧有很多人会"不计前嫌"地参与进去。

相信这个"集五福"活动会成为每年春节支付宝的标配，一次又一次地演绎下去。

3. 极好的品牌和市场传播事件

每年国内春节春运，可以说是地球上一年一度的最大规模的人口迁移。这个时候，在城市里打工的人会回到老家，还原到自己最本质的样子，和老家的亲戚朋友共同生活一段时间。这个时候，往往是互联网产品下沉的时机。

虽然在中国的三、四线城市中，电商已经不是个新鲜事儿了。但是对于支付宝这个独立的移动应用，在三、四线城市的普及程度并不算高。通过一个简单的"集五福抢红包"的游戏，促进用户将"福运"传递给身边的朋友，让他们为了一点小小的利益而安装和使用支付宝应用。平均每个用户仅1~2元人民币的成本，就让用户安装注册了一个应用，并可能持续使用。要知道，并不是这么简单的，这些新用户春节期间的奖金、红包等都可能用于在支付宝购买金融、理财产品，甚至还有后续借贷的可能。支付宝的"集五福"活动可以说用了并不多的营销费用，完成了一项传播度很高的事件，树立了自己的市场品牌，以低成本增加了大量新用户，并刺激了老用户。

想到此处，不得不给支付宝点个"赞"！

4. 在骂声中不断探索新方向

做产品有句话："产品在于折腾！"这里"折腾"的意思，更多的是告诉产品经理们，做产品不能故步自封，需要不断地给产品加入新鲜的元素，让产品在用户中有持续的活力。

这些年，很多人都诟病支付宝有个"社交梦"，要和微信对抗。其实，这两个产品有着极大的区别，微信在于社交，支付宝在于金融。只是由于微信的体量过大，而导致支付宝感到了压力，所以这两年不停地往"社交"方向靠拢。

笔者认为，支付宝应该能从淘宝的旺旺看出端倪，用户双方涉及交易时，将沟通作为一种工具，并不具有持久性。基本上，很难看到淘宝上的买卖双方在交易结束后会有持续性交流，但是反而有不少买家由于某种相似的爱好而结成社群。所以，从服务平台型角度来看，让支付宝成为一种服务平台，让享受同种服务的用户有交流，反而能成为一种"兴趣社交"。

再来看支付宝的"集五福"，2017年的"集五福"活动嫁接在AR红包和蚂蚁森林之上，降低了收集"五福"的门槛，大部分用户在第一阶段没有集齐的福卡，在第二阶段通过给蚂蚁森林浇水很快就收集到了。此时支付宝将AR引入，相信也是为未来更加先进的支付手段做准备。同时，蚂蚁森林名义上是绿色植树活动，用户在线上线下用支付宝交易都可以获得绿色能量，在集满能量后，支付宝将种上一棵树。要知道，其实支付宝已经收集用户的所有线上线下的消费数据并进行了分析，通过这些分析，可以比较精准地描绘出用户的个人画像，为今后精准地推荐各种金融服务奠定了数据基础。

可见，无论是2016年的社交推荐好友使用，还是2017年的AR红包和蚂蚁森林，都是在"集五福"这个高流量的活动中去探索新方向的一种尝试，如图4-11所示。

图4-11　越来越"多变"的支付宝

如果你认为支付宝只是为了让大家在春节乐一乐就完事，那真的想得太简单了。在这样一个线上大部分产品都视为"流量低谷"的时间段，支付宝借势而为，推出"集五福"活动，为产品带来了大量的新增和活跃用户，也聚拢了大批的春节闲置资金，还可以在用户激增的时间段内，去尝试新的产品方向，可以说是一举多得！策划者在活动开始之初需要有深远的考虑，明确活动目的，才可能实现最初的设想。

突然想到一句话：有的时候，让用户养成习惯，比活动本身更重要。

4.4　小结

（1）活动的目的与运营的目的息息相关，好的活动一定是简单、有趣的。

（2）活动运营需要注意的几个要点：活动时机选择很重要，活动内容最为关键，活动需要有风险设计，活动效果要通过数据来监控。活动运营需要建立一套数据模型，知道什么样的活动模型效果是好的，总结活动形式后持续优化。

（3）做活动是个费劲的活儿，从活动策划、活动诞生到活动结束，像是亲手带大自己的孩子一般，每个环节都要跟进。不同产品的活动会有很大的差异，最重要的是看清活动的本质，学习背后的思路。

（4）不要为了做活动而做活动，做活动要讲究天时地利人和。

➤ 起点学院小课堂 **Chapter 2** ◀

Chapter 2.1 → 用户活动：金山词霸保卫成绩单

2015年，笔者负责金山词霸的运营。当时词霸还未开始商业化，更多的是希望通过内容和活动来提升用户的活跃度。所以，当时基本上每个月都会结合时节做一次活动。

2015年9~10月，词霸联合小米的MIUI校园俱乐部，在全国50多所高校举办了"我为词霸代言"的活动，活动周期约1个月，主要是向大学新生推荐使用词霸来学习英语，其间词霸的活跃用户有了较大的提升。正好美国苹果公司在当时刚推出iPhone 6S，词霸中很多大学生用户热衷于使用iPhone 6S，于是在2015年10月，做运营的同学就打算乘着这两股势头，推出后续的活动，保证通过活动拉来的新用户对词霸有持续的热情。

以下是当时的活动策划方案。

保卫成绩单活动方案

——iPhone 6S求带走！

● 活动背景

"我为词霸代言"活动结束后，为保证词霸用户活跃度的提升及用户使用习惯的持续培养，开启第二期活动。

● 活动目的

覆盖更多的非使用词霸的人群；激发词霸用户使用金山词霸的欲望；提升金山词霸的用户使用时长，加强用户黏性及活跃度。通过活动及传播，使用户了解并熟悉金山词霸的产品功能。

● 活动对象

金山词霸所有用户。

● 活动名称

保卫成绩单。

- 活动预计上线时间

2015年11月9日至11月30日。

- 活动形式

金山词霸App客户端H5页面。

- 活动节奏

活动将分为3个阶段：活动前期预热、活动开启、活动结束。

预热阶段（2015年11月1日~11月8日）：通过新媒体、WPS所有产品及合作产品等渠道发布通知，让用户知晓并关注本次活动。

活动开启（2015年11月9日~11月30日）：通过词霸内部产品的推荐及外部资源以求最大化影响用户。

活动结束（2015年12月10日~12月15日）：公布活动获奖名单，进行收尾总结。

- 活动流程

用户通过猜单词游戏竞技，全部答对者将获得一次抽奖机会，抽中可以获得奖品（获奖概率待定）；如果答错其中任何一题，则可以选择返回重新接受挑战。

- 活动预算

约3万元人民币。

- 用户参与步骤

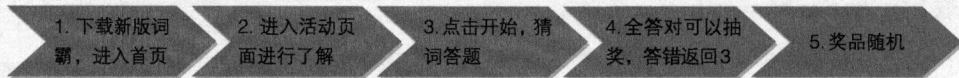

| 1.下载新版词霸，进入首页 | 2.进入活动页面进行了解 | 3.点击开始，猜词答题 | 4.全答对可以抽奖，答错返回3 | 5.奖品随机 |

- 活动详细步骤

（1）用户下载新版词霸App，点击左侧菜单栏，进入保卫成绩单活动入口页面[1]。活动页面框架包括活动主题、"START"按钮、活动说明、规则和奖品设置。

（2）用户点击"START"按钮，正式开始接受挑战。在页面中出现英语单词测试，单词为中英文单词穿插，除对应释义之外，还包含音标、朗读、示例句子、词

---

1 活动涉及图片均为运营设计的示意图，由于活动是面向中学生和大学生的，图所示用词偏口语化，请读者谅解。

组等。用户每答完一题，可直接跳转下一测试题。

备注：用户单次挑战完成后，再次挑战，单词难度也会随之增加，挑战次数越多，难度系数越大。

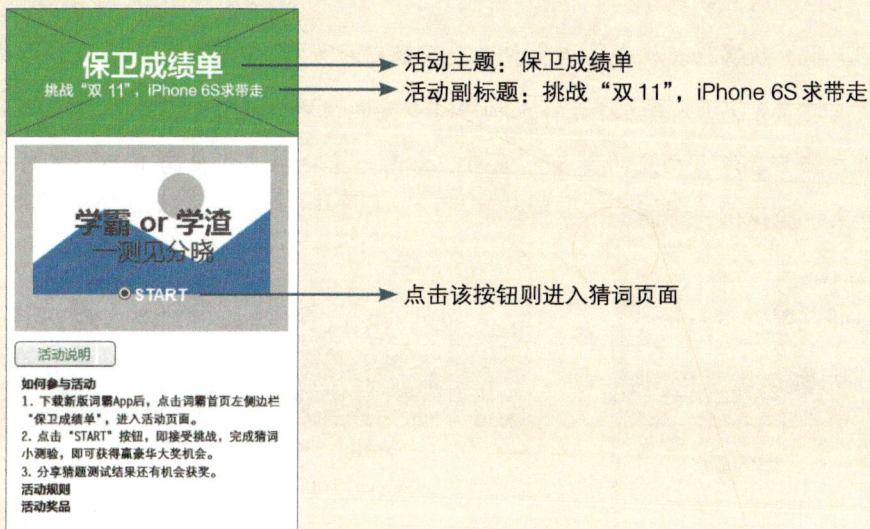

活动主题：保卫成绩单

活动副标题：挑战"双 11"，iPhone 6S求带走

点击该按钮则进入猜词页面

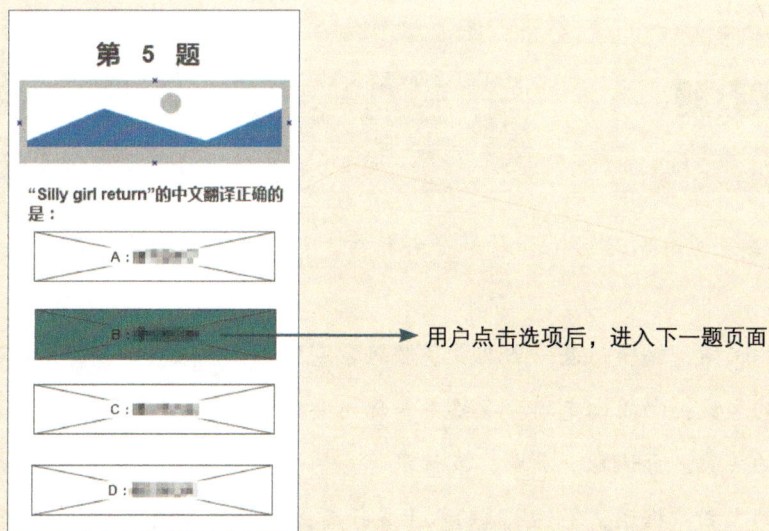

用户点击选项后，进入下一题页面

（3）用户完成5道题，即完成任务挑战，弹出"浮层"。如果全部答对，"浮层"提示"保卫成功！一看就知道你是××大学毕业的超级学霸……"，同时可以参与抽奖。

备注：设置的5道题为1次挑战，即每5题为一轮挑战。

（4）用户全部答对，完成全部挑战，获得抽奖机会。此时弹出"恭喜大侠获得1次抽奖机会！！一看就知道你是××大学毕业的超级学霸，内功深厚，博学多才，气宇不凡！"的文字提示。

（5）用户获得抽奖机会，点击抽奖，奖品随机发放。（页面提示如果抽中将获得词霸提供的惊喜奖小米手机1台；未抽中可以重新挑战，还可以获得一次抽奖机会。）

用户抽奖后弹出相应的页面：下面的左图为用户中奖弹出的页面；下面的右图为用户未中奖弹出的页面。

（6）用户答完所有问题后，如果未全部猜对，则弹出测试结果"浮层"，并显示相关提示。

答错1题的文案：呜噗，差一点就成了超级学霸！……

答错2题的文案：呦呦切克闹！及格不是你想要！……

答错3题的文案：再认真一点点，我就跟你走！……

答错4题的文案：据说，答错4题的人上辈子都是折翼的天使！……

全部答错的文案：屡战屡败不容易！希望你再接再厉！……

分享的文案：我在金山词霸的保卫成绩单中夺得榜眼……

通过用户分享，刺激其他用户，使他们希望看到自己的英语挑战成绩。如果用户不分享，则可以关掉测试结果页面，返回活动主页面。

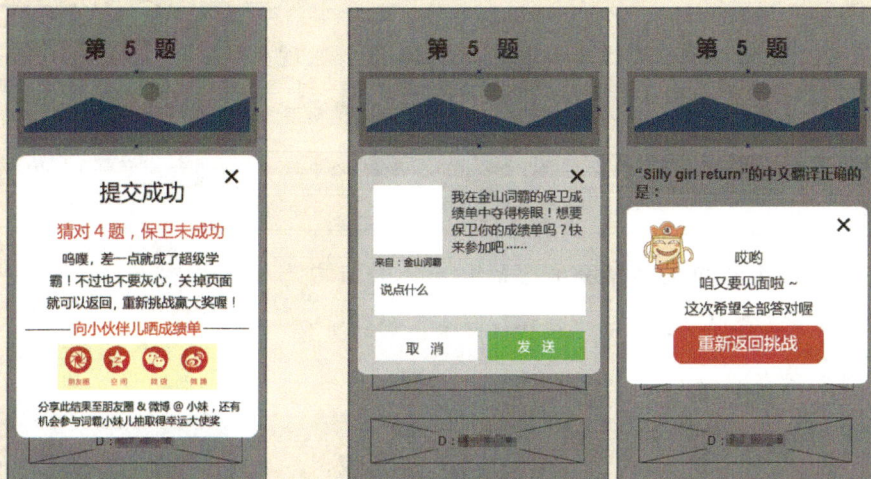

● 活动注意事项

（1）单词难度、数量将随着用户的挑战次数增多而逐次加大。为了配合国家大学英语四六级考试，在后面的挑战中，除了弹出单词外，还会弹出相应的考题或作文万能句。

（2）如果用户中间退出App，则该用户的挑战活动将重新开始。

（3）每次用户进入"背单词"页面，显示的单词都不相同。

● 活动说明文案

◎如何参与活动

（1）登录新版词霸App后，点击词霸首页左侧边栏"保卫成绩单"，进入活动页面，点击"START"按钮即接受挑战，完成猜词小测验，即可获得赢取豪华大奖的机会。

（2）每5道题为一轮，全部答对即可参与抽奖。答错则返回继续答题。

（3）将活动分享至朋友圈、微信好友、微博、QQ空间，告诉小伙伴"你就是学霸！"还有可能获得一次词霸小妹亲自颁发的意外惊喜奖。

◎ 活动规则

（1）活动时间：2015 年 11 月 9 日 00：00：00 至 11 月 30 日 23：59：59。

（2）中奖名单在活动结束后 10 个工作日内，通过词霸侧边栏专区或词霸"悦读"频道，以及金山词霸官方微博公布，届时请注意关注，最终名单以词霸公布结果为准。

（3）奖品会在中奖名单公布后的 10 个工作日内寄出，活动奖品以实物为准，最终解释权归金山词霸所有。

◎ 奖品设置

一等奖 1 名：iPhone 6S 1 部。

二等奖 2 名：价值 1999 的小米手机各 1 部。

三等奖 3 名：价值 999 元的最新款红米 note2 手机各 1 部。

阳光普照奖前 1000 名：100MB 手机流量。

特别贡献奖多名：每人 1 个小米移动电源。

● 活动页面数据统计需求

统计时段	细分统计项	所在页面	说明
每日统计（按天提供）	活动专题页面 UV	WAP	活动专题主页面 UV
	活动专题页面 PV	WAP	整个活动专题页端 PV
	活动专题页面分享 PV	WAP	活动专题主页面的"分享"按钮点击次数
	测试结果页面分享 PV	WAP	用户猜词测试结果页面"分享"按钮点击次数
	测试结果页面抽奖 PV	WAP	用户猜词测试结果页面"抽奖"按钮点击次数

● 最终活动页面

活动主页面

答题页面模板　　　　全部答对时显示的页面　　　　分享页面

以上是之前的活动策划。

活动策划后，因为产品的排期原因，最终活动在2015年11月25日上线，活动时间为2015年11月25日至12月12日，从"双11"活动变为了"双12"活动。

活动上线后，比预想的效果要好，有近百万用户参与了此次活动。看来英语成绩和iPhone 6S这两个点对于词霸用户还是很有吸引力的，从用户评论来看，用户经常会为了全部答对题而到处求救。活动中间我们根据用户反馈和相关数据，也做了几次调整，如下。

（1）在用户的答题界面明确了答对和答错的标志，让更多用户在第一时间知道正确答案。

（2）因为参与人数过多，将每天可抽奖次数限制为两次。

（3）用户参与热情较高，题型有可能会不足。上线3天后，改为每4天出一种题型，包括单词、俚语、万能句、四六级考试题等，让用户每隔几天的测试都

增加对错标志

有不同侧重点。

（4）在微信端增加了活动入口，用户可以在微信端参与答题挑战，中奖后可以下载词霸客户端领取。

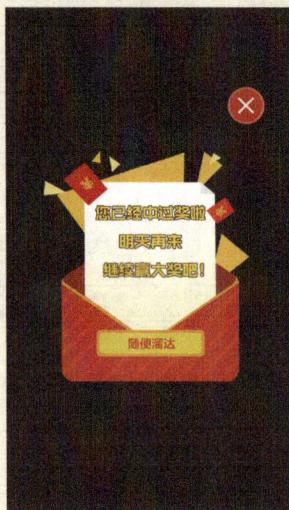

增加抽奖限制

微信端活动页面

以下是活动数据和活动总结。

保卫成绩单活动总结

- 活动整体数据情况

截至2015年12月11日，活动总PV超过300万，总参与人数将近100万。

- 活动投入

活动奖品投入情况，活动总计花费7212元人民币及约2万的词霸积分，活动中单个用户成本不到1元人民币。

活动期间发放的奖品：3部新款红米note2手机，共计2397元；5台小蚁运动相机，共计2495元；50个小米炫彩耳机，共计1450元；30件"词霸"T恤，共计990元。（当时未采购到iPhone 6S）

- 各渠道数据分析

◎客户端活跃用户数据

活动上线前，用户的活跃数相对平稳。活动上线后，活跃数有所上涨，基本保持涨幅为10万~20万，在2015年12月7日达到活跃峰值。2015年12月11日活动结束后的两天，数据稍有下降，原因可能是一方面受活动结束影响，另一方面则因周末效应，活跃数下滑。

◎客户端的新增用户数据

活动上线前，用户的新增数据较为平稳。活动期间，新增数据未呈现明显上涨趋势，主要原因一是活动本身的目的是提升活跃，二是活动对于新增用户的刺激性不是很大，说明活动的参与人主要还是集中于词霸已有用户，而非新用户。后期我们对于新用户的活动次数应该有所增加，争取覆盖一部分潜在用户人群。活动结束后，数据出现提升，主要原因是iOS 8.2.4新版发布，带动了排序的上升，继而吸引了一部分新用户。

◎微信平台数据情况

保卫成绩单活动相比其他活动数据来说，总体效果是不错的，但与"每日一句"微信专栏相比还有一定差距，后期我们会继续努力提升活动质量，争取更多用户响应。

- 参加活动用户在词霸内的行为分析

针对参与活动的用户，采用抽样方法分析用户对词霸的使用习惯。结论说明了参与活动的人群主要为词霸用户群，外围占比较少，但也吸引了一部分潜在用户积极参与；还可以看出参与活动的词霸用户多为词霸较为活跃的用户（行为＝查词＋每日一句），说明这部分用户更愿意参与我们的活动，同时活动也带动了部分沉默用户再度活跃起来，加强了付费用户的黏性，提升了轻度活跃用户向活跃用户的转化趋势。

- 详细数据分析

◎主要效果是促活，并成功唤醒5%以上的沉默用户

参与活动的用户中有99%是词霸用户，有1%是非词霸用户，间接反映了活动效果是促活，而非拉新。而这次活动带动了5%的沉默用户（这批用户在2015年11月以来并未活跃）重新使用词霸。

◎增强付费用户的黏性和消费持续性，这批付费用户都是词霸近期的活跃用户

10%的用户是词霸付费用户（有过购买行为），实现了对付费用户的回馈，这批付费用户有以下特征。

（1）词霸高活跃用户，在2015年11月1日之后活跃过，平均累计活跃天数为45天以上。

（2）查词和翻译重度用户，平均累计查词或翻译次数为600次以上。

（3）每日一句用户，累计阅读每日一句次数为70次以上。

付费用户属于词霸最核心用户，对词霸的各个功能使用频度较高。

◎参与活动的用户中，有98%读过每日一句，有83%使用过查词功能

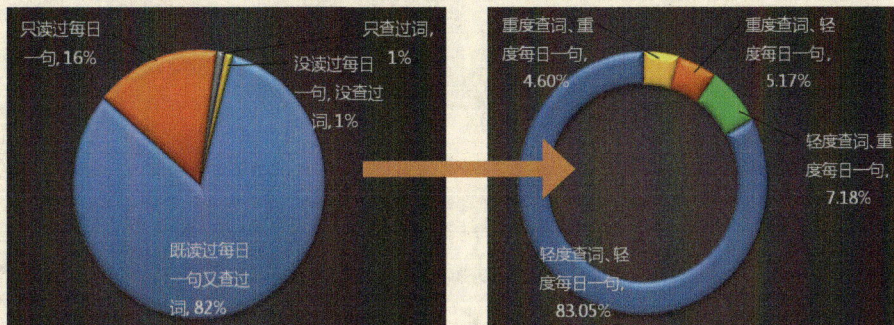

（1）既读过每日一句又查过词的用户占82%。在这个用户群中，重度查词的用户约占9.8%（其中重度查词、重度每日一句用户为4.6%，重度查词、轻度每日一句约为5.2%），重度每日一句的用户约占11.8%（其中重度查词、重度每日一句用户为4.6%，轻度查词、重度每日一句用户约为7.2%）。

重度每日一句用户：每日一句累计阅读次数高于100次，且属于近期活跃用户，2015年11月1日以来活跃过。

重度查词的用户：累计查词数高于500次，且属于近期活跃用户，2015年11月1日以来活跃过。

（2）只读过每日一句用户：16%。这个用户群都是轻度每日一句使用者，每日一句累计阅读次数不超过100次。

（3）只查词的用户占1%。这些用户也并非查词的重度使用者，累计查词数不超过500次。

（4）既没读过每日一句又没查过词的用户占1%。这部分用户使用词霸其他的功能，用户量很少。

- ● 新媒体活动发布

金山词霸官方微博、官方微信发布活动。

● "我为词霸代言"互动活动资源推广

◎渠道1：探鹿App

推广时间：2015年12月2日至12月11日，总计上线10天。

活动效果：截至2015年12月6日活动数据统计如下，活动总PV为103834，UV为83171。

推广预算：免费推广

日期	PV	UV
2015/12/2	17038	14406
2015/12/3	20664	16612
2015/12/4	24010	19015
2015/12/5	23811	17801
2015/12/6	18311	15337
总计	103834	83171

推广方式："应用闪屏 + banner 位"推荐。

◎渠道2：汽车之家

推广时间：2015年12月3日至12月6日，总计上线4天。

推广预算：免费推广。

推广方式：应用推荐。

◎渠道3：折800

推广时间：2015年12月1日。

推广预算：免费推广。

推广方式：官方微信软文推荐。

◎渠道4：觅题

推广时间：2015年12月8日至12月9日，总计上线2天。

推广预算：免费推广。

推广方式：文字链推荐。

● 活动经验教训总结

◎优势借鉴

（1）活动相对比较贴合用户，迎合了部分用户的使用习惯，因此提升了一部分词霸用户的积极性。

（2）合理利用资源投入，减少成本浪费。此次活动在资源投入上，尽力做到了用少量资源，调动更多用户。

（3）资源的最大化发挥，此次活动采用H5的方式，大大降低了参与用户的门槛，因此保障了大批用户参与。

（4）活动贴合词霸作为英语学习好帮手、好工具的产品定位，抓住了喜爱词霸的活跃用户，同时对学生来说也是一种积极、正面的寓教于乐的学习方式。

◎优化改进

（1）活动形式的趣味性还需要继续优化提升，以便覆盖更多用户，应继续提升用户的参与积极性，同时需要增加用户对活动的评论入口。

（2）活动的整体把控还需要提升，此次活动整体节奏较为紧张，各部分的衔接还需要我们反思、调整。

（3）虽然活动在一定程度上调动了词霸用户的积极性，但我们对于用户数据及需求深度挖掘还存在一定不足，如参与活动的词霸用户的一些使用习惯、行为等分析。

（4）虽然活动的页面规划、设计质量相比之前有一定程度的提升，但还需要继续努力，追求高质量的视觉效果，争取带给用户更完美的活动体验。

一个活动从策划、设计、上线、调整到总结，有很多需要协调的因素。一个好的运营活动，也一定是契合用户需求，并且能够满足产品目标的。笔者希望通过这个案例给大家一点启示。

Chapter 2.2 → 线上活动：求职季，你可能需要这份产品面试指南

看完陈辉老师对活动运营的方法论及"保卫成绩单"活动的复盘，相信运营人都深有所得。下面这个案例是"人人都是产品经理"问答模块策划的一次简历分享活动的复盘，从另一个角度给大家提供不一样的活动案例及运营过程，希望大家能从中学习经验和找到参考点。

问答社区的产品定位（社区属性、用户群体分析）

春节假后，为了迎接新的一年，我们准备做一场活动给同行们加油鼓劲；加之赶上求职旺季，于是就准备了这场以求职简历分享为主题的活动。求职第一关就是简历关，可以说简历是决定求职者能否获得面试机会的关键。

平日有许多求职中的产品运营人在问，求职总是卡在简历关上怎么办？即使是从业几年的朋友撰写的简历也存在着各种瑕疵，空有一身的经验也得不到面试的机会。"人人都是产品经理"有用丰富的导师资源，这批导师们都是从业经历、职场经验丰富的行业先驱，为何不利用起来为同行们解答求职面试中的问题呢？出于分享和交流的理念，我们策划了这一场活动。由于简历点评是双向互动的，最好能选择一个能给导师和用户互相交流的平台，因此我们选择了社区旗下的互动问答模块——天天问，作为活动承载的主体。

天天问是"人人都是产品经理"旗下，为产品运营人提供的一个互动交流模块。这次的简历分享活动选择在天天问里举行，不仅是因为它问答的互动属性，更是因为这场有意义的活动能给社区里带来有价值的内容沉淀，以及为问答板块引流。其实在任何产品里做活动的本质都是相同的，即拉新引流、促进转化、强化用户对品牌的认知。然而问答产品较为特殊，在引流的同时更需要注重内容的沉淀，优质内容所带来的价值长尾是短平快的流量所不能比拟的。尤其是要在众多的同类问答网站、社区中脱颖而出，做出自己的品牌，更需要优质的内容将社区的地基打好，才能留住用户。

这也决定了活动在主题选择、玩法规则制定上的更需谨慎，不能瞎抓热点、盲目跟从，给社区带来负面影响。

活动策划

活动策划有三宝：主题、玩法和目的，这是一场线上活动能否成功最关键的3个要素。这3个大方向要确定了，活动的框架就已基本完整，剩下的就是细节的填充了。在活动准备阶段的主要工作是提供活动策划方案、预算成本、列明活动需求、撰写活动文案等。

策划方案

活动名称：干货资源｜求职季，你可能需要这份产品面试指南。

活动时间：3月7号-3月10号，总共4天。

活动目的：为天天问模块拉新引流，积累优质内容沉淀产出，营造良好的社区氛围。

奖品投入：由于本次活动主题是为求职中的产品从业者提供产品面试指南，奖品围绕活动主题延伸，包括简历修改建议、内推机会，主要以虚拟奖品为主。

● 产品面试指南

产品面试指南包含如下。

（1）前微软亚洲工程院的产品经理、曾任职于百度、网易的倪龙云老师分享的《产品思维——重新思考简历》PPT一份。

（2）4位产品经理真实的面试经验分享。

（3）200+份简历模板和产品经理常用文档（BRD/PRD/MRD、需求文档模板、产品管理流程等）。

（4）60+份流程图（涵盖App推广运营、活动运营、品牌运营、电商运营、个人能力成长等内容）。

● "人人都是产品经理"社区旗招聘平台—秒聘网的内推名额

活动规则

（1）简历里需包含教育背景、工作经历等重点模块，负责项目具体的名称可打码或者用"XXX"来代替，个人信息（如姓名、电话、住址）可打码。

（2）内推名额为3~5名，最终具体人选数量由参与人数及点评智囊团决定。

（3）活动最终解释权为网站所有。

活动指标：通过活动积累60+个有效回答，网站整体流量提高30%。

活动需求

活动通常需要开发、设计、产品部门提供支持，在活动策划阶段应向相关部门提出需求。本次活动需要产品和设计部门提供支持，在提活动需求时，要注意以下几点：

（1）简单的活动背景陈述。参考格式：活动主题为XX，计划以XX的形式吸引用户参与，活动将于XX时间上线，需要XX部门提供支持。

（2）需求说明。产品和设计部门为运营最常打交道的两个部门，在给产品和设计同事提需求时务必将你需要的内容说清楚，并提交物料。

（3）交付时间说明。需求说明之后，要明确交付时间。如设计部门提交图稿后可能会经过几次修改才确定最终版本的设计稿，因此还要说明"初稿时间"，预留一定的修改时间。

活动需求说明（以本次活动为例）

背景说明：新春过后为求职高峰期，因此运营组决定策划一场以分享简历为主题的活动，活动将于一周后（3月7日）上线，需要产品部和设计部的支持。

设计需求：现需设计部门提供App启动页广告图一张。

☆整体的页面风格要简洁，以蓝色为主调，品牌名称（加上网址）在页面的正上方。

☆文案：跳槽季，你可能需要一份产品面试指南。

☆页面下方需要放置一个二维码，并添加"扫码参与"字样。

初稿时间：3月5日。

交付时间：3月6日。

（物料请见附件）

产品需求

（1）弹窗。用户进入App——点击任意模块——活动弹窗出现。

上线时间：2017年3月7日12时前。

（2）推送。

推送时间：2017年3月7日中午12点。

推送文案：产品面试指南大放送！点击参与领取活动！

跳转页面：XXX。

覆盖人群：全体用户。

上线时间：2017年3月7日12时前。

在撰写文案方面，明确了活动的主题和风格后，可以先浏览类似活动的文案找灵感，结合时下热门的话题作为切入点。在这里就不展开描述了。

活动预热

活动上线前的预热造势非常有必要，不仅能提前告知用户群体活动相关信息，而且运营人员也可以凭此预估活动上线后的效果。

活动预热可采取的方式分为内部渠道和外部渠道两种。

- **内部渠道**

如App推送、在官网首页的广告banner、微信公众号、微博、群组等，利用好自有渠道。

- **外部渠道**

如付费推广、互推换链、短信邮件通知等渠道，具体看活动规模及成本选择合适的外部渠道。

在哪一天将上线一个叫什么的活动必须要提前几天告知用户，可适当包装活动，做一张精美、创意十足的宣传图表明活动的主题和亮点，制造悬念和噱头，引起用户关注。

产品经理客户端启动页推广图

活动上线

经过策划和预热阶段后，活动正式上线。本次活动选择在下午两点上线。为什么会选择这个时间节点呢？当时考虑的是，人们早上会将主要精力放在工作上而无暇顾及其他消息，两点过后午休结束离正式开始工作正好有一个休息缓冲的时间。而且此时同时满足移动端和网页端的使用场景，无论用户的简历是储存在手机里或是电脑里都可以分享出来。

活动上线后才是重头戏的开始。运营人员在此时需要做的是监控活动数据，重点监控用户参与情况，并根据数据分析及时做出调整。

本次活动上线后比预期的效果要好，上线3个小时左右活动帖子已累积10K的阅读量，最终活动结束后的阅读和访问量超出预期目标，活跃用户达到了6000+。活动中间我们根据用户反馈和数据，也做了几次调整。

（1）用户反馈。一开始活动的规则说明不够完善，一句"隐私信息可打码"就引来了某个用户的疑问，到底什么信息可以打码，什么不需要打码？踩了个"小坑"后，迅速调整活动规则，添加隐私信息部分的说明，解决用户疑问。

（2）优化活动数据。上线两天后数据走势趋于平缓，利用预留的渠道资源做活动的推广和扩散产品自有的渠道已在活动的首日和次日基本铺全，在第三日数据趋于平缓的时候，调动起我们外部团队的资源，在其他产品相关群组、朋友圈里扩散活动的信息，给活动再打一针"鸡血"。

除了利用外部团队资源扩散活动信息之外，我们还将参与活动的小伙伴们引流进群组后进行二次宣传推广。第一批分享了简历的小伙伴加入天天问的交流群后，我们会挑选出几份优秀的简历发布到群组，分享导师的点评，引导用户互动，并形成讨论总结，让活跃的用户传播活动信息。

活动整体数据情况

（1）活动整体流量。截至3月7日，活动总PV为42273，总UV为32260；日均PV为10569，日均UV为8040，峰值出现在3月7日和3月9日（活动首日和第三日），尤其是3月7日当天，PV为17755，UV为13542，到达活动最高值。

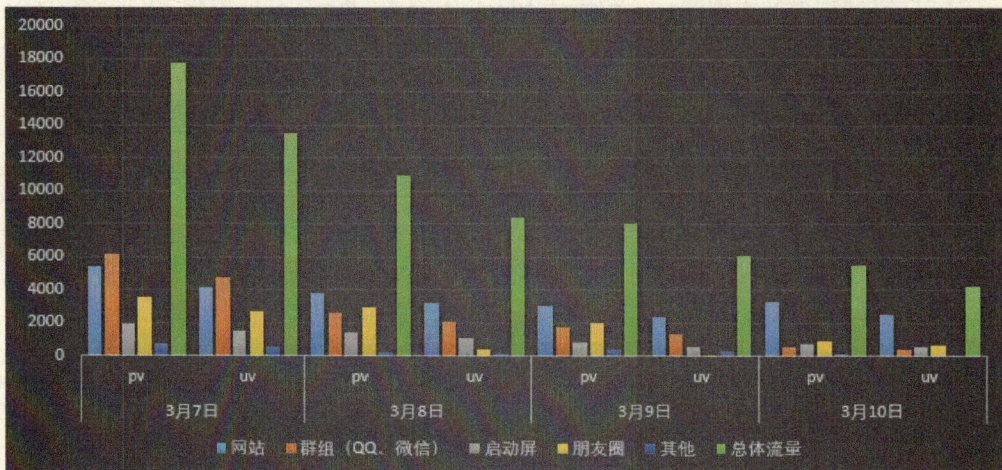

活动整体流量数据（图）

活动整体流量数据（表）

日期	数据类型	网站	群组（QQ、微信）	启动屏	朋友圈	其他	总体流量
3月7日	PV	5436	6214	1953	3551	710	17755
	UV	4149	4743	1490	2710	541	13545
3月8日	PV	3846	2310	1630	2567	220	10991
	UV	3250	2143	1090	414	183	8390
3月9日	PV	2070	2283	803	2474	401	8032
	UV	2330	1348	612	6	307	6131
3月10日	PV	2141	1184	715	1402	110	5495
	UV	2516	420	545	671	84	4194

（2）各渠道数据分析。本次活动重点关注的渠道主要有天天问站点、用户群、微信朋友圈、启动屏，其中天天问站点占总流量的36%、用户群占26%、朋友圈占22%、启动屏占15%、其他渠道占3%，UV占比大致相同。活动的主要流量大户为用户群和朋友圈，占总体流量近一半。对比其他渠道，群组和朋友圈的信息传播效率更高，获取信息的成本更低（主动获取变为被动接收），容易造成"病毒式"传播。因

此对行业群组的运营尤为重要，将这批目标用户调动起来形成二次传播，相信活动的流量最高峰值能提升10%~15%。

（3）用户数据分析。活动上线前，天天问模块的日活跃用户数量较为平稳，基本在5800~6300。活动上线后，用户活跃数有所上涨，活动期间基本保持在8000~8200，活跃峰值在3月7日达到高峰，峰值为13545。3月12日活动结束后两天，数据稍有下降，原因可能一方面是活动结束，数据平稳下降为正常的活跃数量，另一方面是因为活动结束后刚好为周末，周末流量会比工作日的流量少40%~50%，为正常现象。

在活动期间新老用户占比为7：3，总新增用户10K左右，说明活动达到了拉新引流的目的。新增用户主要来源于行业群组（内部群＋外部群）和朋友圈分享，说明要加强对社群的运营，日常的引导、组织社群的话题讨论和活动分享要坚持，提高用户黏性。通过日常的运营工作在社群里建立起威望后，要号召用户朋友们对活动信息进行传播就容易得多了。

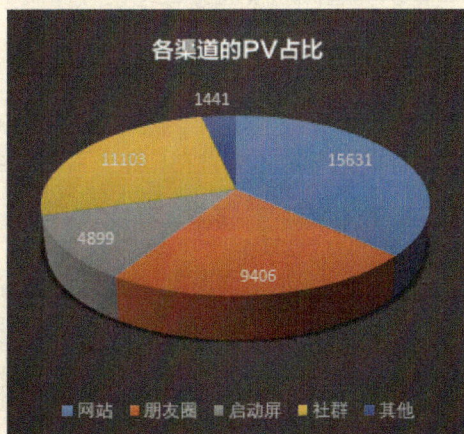

各渠道的PV占比　　　　　　　　　各渠道的UV占比

活动总结

本次的活动主要是抓住了求职旺季的刚需和热点，整个活动流程比较顺畅，引导用户回答后落地到QQ群、微信群集中运营形成闭环；加上内部和外部等扩散渠道，最后的结果超出了预期。问答模块的PV比上周同期增长了38%，访客量增长了34%；激活的用户量6000+，为上周同期的两倍，整体的回答数量也比上周多近70个，是一场成功的引流活动。

优化改进

这次活动主要是在活动规则上"踩了坑"，活动规则的细节没有完善。要注意做活动一定要细心，特别是对活动流程及规则说明一定要反复斟酌和测试，再怎么"死抠"也不为过，务必要再三确认。

本次活动需优化改进的主要有以下几点。

（1）优质内容集中展现，强化用户对品牌的感知。在邀请导师进行点评时应引导他们去点评几个较为典型的帖子，集中起来置顶显示，形成优质的回答/回复让用户看见，强化他们对产品品牌、活动主题、目的的感知，同时也节省了导师的时间成本。

（2）当涉及简历这个个人比较隐私的话题时，务必要将规则再写清楚一点、细致一点。如简历中哪些信息可以打码、哪些信息是必须有的，这些需要举例陈述出来，并添加特殊说明以防万一。

举例：

√ 正确：请各位小伙伴们在评论区里将你简历以图片的方式发布出来（简历里需包含教育背景、工作经历等重点模块，负责项目具体的名称可打码或用"XXX"来代替，个人信息（如姓名、电话、住址）可打码。

*特别说明：活动并不是为了获取任何用户的私人信息，分享简历出来只为了看看自己和别人简历的差距在哪里，请知悉！

× 错误：请各位小伙伴们在评论区里将你简历以图片的方式发布出来，个人信息可打码。

说明活动规则时不应该以一句"个人信息可打码"带过，没有说清楚的结果就是会造成用户的误解，增加人工运营成本。

（3）活动需提供用户反馈的渠道。即使规则说明再仔细，还是会有用户对活动规则或内容存在疑惑，问答类活动也需要提供一个用户咨询的渠道，来应对后续可能产生的问题。

（4）利用好长尾流量。选取导师点评中较为优质的回答，编辑成一篇文章可以投放在"人人都是产品经理"社区，争取首页的banner位置做曝光，也可以在问答模块中置顶，展现优质内容。

（5）给予专栏作者一定的鼓励和反馈，体现回答者的价值。如制作一份精美的邀请函正式邀请专栏作家进行答疑，在问答社区中加V等手段，做好用户运营。

本次活动效果超出预定的目标，算是完美收官。适时抓住了适合的热点，围绕用户求职中可能会存在的问题有针对性地设计活动，才有如此效果。活动也受到了用户朋友们的好评，在朋友圈转发活动页获得许多点赞，如下图所示。

在活动中得到内推名额的小伙伴们的一名，经过简历的修改调整和面试指南的助攻，最后成功入职。在活动情况的后续跟进过程中，他们表达了对"人人都是产品经理"社区的感谢（如下图），希望我们能够多组织这类活动，一起交流；我们也很愿意去帮助同行，希望大家都能在职场上获得进步和提升。

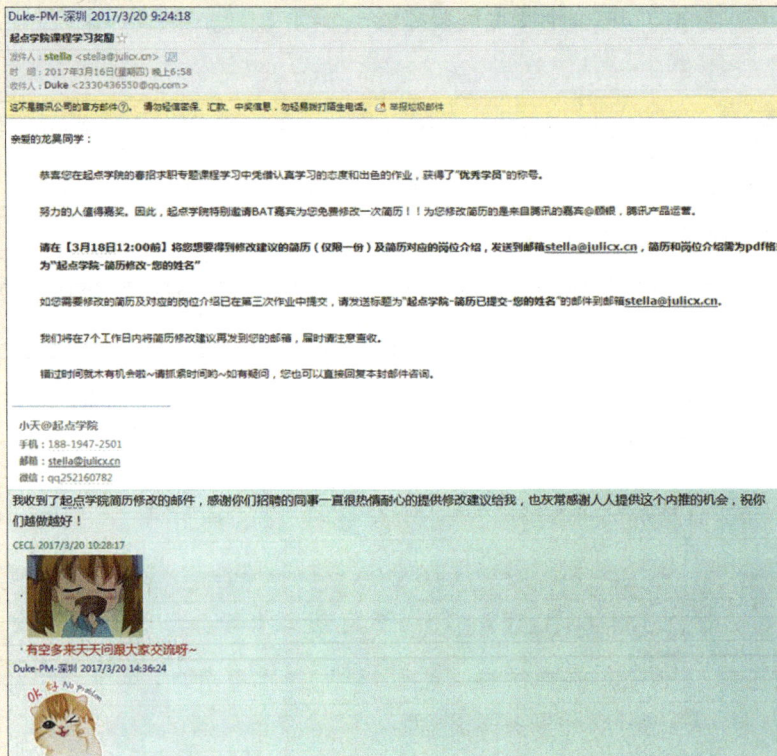

（中奖者反馈截图）

有不少优秀的小伙伴们参与此次活动，分享他们撰写的简历，如下图。

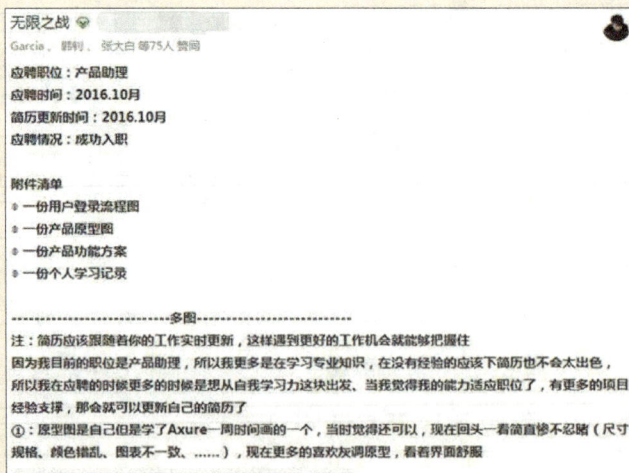

个人简历

基本资料

姓　　名：唐 帅		民　　族：汉族	
出生年月：1993-09		学　　历：大专	
性　　别：男		学　　院：成都广播电视大学	
联系电话：152-****-0543			
电子邮件：510229303@qq.com			

求职意向：产品助理

自我评价

- ◎ 互联网深度用户，喜欢新鲜事物，注重用户体验。
- ◎ 自学能力强，容易接受并理解新知识、新事物。
- ◎ 平均一个月阅读 2-3 本专业书籍，坚持每日输出学习笔记（附件）。
- ◎ 能制定计划、收集、判断和处理信息，善于对自己的工作过程和结果进行总结和反思。
- ◎ 可以很好的和团队进行沟通，完成日常工作。

工作项目经验

2016. 02~2016. 09　　　成都帆拉斐婚纱摄影　　　　　网络推广

`活动策划` `产品跟踪` `业务转化`

- ◎ 通过各类互动方式提升用户留存，提升用户购买度，活动数据分析挖掘。
- ◎ 处理平台整体运营工作、促销活动的发起、策划、执行、持续优化。
- ◎ 撰写数据报告、总结活动经验及不足、积累活动方式。

2014. 09~2015. 10　　　傲秀（北京）科技有限公司　　　课堂运营

`用户调研` `课程架构` `用户运营`

- ◎ 负责对在线教育板块进行课程调研，课程设计，课程运营以及营收
- ◎ 根据学员反馈调整课程体系，创造了百节精品课程、11 万学员。
- ◎ 打造数十个社群，至今自主运营分享交流。
- ◎ 2015 年 5 月独立策划《你的第一堂婚礼摄影课》；前期一周时间内用户调研（100 名论坛活跃用户），联系讲师确定课程大纲，制定连载课程；课程上线利用 QQ 群/微信群/转化 146 人购买，产生近 8000 营收；后续录播课程持续转化 3000+。

专业培训

- ◎ 2016 年 9 月，参与起点学院线下产品经理实战训练营成都站
  课程涉及到产品规划、产品设计、产品迭代这三方面；从前期想法到罗列需求，确定必备需求，最后版本迭代都有所收获；每组都有一个实践项目，每人都要构思一个创意，大家投票选取，做用户调研、做罗列需求，然后确定必备需求、优先级、版本迭代功能、接着出图，最后宣讲，对于一个产品从出生到成长都有所了解。

技能水平

- ◎ 对计算机网络知识有一定程度的掌握，计算机操作熟练；
- ◎ 能够熟练运用 Axure Xmind Photoshop office 制作相关内容；
- ◎ 能独立完成常用原型设计，制作用户流程图（见附件）；
- ◎ 能够很好的完成用户调研工作（线上一对一对话，问卷调查、电话访谈，线下一对多，焦点小组 ），并且做好数据分析需求记录；
- ◎ 能够在理解业务的情况下完成相关产品文档的撰写工作。

教育背景

2016.08~至今　　　　　起点学院　　　　　实战训练营

- ◎ 主要课程：人人都是产品经理社区旗下的产品经理培训平台，产品策划、产品设计、运营课程学习。

2012.09~2014.07　　　成都广播电视大学　　　计算机应用

- ◎ 主要课程：计算机应用与电子商务、计算机网络基础知识。

附件清单

- ◎ 一份用户登录流程图
- ◎ 一份产品原型图
- ◎ 一份产品功能方案
- ◎ 一份个人学习记录

　　导师们对积极参与活动的小伙伴的简历认真指导，分析其简历中存在的问题，提供修改意见，与小伙伴们互动，如下图。

芒果邵长 👑 腾讯课堂 [30天教你做一个APP] 作者
飞天小福瑞、北京光头、海汪 等19人 赞同
因为图片较多，先把重点说了吧。
关于产品经理需求成功与否的个人感受：
1. 硬实力＋作品，作品是一个完整的效过，不管是一个功能还是一个完整的产品，从功能设计到数据统计报表、指导迭代、营收等一系列的过程，目前好一点的公司面试都很看重这个；
2. 光环（不多说）；
3. 磨分吧，有些时候这个还是有点讲究的。

简历技巧
1. 别太花哨，一定要用word，我收到的简历非word的基本就不看了，另外hr也很难打印出来或者是有些非word格式的简历，hr也较难操作？
2. 内容要有重点，比如说一个帮你做功能优化或设计，直接把数据拿出来讲，有理有据，在面试口前的过程中把做这个功能的点讲出来就好，别在简历里面描述一大堆产品的方法论什么的，意义不大，记住——结果导向；
3. 如果亮点很多的话，建议写太多，大部分公司还是比较介意这个的（有点像介意自己的现任和TA之前任的感觉一样）

关于提升或者学习方面的建议
感觉没有捷径的，努力很重要，永远谦卑，学无止境，人最怕的是"我不知道我不知道"。

关于工作
2016年由于自己的身体和时间分配要因，退出创业，现在在杭州微麻（王思聪投资的）任职，APP产品经理。
五年后，有人创业的话，找我，我还要去创业，没人找我我也去，做养老这一块，有兴趣的活到时候看能否一起，要求：要么和我能力互补、要么资源互补（O(∩_∩)O哈哈哈~）

高晓月 👑 人人都是产品经理专栏作家　2017-03-10　回复
个人技能跟上吧，自我评论起步的精神加油进去，毕竟从业从整开始，都希望找到踏实肯干的人

Aaron毛 👑 关注社交与电商领域　2017-03-10　回复
1. 工作经历，按照时间倒序来写，优先写最近的，最重要的。大项目着重描写，多用数字描述结果。
2. 通用工作经理模板。例如：在xx项目担任xx角色，做了xx产品需求，xx数据得到xx%的提升之类，总结了xx产品设计经验

杨过我是聪啊 👑 小产品，打杂中　2017-03-13　回复
回复@Aaron毛：认可，谢谢分享

放按钮.PM 👑 人人都是产品经理专栏作家　2017-03-13　回复
作为一个工作三年的人，真的简简里置。
我经常吐槽的几个问题：
1. 抓不住重点，头部的核心位置置的一大堆不重要的信息
2. 项目描述里写的，全是什么负责产品设计，原型设计之类的，这种填上去有何意义？做产品经理的都是这些，张三李四你都是这些，不要用很大空洞话，写你做了具体什么事情，这个事情具体什么价值，数据表现是什么
3. 自我评论把吃的精神加油进去，强列反对这种像小学生好好学习天天向上一样的评价，有什么意义？？

臻龙 👑 人人都是产品经理专栏作家　2017-03-13　回复
1. 项目经验尽量只可以写一些工作成果，不单单只是过程；
2. 校园活动的描写着免无意义事情，比如活动会或者元旦晚会。对于你组织的活动，可以详细描写
3. 排版太糊片，从这点并不匹配你对自己追求完美的评价
4. 除非对自己颜值非常自信，否则可以不必放头像

枯叶 👑 6年产品人，微信公众号：枯叶咖啡馆，个人...　2017-03-13　回复
hi
简历通篇都很亮，没有出彩的地方，且没有重点

建议第一次要做修改如下
1. 减少不必要的描述
2. 减少不必要的经历
3. 关键词提取和关键词加强

坦白说，简历的空间是保宝贵的，你的每一个字都要有效运用，假如一份简历固定字数为400字

如果这400个字都与你要应聘的岗位符合，基本就能通过，但400字的空间里，你用了200字去讲话和岗位不符合的信息，剩下的200字，也许阅读者已经没有耐心去看了

学会在简历里过滤有效信息，是必要的一个过程

另外 简历的阅读性质速读，因此你务必将于岗位贴合度非常高的关键词进行特殊标记，否则直接忽略了

我是在读第三次时，才看到MRD，PRD

幻想家 👑　2017-03-17　回复
回复@枯叶：谢谢，点评的很到位，我也意识到了这个问题，辛苦大神

幻想家 👑　2017-03-17　回复
回复@臻龙：谢谢大神的指点

幻想家 👑　2017-03-17　回复
回复@枯叶：同时我想请教一下大神，有些面试官觉得我之前做的项目与公司现在做的项目不切合，然后把我差了。您觉得在求职过程要求做过类似的项目，项目是相同的行业领域很重要吗？

枯叶 👑 6年产品人，微信公众号：枯叶咖啡馆，个人...　2017-03-17　回复
这取决于你在面试过程中的回应，首先你以前的项目确实和现在的行业领域不同，那就应该少少讲项目 多讲你通过项目沉淀下来的知识，知识是互通的

总结

　　其实，运营并不仅仅是"活动"本身的运营，活动的策划、上线后的数据监测、用户间的互动等的必要模块考验的是运营人的内容、数据、用户运营的综合素质。因此，做线上活动运营的人，平时除了要多关注热点信息、创意脑暴之外，还要多写、多

总结锻炼自己的文案功夫，多跟用户（特别是爱发牢骚的用户）交流，提升你的忍耐度和话术运用的熟练度。日复一日，水滴石穿，相信你们的运营能力会不断提升的！

"人人都是产品经理"网站里有许多关于内容运营、用户运营、数据运营的精华文章，若对哪一个模块的运营知识有疑惑，可以自行登录官方网站搜索关键词，学习其他优秀运营人的运营之道。

——人人都是产品经理　Cecilia

第5章

做市场运营需要学会拓展客户

5.1　产品从哪里找流量

当完成产品设计、研发时，需要将其推向市场，得到市场的反馈，才能明确下一步的方向。这里的市场指的就是推给用户，那么这些用户从哪里来呢？这个时候，市场运营同学的重要性就凸显出来了。

市场运营，有的公司也叫渠道运营，我们会逗趣地将这些做市场运营的同学的工作叫作"拉客"。

很多时候，做市场运营的同学都会将用户运营和市场运营弄混，实际上二者有着本质的区别。在互联网行业里，很多事情并没有那么明确的划分界线，如有的公司将产品运营划为产品范畴，有的公司划为运营范畴，不同公司的定义不完全相同。用户运营有一部分工作是吸引新用户进入产品，还需要用各种方式保持用户活跃，增加用户的留存，同时要收集用户反馈，引导用户推荐好友和引导付费等。总体来说，做用户运营的同学是围绕用户的整个生命周期的，而且基本是在产品初期阶段会承担比较多的拉新工作，并不是最核心的工作。市场运营，主要工作是通过与市场上的各种渠道、产品进行商务合作，推广产品，给产品带来更多的有效增长。市场运营的主要工作偏向商务方向，需要更多地拓展渠道，与合作伙伴沟通，在渠道里用更少的成本争取到更好的资源，从而为产品带来更多的用户；同时，还要通过数据监控各渠道的用户质量，不断优化渠道投放效果；还需要有活动策划能力，与合作伙伴策划联合活动，使双方效益得到共同增长。

目前，移动互联网已经到了成熟阶段，简单意义的市场运营已经不足以满足日益增长的业务需求了。做市场运营的同学，除了需要有强大的资源拓展能力外，还需要增强数据分析能力和策划能力。数据分析能力，需要运用在渠道拉新的效果上，并用于分析新增用户的行为轨迹、活跃和留存数据，是否存在渠道"刷量"的情况。如果有付费投放，更需要不断地尝试不同付费方式所带来的效果，争取将性价比最大化。策划能力，则显示在合作形式上的突破，是否有足够新颖的方式为合作双方找到目标用户。移动互联网的推广方式可以说被尝试遍了，需要做市场运营的同学发挥更多的想象力，找到合作双方的亮点，进行放大、推广，促使目标达成。

有些时候，做市场运营的同学还会背负其他推广指标。当产品的用户量到达一定规模时，增长成了瓶颈，用户量就不再是第一考核目标了。如产品在某一阶段主推会员服务，市场运营考核的目标可能是和其他渠道联合推广会员服务，以成功推广的会员数为目标。在各个公司，由于产品类型不同，市场运营会有不一样的任务指标，有的可能是接入的合作方数量。总体来说，市场运营的主要目的是用各种合作的方式提升产品的用户增长和数据增长。

5.2　一份完整的市场运营计划

随着移动互联网的红利逐渐消失，用户对移动应用的依赖增强，新的移动产品长期占据用户的手机，困难也逐渐增加。

在移动互联网时代，市场运营和推广的方式较之前的PC时代只多不少。很多PC时代运用的推广方式，在移动互联网时代依然存在，只是形式上发生了一些转变。做市场运营之前，一定要有一份完整的运营计划，才能做到事半功倍。一份完整的市场运营计划，通常包括产品定位与目标用户分析，推广渠道及推广方式，推广目标与成本监控，推广数据分析，以及推广工作安排。

5.2.1　产品定位与目标用户分析

在推广产品之前，必须先充分了解自家的产品到底是什么样的，具有什么特性，和竞争对手相比优势、劣势是什么。同时找到自己的产品和竞争对手的产品的不同之处，这样往往就可以找出自己的产品的亮点。如今日头条主打个性化推荐，和其他新闻类客户端相比，产品更注重用户的个人阅读习惯，通过用户的阅读数据推荐相关内容，这成为头条诞生至今的"标签"。再比如，陌陌主打移动陌生人社交，这样的特点鲜明且比较容易绕开微信的打压，这个特点也将是未来在各个渠道主推的亮点。

市场运营人员要明确自己负责的产品所处的阶段，以及这个阶段推广的主要目的。在产品推广初期，主要工作是收集用户的使用数据，根据用户的数据进行有目的的优化。这时可以先利用一些免费渠道，争取一些免费的资源位，如应用市场首发等。在产品稳定期，主要目的在于扩大产品影响力，增加用户量。这个阶段需要利用所有的资源多管齐下，争取能够使用户量有较大增长。产品进入成熟期后，主要推广目的是增加活跃用户，特别是转化付费用户。这时最好可以找到用户质量较高和付费转化率较好的渠道，进行有针对性的投入。

至于用户分析，就是要明确产品的目标用户画像是什么样的，包括用户的性别、年龄、学历、地域、行业、职业、收入、兴趣爱好、消费习惯等。这些是将来在渠道推荐或渠道合作时，为了明确推荐对象而需要用到的用户信息。如一款办公类型的产品，就不适合在偏向游戏或偏向学生市场的渠道进行推荐与合作。

明确了产品定位和目标用户后，才能有针对性地推出推广计划，安排推广渠道和推广方式，跟进推广效果。

5.2.2　推广渠道及推广方式

这部分是推广计划的重点，必须清楚推广渠道都有哪些，每个渠道的用户大致是什么类型的，渠道的推广方式是什么样的，之后确认投放哪些渠道。

目前的推广方式主要分为线上和线下两种，如图5-1所示。

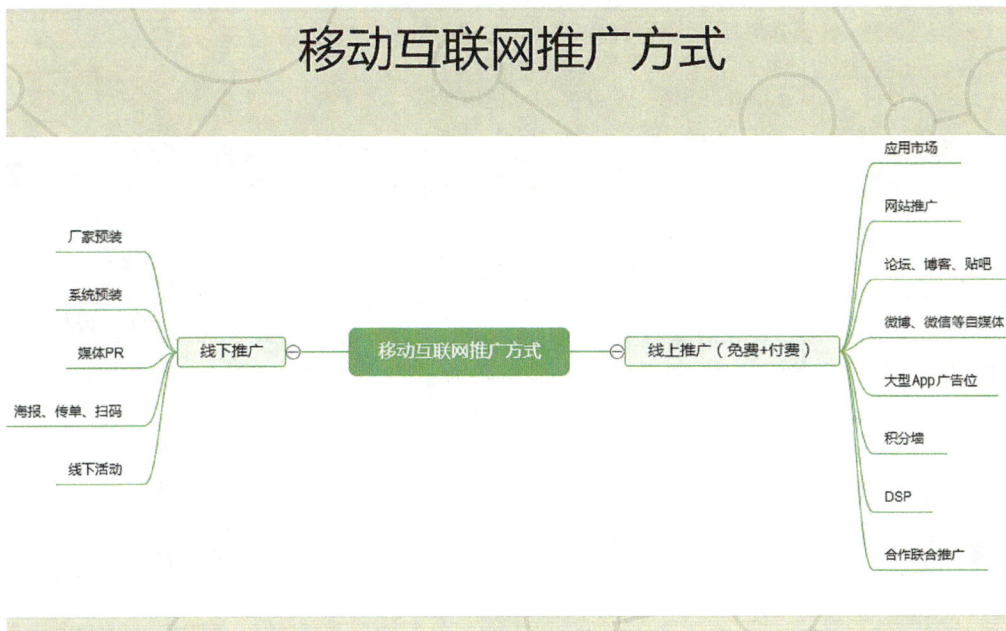

图5-1 移动互联网推广方式

移动互联网时代，产品在线上的推广方式愈发多样：App Store等应用市场渠道、网络广告、论坛、贴吧，微博、微信等自媒体，以及大型App广告位、DSP、积分墙、联合推广活动等，这些推广方式可以进行不同的组合和打包。简单来讲，可以将这些线上渠道分为免费渠道和付费渠道，如图5-2所示。

市场上免费推广的渠道还是很多的，免费推广作为推广的基础，应该尽可能铺开。很多时候，免费推广的用户的质量反而更高，毕竟大部分情况下都是用户主动下载安装。免费渠道包括应用市场收录、网站宣传、论坛、贴吧，以及微信等各类自媒体渠道，还有平时大家所说的"换量"合作。

应用市场，作为移动端用户来源最大的入口，无疑是移动产品必须覆盖的一个渠道。目前市场上主要的应用市场有以下几种。

大型应用市场：腾讯应用宝、百度手机助手、91手机助手、360手机管家等。

线上推广渠道

线上渠道	免费	付费
应用市场	大型应用市场：腾讯应用宝、百度手机助手、91手机助手、360手机管家等。 小型应用市场：PP助手、UC应用市场、豌豆荚、应用汇、当乐、安卓、机锋、安智、木蚂蚁、N多、优亿等。 手机厂商应用商店：华为、小米、OPPO、vivo应用商店等。 三大运营商：中国移动、中国联通、中国电信应用商店。 手机站：新浪、天网、宜搜等。 iOS渠道：App Store、91助手、PP助手、同步推、快用苹果助手、iTools、各类限时免费大全等	固定的广告位 搜索竞价排名 收费或提供奖品的推荐下载 各种PUSH量的购买 排行榜等位置 按展示时间或按下载人次付费
网站宣传	SEO（搜索引擎优化） 各类网站推广	SEM（搜索引擎营销） 收费网站推广 网站广告、软文等
论坛、博客、贴吧	论坛、贴吧、博客	各大论坛、贴吧、博客等固定广告位
微信、微博	微信、微博渠道，以及类似今日头条的头条号等	微信的广点通、微博的粉丝通 找KOL"大号"合作推广
换量合作	与用户匹配的合作方互相推荐	
大型App广告位		如滴滴、美团这类超级App固定广告位，通常按时间付费
积分墙		用户下载可以获得收益，按下载付费
各种DSP平台（需求方平台）		接入市场各家广告位，按效果付费

图5-2　线上推广渠道汇总

小型应用市场：PP助手、UC应用市场、豌豆荚、应用汇、当乐、安卓、机锋、安智、木蚂蚁、N多、优亿等。

手机厂商应用商店：华为、小米、OPPO、vivo应用商店等，如图5-3所示。

三大运营商：中国移动、中国联通、中国电信应用商店。

手机站：新浪、天网、宜搜等。

iOS渠道：App Store、91助手、PP助手、同步推、快用苹果助手、iTools、各类限时免费大全等。

图5-3 华为应用市场（月活用户[2]）

目前，国内的应用还看不到Google Play。

网站宣传、论坛、贴吧，这些都属于PC时代遗留的产物，主要推广方法是使产品有自己的网站，通过官网下载宣传，做一些基础的SEO（搜索引擎优化）工作，建立相应的百科、知道等内容。笔者做过的几款产品的官网下载用户质量都很高。其次，论坛和贴吧在产品上线之初，可以将一些软文或活动，发布到流量较高、用户较多的版面，吸引用户来使用产品。后期针对效果好的渠道，可以进行持续的宣传。

微信、微博，包括今日头条的头条号在内的新媒体，主要通过内容吸引用户。不建议用一些夸张的内容来吸引用户进入后再引导用户下载，这样虽然会有很多用户来浏览，但是最终的转化率并不会高，必须从产品本身目标、用户背景和使用场景出发，调研产品的目标用户会愿意看到什么样的内容，吸引用户关注后，再逐步进行产品的宣传。

换量合作，即合作双方约定在某时间段内，给对方的产品或活动一定的曝光，并承诺能带来一定的用户浏览或用户转化下载。换量其实并不能说是免费的，只是不需

---

2 日活用户、月活用户是互联网行业的习惯说法。

要付出现金，取而代之的是用相同的流量还给对方。

免费渠道要尽力全面铺开，建议给每个渠道都建一个特殊的渠道号，观察各渠道的用户数据，针对效果较好的数据进行重点投入。比如，连续几天，在某个论坛中下载的用户留存和活跃较高，就可以在这个渠道上增加投入，进行一次推荐下载有礼的活动，来强化渠道效果。很多时候，选择对了合作伙伴，就很容易给产品带来第一批用户。免费渠道更适合用户量较小或创业型的产品，毕竟如果你的产品只是面向一些比较小众的用户，那么进行付费推广，将大大降低用户的留存量。

相比免费渠道，如果你有一定的推广预算，付费渠道相对会多很多。前面所说的免费渠道基本上都有付费推广的方式。

应用市场，目前基本上都有比较完整的商业模式，除了固定的广告位销售外，还有搜索引擎引以为傲的"竞价排名"，收费或提供奖品的推荐下载，各种PUSH量的购买，甚至是排行榜等位置（如图5-4所示），等等。比较大的应用市场渠道，单个广告位的费用约为5万元人民币/天，并且一般都不会保证能够给产品带来多少下载量。所以在选择应用市场投放时，一定要了解这个应用市场的用户转化率是否足够高，用户质量是否稳定。在进行付费推广之前，先进行小部分的推广尝试，然后再进行大额的付费推广。一般来说，如果付费推广的效果不够好，可以和对方的商务人员沟通，应用市场都会进行一定程度的"补量"。

网络付费推广，就是大家平时所说的SEM（搜索引擎营销），在PC时代是至关重要的，以百度为首的搜索引擎通过竞价排名赚得盆满钵满。在移动互联网时代，各大网站的入口能力在减弱，但如果用户是通过PC端来搜索，网络推广还是比较重要的。移动产品是否需要做SEM，主要取决于产品的使用场景，如果是纯移动端应用，那么效果会大打折扣。如果是各端都有的产品，倒是可以尝试做一些网络付费推广。

论坛、贴吧、博客，这些和网络付费推广类似。目前有一些成规模的论坛或贴吧，已经开始销售固定广告位，选择合适的广告位对推广有一定的促进作用。

微信、微博的推广主要是指微信的广点通（如图5-5所示）和微博的粉丝通。通过付费推广微信和微博账号吸引用户关注产品，这种推广的转化率其实并不高，但是

图5-4　某应用市场排行榜

图5-5　微信广点通

对于有服务号或网页版的产品来说，其实变相降低了用户的使用门槛。同时，这类用户的活跃程度不会太高，取决于自媒体发布的内容。还有一种就是找KOL"大号"发文，让"大V"成为产品的代言人，这种方式的成本一般都比较高，正常情况下，一个微信大号的第一条订阅消息都需要几万到几十万的费用。

大型App的广告位。如优酷、滴滴、美团这类超级App，每天的活跃用户数可以过亿，本身就是个大型的流量入口，所以这些产品本身也有一定的广告位是开放销售的，但是可想而知，价格相当高。一定要慎用这类App的广告位，选择用户属性类似的产品进行合作，才能对提升产品用户量有帮助。

积分墙。这种在移动互联网时代曾广为人知的方式，目前在国内已经不那么流行了（据说目前积分墙在印度这类新兴市场还是很火）。简单来讲，就是在应用内推荐用户下载其他产品，安装完成后可以获得相应积分，其实是一种变相的广告位。目前在一些小型游戏中，这种方式还时常能见到。还有和积分墙类似的，一些比较大型的流量主会有网盟推广的合作，利用流量主的各种合作资源进行全方位推广。这两种推广方式，都适合一些小型产品。

各种DSP平台（需求方平台），是近几年流行起来的。DSP为广告主提供操作平台，广告主可以通过平台管理多个渠道的流量来源。简单地说，接入DSP后，就可以在DSP的后台看到市面上众多的广告位资源和实时价格，实现简单投放。相比网盟，DSP平台相对更加的精准和先进。前面讲的各种付费渠道，大部分都包含在DSP平台中，主要看平台所能涵盖的渠道面。目前国内做DSP比较好的有品友互动、安沃传媒、璧合科技、悠易互通、新数网络等。

再次强调，在做付费推广之前，一定要先完成免费推广。同时，建议先尝试较小的投入，来检验渠道的推广效果和用户质量，确认推广效果后，再进行大额的投入。推广期间，应持续关注推广效果，适当地向渠道方争取更多的资源。

讲完线上渠道，我们来看一下被很多人忽视的线下渠道，如图5-6所示。实际上，大部分大型移动产品的"发家"都是靠这些线下渠道，其中最突出的就是厂家预装。

华为、小米、OPPO、vivo、中兴等国内手机厂家，以及韩国的三星都有这类业务。这类业务在前些年手机红利还未开始时，相对比较简单和奏效。手机预装的优势就是出厂就存在，用户在未出现其他选择时，使用厂家推荐的应用的概率很高。手机厂家基本上可以说是无本生意，既满足了用户的需求，又获得了一定收入，每台手机预装一个应用可以获得几角到几元的利润，同时有一些预装的应用还会进行一些后期的商业分成。应用方这边，手机预装的成本相对较高，按照一款手机有100万台的出货量，那至少得有约100万元人民币的投入。相对来说，最终获得的用户并不会有100万人，一般情况下，10%~20%的用户转化率是正常的数据；同时，后期维护的成本相对较高，厂家对于产品的稳定性要求较高，部分做预装的厂家还会增加一些定制需求，这些都需要考虑。国内的一些大型App基本都是从厂家预装开始快速带动用户量的，至今仍然如此。

线下推广渠道

线下渠道	付费
手机厂家预装	华为、小米、OPPO、vivo、中兴、三星等 国内外手机厂家预装费用约为每台手机0.5~1元 很多头部App靠预装起量 时间周期较长
系统预装	手机维修、刷机、水货，预装到手机系统
媒体PR公关、广告	传统媒体发稿 线下广告宣传
人力推广	贴海报、派发传单、扫二维码
线下活动	各种合作活动等

图5-6　线下推广渠道汇总

之前还有一些线下的刷机渠道或店面维修渠道，基本上与预装相同，将应用装到给用户重新安装的手机系统中，增加用户使用产品的机会。目前，这种推广方式逐渐在减少，一是因为各大手机厂家的系统ROM在不停地优化，刷机的用户在逐渐减少；二是手机的更新换代更加频繁，同时价格也更低，很多用户宁愿换新机也不愿意花差不多的价格去维修旧机。

媒体PR宣传。这种相对传统的宣传方式，宣传的对象不一定是目标用户，反而是一些媒体和关注媒体的用户。但是这种传统而效果不是最好的渠道却是不得不做的，原因有两点，一是利用宣传平台来讲述一个好的产品故事，抛出话题让大家对你的故事感兴趣，并将大家的兴趣引到你的产品上来；二是作为线上的推广软性辅助。

线下还有一些更传统的宣传方式，如贴海报、派发传单、扫二维码等。除非是特别生活化的产品，否则并不推荐用这类推广方式。

5.2.3　推广成本与数据分析

在投放每个市场渠道时，都要明确推广的成本，并做好相应的数据分析。在市场运营方面，最关注的几个数据指标包括活跃用户、留存率、付费率等。

利用免费渠道，基本上没有太多财务上的成本，需要投入的就是事先做好一整套完整的产品介绍物料，然后在相应平台上传这些资料，基本就完成任务了。相对来说，此时需要关注的数据也比较简单，主要关注各渠道的用户数量和用户质量。用户数量，只要看同一时间不同渠道的新用户增加数；用户质量主要是指用户的活跃情况和留存情况，包括用户的使用时长、使用频次、使用时间段、后续使用情况等。需要给不同渠道的安装包分配不同的渠道号，才知道哪些渠道的质量更高。

付费渠道，是通过一定成本获取用户，做市场运营的人尤其需要留意成本监控和数据分析。一般来说，目前市场上获得一个真实用户的成本为2~10元，除了类似P2P这类特殊产品获取用户的成本高得离谱外，5元/个用户算是比较正常的数值了。做付费推广，投放了一段时间后，如果发现用户数并未达到平均水平，就需要及时调整推广的素材和推广方式。如果调整工作结束后仍未达到预期数值，就需要和渠道沟通，争取做适当的补量。

通过付费推广而获取用户，最担心的是遇到刷量，买到了"假用户"或"僵尸粉"，所以更需要完整的数据分析。除了用户数量和质量的基本数据分析外，更应该分析的是用户的行为轨迹，如用户是从哪个页面来的，到哪个页面离开，是否具有统一特征；用户的订单转化率和ARPU值是否有异常。后面，我们会讲解运营的数据分析，这里就不赘述了。但是有一句话非常正确："留住一个用户的成本比吸引一个新用户的成本要低得多。"所以新用户到来后，要想方设法将用户留住。

渠道运营最关注的数据应该是新增用户数、活跃用户数、用户留存率（有时也会看流失率）这几个指标，笔者从"人人都是产品经理"找到了一幅关于推广数据指标的梳理图，如图5-7所示，比较实用，大家可以看一下。

5.2.4 推广工作安排

如果想要推广工作顺利进行，就需要有人能够维护不同的渠道，同时拓展更多的渠道。大体上，市场推广工作需要以下组织架构：1名总负责人、2~3名的渠道运营、1名同时负责新媒体运营和社区运营（如果特别重视新媒体也可以有2个人）、1名负责分析数据，加上几个实习生辅助各项工作。

总负责人需要和公司领导多沟通，了解产品战略意图，也需要和产品、研发、运营等其他部门的同事多沟通，了解推广的目的和产品的特殊属性，要从整体上把握市场运营的规律和总体要求。制订总体的运营推广计划，并下发任务和KPI指标；同时，关注市场上的各类渠道动向，及时调整整体的运营规划；另外，还要控制整体的推广成本，在严格的数据监控下，力争将推广效果最大化。

渠道运营的同学在整个推广工作中占据最为重要的位置。这里，对负责渠道运营的同学的要求相对比较高，要有相应的渠道拓展能力，当出现一个新的有效渠道时，需要商务洽谈进行合作；同时需要有一定的活动和策划能力，为每个渠道制订相对应的推广策略，并重点跟进合作活动。这些渠道运营的同学既是商务人员，同时又是运营人员。另外，还需要对每个渠道的用户特性和数据有充分的了解，在需要制订推广策略时，能迅速地判断出哪些渠道是最适合进行合作的。

做新媒体运营的同学与做社区运营的同学不同的是，他们需要更多的了解各种新媒体用户群体的兴趣爱好，需要有天马行空的想法，通过各种事件营销以吸引用户关注产品的自媒体，并在这些自媒体圈子中，找到相对应的目标用户。这类做运营的同学与后面讲的做新媒体运营的同学有很大的重合度，主要看做新媒体的目的是什么。如果是为了增加产品的用户数，那么很多时候会在市场运营部门中；如果是为了做产品的品牌宣传，那么可能与品牌或公关部门在一起。

数据分析的就不用说了，每个做渠道运营的同学都需要具备数据分析能力，只是如果有一个专门的数据部门或数据分析人员能进行更加深入的分析和纠错，这样配置能保证专人专职，效果更好。

分类	指标	含义	备注
DAU	DAU	日活跃用户(Day Active User)：在当天登录过游戏的用户。有效反映衡量一款游戏核心用户数	
	DAU分类	·新用户：当天注册的新用户。此分类视具体产品而定，但对DAU组分是为了看用户群体大体情况 ·7天活跃用户：7天内登录过的用户。如7月10日DAU中的7天活跃用户指是7月10日登录过游戏，并且在7月3日至7月9日曾经登录过游戏的用户。 ·回归僵尸用户：7天前没有登录过游戏的用户（不包括新用户）。如7月10日DAU中的回归僵尸用户指的是7月10日登录过游戏，但是在7月3日至7月9日没有登录过游戏的用户。	此分类视具体产品而定，但对DAU组分是为了看用户群体大体情况
	DAU/MAU	日活跃用户和月活跃用户进行比较来看用户每月访问游戏的平均天数是多少。如果游戏拥有50万DAU，100万MAU，那么DAU/MAU值就是0.5，也就是说玩家每月平均体验游戏的时间是15天，说明游戏粘度比较强。	DAU/MAU比例是社交游戏的重要参数，同社交游戏成败息息相关。一般最低极限是0.2。这保证游戏能够达到临界规模的病毒式传播和用户粘性。
	每日流失用户	·当天登录，后续7天内不登录游戏的用户。如7月10日的DAU中，在7月11日至7月17日不登录游戏的用户。[可分为新用户，有效活跃用户和回归僵尸用户来求]	
	次日留存（率）	·注册后第二天登录游戏的用户。如7月10日的新用户中，在7月11日登录游戏的人数。	
	三日留存（率）	两种方式： ·点三日留存：注册后第三天登录游戏的用户。如7月10日的新用户在7月12日登录游戏的用户。 ·区间三日留存：注册三天内登录过的用户。如7月10号的新用户在7月11号-13号登录过的用户。	
	7日留存（率）	两种方式： ·点7日留存：注册后第七天登录游戏的用户。如7月10日的新用户在7月16日登录游戏的人数。 ·区间7日留存：注册后七天内登录过游戏的用户。如7月10号的新用户在7月11号-7月17号登录过的用户。	
	流失（率）	·留存的反义词。即不登录游戏的人数。	
	新手引导转化率	新手引导每一步的转化率=进行本步的用户除以进行上一步的用户	
	新手无操作（率）	·新手无操作率=无操作的新用户数/总的新用户数。 ·各平台的定义都不同。一般情况下，指的是没有完成加载过程，或者是无任何操作的新用户。（具体定义方法由各平台确定）	
新用户	WAU	·周活跃用户(Weekly Active User)：周活跃用户，在一周之内登录过游戏的用户	
	WAU细分	·忠实用户：连续三周登录游戏的用户。这个分类只能根据具体情况而定，且结果仅为了查看用户的类型结构。 ·回归僵尸用户：本周登录过，上周没有登录过的用户。 ·留存用户：WAU-回归僵尸用户-新用户-本周新用户 ·新用户：本周注册的用户。 ·留存新用户：上周注册且本周登录的用户。	这个分类只能根据具体情况而定，且结果仅为了查看用户的类型结构。具体情况依不同产品而定。
	WAU细分（登录频次）	·轻度用户：每周登录1~2次的用户。这个只能是对用户的一般结构解释 ·中度用户：每周登录3~5次的用户。 ·重度用户：每周登录6~7次的用户。 ·**注：登录次数是1次/天	这个只能是对周用户的一般结构解释
	周流失率	本周登陆下周不再继续登陆的用户。	
	各级别周流失率	本周某级别用户在下周不再继续登陆的用户。	
	流失用户级别分布	本周登陆下周不在继续登陆的用户在本周的级别分布	
	忠诚用户数量	本周登陆3次以上（当天重复登录第一次），最高角色等级超过15级，在线时长超过14小时的用户	视具体游戏情况而定
	忠诚度	忠诚用户数量/WAU修正值（新进人数的变化比例）	
	忠诚流失率	本周忠诚用户下周来继续登陆的用户/本周忠诚用户	
	转化率	本周登陆的用户在下周转化为忠诚用户的比例	
	MAU	月活跃用户(Monthly Active User)：月活跃用户，在一个月之内登录过游戏的用户。用户测量一款游戏的总体范围水平	
	高活跃用户	每月规定超过一定规定的在线时间的用户	
	尝试用户	未达到高活跃用户且未消费的用户	

分类	指标	含义	备注
MAU	MAU组分	·新用户：本月注册的新用户 仅为了查看MAU用户基本结构 ·上月活跃用户：上个月登陆过在本月继续登陆的用户 ·回流流失用户：上个月之前登陆过但在上个月流失了，本月新继续登录的用户	仅为了查看MAU用户基本结构
用户在线	WAU组分/登陆频次	登陆一天第一次：高活跃用户的定义	
	CCU：实时在线曲线		
	平均在线时长	平均在线时长=总的在线时长/总登录人数	
	ACU:平均同时在线人数		
	每小时的登录用户数	每个小时的登录用户数	
	每小时注册用户	每个小时注册的用户数	
	最高在线人数（PCU）/每日峰值	移动互联网市场总监运营推广策划案	
病毒性	发送邀请人数	时间段内，成功发送邀请的用户数	
	接受邀请人数	时间段内，收到邀请的用户，点击了接受邀请	
	发送率	发送邀请人数/活跃用户数	
	接受率	接受邀请的用户/收到邀请的用户，点击接受的信数/被受到邀请的信数	
	K-Factor	K-Factor=（感染率）X（转化率）。用于衡量产品的病毒传播率。感染率是形容某个用户向其他用户传播游戏的程度。转化率是指将感染用户转化成被注册用户的比例。	1KFactor表示平均1个用户带来1个新用户。KFactor越高，社交游戏发行商接受度，因为这是个获取新用户的有效工具。
	被邀请用户比例	每天新用户中，被邀请进来的用户占新用户的比例	
付费/充值	APA:付费用户	时间段内有过付费行为的用户数量	
	付费额	时间段内付费用户消费总额	
	ARPU值	时间段内，消费额除以活跃用户数。日ARPU值：日消费额除以DAU；月ARPU值：月消费额除以MAU	用来衡量每一用户带来的平均收益
	付费率	时间段内，消费额与付费用户数。日ARPPU值：日消费额除以日付费用户；月ARPPU值：月消费额除以月付费用户。	时间段内，付费用户数除以活跃用户数。日付费率：日付费用户除以DAU；月付费率：月付费用户除以MAU
	LTV	新用户后续付费能力指标，例如：14日LTV是指今天注册的用户在后续14天付费额除以注册的用户数	
	新增付费用户	日新增；月新增	
	付费用户流失数量	本周付费用户下周未登陆的数量；依次，可算月付费流失率	
	付费流失率	本周付费用户下周未登陆的用户比例；依次，可算月付费流失率	
	注册转付费	某一天注册付费的用户在一周后付费的用户数量及比例（其实就是7天LTV）	
	活跃付费用户	视游戏情况而定	
	用户终生价值	Kontegent公式：用户终生价值=1/（1-K）X日ARPU X用户寿命（用户平均生命周期；累计，非连续）。	
流失	前期流失率	用户从进入游戏到消费阶段之时间内，流失占全体用户的比率。	这是指社交游戏活跃用户之间不能令其活跃度提高的一个非常重要的指标。这是因为玩家刚刚删除某个游戏的用户流失率指的就是用户的持续期间
	自然流失率	用户在进入付费期后，流失的比率。	移动互联网市场总监运营推广策划案
	用户自然增长率	可用等级来度量	
	一般流失率	每日流失率、周流失率，月流失率（前面有）	
	用户自然增长率	可用等级来度量	

图5-7　渠道运营数据指标

　　剩下的一些琐碎的运营事情，一般可以交给实习生完成，如各种基本资料的收集整理，以及简单的文案编辑、活动策划和数据分析等。

　　制订一份完整的市场运营计划，需要有明确的分工。负责人要从一开始就明确推广目的，然后将任务发给相应的做渠道运营的同学，渠道运营人员选择好推广的渠道与合作方式，后期做数据运营的同学根据数据分析，不断调整推广策略。

5.3　小结

　　（1）市场运营的主要工作内容是通过各种渠道合作，为产品带来有效的数据增长。

　　（2）市场运营主要的推广渠道是线上推广和线下推广，分别有免费推广资源和付费推广资源。

　　（3）制订一份完整的市场运营计划，要了解产品和用户，选择渠道和推广方式，进行数据分析，严格控制成本，明确人员职责。

　　（4）市场运营是互联网公司中很重要的一个环节，相当于为产品"输血"的部门，而且需要运营人员同时胜任商务和运营两种角色，具备比较强的开拓能力。

第6章

数据运营很重要

6.1 数据运营的主要工作

数据运营，在众多运营工作中显得比较特殊，其他运营工作更多的是与前端的产品和用户打交道，而数据运营更多的是与后端数字打交道。通过对各种产品数据和用户数据的分析，找到数据中存在的问题，并提供解决方案，指导产品的发展方向。数据运营，在移动互联网的各个环节都有着至关重要的作用。

6.1.1 数据运营的目的和意义

在日常的产品工作和运营工作中，会经常通过"看数据"来找到更合理的方案。很多公司会专门设置相关的数据部门，负责数据统计和数据分析；有的公司会将数据统计放入研发部门，然后将数据分析的人员放到具体的业务部门。

美国麻省理工学院一项针对数字业务的研究发现，大多数情况下进行数据驱动决策的企业，生产率较一般企业高4%，利润则要高6%。数据运营，也有的公司叫数据分析，主要工作是通过分析产品和用户数据，找出数据变化的原因，根据分析结果优化产品和运营，并对未来的数据走势做出预测，为产品决策提供合理建议，最终目的是使数据得到有效增长。

笔者在最开始就已经指出，运营的目的是增加用户，提升用户的活跃和留存，最终获得更高的收入。数据运营的目的与运营的目的是一致的，在用户增长、用户活跃、用户留存和增加收入的每个阶段，都需要有严格的数据监控，保证效果最大化。

数据运营的前提是必须要收集尽可能多的数据，这是数据分析的基础。同时，要设定合理的数据目标，如设定了"用1个月，将某产品的次日留存率提升5%"的数据目标，之后要分析对数据目标造成影响的因素有哪些。对次日留存率造成影响的指标，包括新增用户、活跃用户、是否付费用户等。下面，就要确定是否将这些造成影响的指标进行准确的数据上报；然后持续观察和分析，看看每个指标对最终目标的影响情况；最后，分析各个造成影响的指标的具体情况，如分析出某个渠道用户质量较低，而影响了整体的新增用户留存的原因，并提出可行的方案，提交给产品人员和运营人员，如图6-1所示。

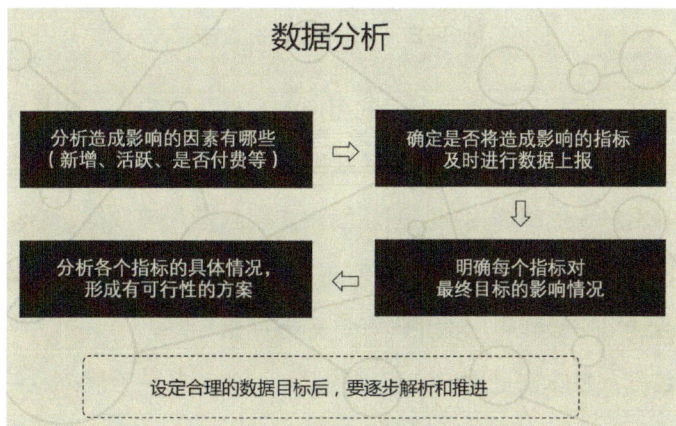

图6-1　数据分析

出色的运营人员会在做决策前先分析相关数据，并通过数据来指导产品的发展方向。

6.1.2　数据运营的3个维度

作为一名合格的数据运营人员，应该充分了解产品的所有数据。一款移动端产品的核心数据，基本包括3个维度：用户基础数据、产品使用数据和用户画像数据，如图6-2所示。下面，我们以一个网络社区为例子，来看看这些数据具体包括哪些内容。

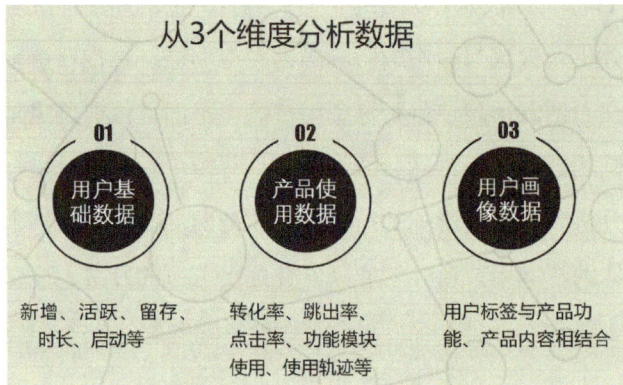

图6-2　3个维度分析数据

　　用户基础数据，用来反馈使用产品的用户的整体基本情况，也是数据运营人员日常中接触最多的数据。这些数据包括日活跃用户、周活跃用户、月用户活跃等用户活跃数据，日新增用户、周新增用户、月新增用户等新增用户数据，启动次数、启动时间、总使用时长，用户留存情况，分渠道的用户数据等。网络社区的数据运营，更关注新用户数、活跃用户数和用户使用时长，等数据指标。

　　产品使用数据，基本也是用户的使用数据，一般从各种维度来反馈用户在产品内的使用行为。比如，产品页面的浏览率、浏览人数、流失率，Push推送的到达率和点击率，每个用户进入产品后的行为是什么样的，用户是从哪些页面跳出应用的，用户的订单转化率是怎么样的，支付转化率是什么样的，会员用户和非会员用户的使用习惯有什么差异等。同时，这部分数据还包括了产品的功能数据，主要指产品内的各个功能的埋点数据，反映出产品内各功能用户的使用情况。从数据看出哪些功能是用户比较常用的，该功能的使用场景是什么样的，用户从什么场景中点击到这个功能模块等。以网络社区为例，用户在网络社区的行为包括访问、浏览帖子，回复、评论帖子，以及发帖、转发、分享等。后期做用户运营时，可以根据用户使用功能的不同，对其进行分类，有针对性地提升某类用户的指标。

用户画像数据，这些数据通常是最有价值也是最需要加以运用的，通常会集合商业化目的来一起收集和使用。通过标签等形式，为每个用户打造相对应的用户画像，向有相同兴趣标签的新用户推送一致的内容，并通过不断的优化和学习，实现更精准的用户画像。要想使用户画像更完善，可以结合一些外部数据来进行联合推荐，如可以了解到喜欢听周杰伦歌曲的这类用户，都喜欢购买什么类型的衣服等。了解用户更喜欢哪类内容，给用户推荐相应的帖子，也可以根据用户标签给用户推荐一些符合的商业化广告。

以上这些数据，是从简单到相对复杂的几个层级，逐渐从用户分析到商业收入，这些数据都是做数据运营的同学必须了解和掌握的基础数据类型。结合每个产品的不同特点，会有不同的侧重，如电商类产品会更注重产品使用数据，关注订单的转化率和流失率等；以广告为核心收入的产品，会注重对用户画像数据的使用。

6.2　数据分析驱动精细化运营

数据并不是只为产品而服务的，运营更需要"数据驱动"，将数据分析运用到运营的每个环节，有明确、有效的指标，才能实现精细化运营。

作为数据运营人员，需要从数据中找到规律，分析数据上升和下降的节点，并找到相应原因，从而指导运营工作。

6.2.1　来看看一些案例吧

下面，来看一个和收入相关的案例。

一个移动工具类应用，主要收入模式是广告收入，而近期的广告收益下降较多，即使在平时高点的周期点，收益也有下降，这时需要从数据角度找原因。

我们可以按照前面提到的数据运营的几个维度来分析。

首先要看用户的基础数据，看活跃用户和新增用户是否有减少；如果是新产品，基本上新增用户占活跃用户比例较大，新增的减少对于活跃用户数量会有比较大的影响。活跃用户减少，会直接引起用户的浏览时间减少，导致广告收入下降。如果新增用户减少了，那么必须找到下降的原因，是某个大渠道减少了投入，还是所有渠道都减少了。如果是所有渠道都减少了投入，是不是竞品做了某些推广，导致新增减少。如果是活跃用户减少，是不是产品本身的问题，导致用户无法使用；或者产品发布新版后，不能达到用户满意而流失了用户。

其次，从产品使用数据来看，必须确认产品相关的功能数据是否正常，如果功能使用数据没有太多改变，可以看一下广告模块是否出现了问题，导致广告无法正常展示等。还要看一下用户在有广告展示的页面的行为是否正常、浏览时间是否下降明显、广告的点击率是否变化明显等。同时，关注广告页面的产品设计及运营规则是否出现了调整，是否造成了广告展示频率的下降。

最后，从用户画像上来看，必须明确是否延续了原有的广告展示规则，是否根据用户的兴趣标签进行了广告匹配，广告内容是否让用户感到厌恶等。

要从数据变化中，敏感地从各个方面找寻出数据变化的原因，从而采取相应的措施。分析数据，本质上是根据数据变化找到对应的解决方案。

下面，再来看一个和用户运营相关的案例。

一个电商应用，在初期阶段开展邀请有礼活动，老用户通过微信、微博、短信、电子邮件等方式邀请新用户来注册、使用产品，每星期邀请来的注册用户最多并且达到一定值的老用户可以获得一台手机。数据运营人员对于这类和用户相关度较高的数据，应关注的是用户基础数据和产品使用数据。

首先是用户基础数据，基本上是和老用户相关。包括老用户分享的人数、次数、每种分享渠道的次数、每个渠道的点击数、转化为注册的人数、邀请到不同人数的老用户分布情况，以及新增用户的注册流失率及主要在哪一步流失。

然后是产品使用数据，基本和新用户相关。新用户到来后的活跃情况、使用时长、使用频次、使用轨迹、下单情况、付费转化率及后续1天、3天、1个星期、两个星期和1个月的留存情况等。后续能用到的数据就是与用户画像相关的数据，这些数据会更多地运用到前端商品的推荐上。

通过对用户基础数据、产品使用数据及用户画像数据的结合分析，基本可以判断出哪种渠道的分享拉新成功率最高（即注册为产品用户），哪个渠道的新用户质量最高（即新用户有消费行为），老用户对于这类活动的参与程度与反馈情况等。同时，要从成本环节来匹配送出的奖品与新增的用户之间的投入产出比，以及成本投入与活动新增用户产生的总销售额的投入产出比。通过以上这些数据，基本能够判断出开展的活动对于刺激新增是否有效。

6.2.2　通过正循环不断优化数据

无论是产品还是运营，在测试效果时都需要数据来佐证，其中用得最多的是A/B测试。A/B测试，又叫AB Testing，指的是某个产品功能或某个页面同时上线A、B两个版本，随机给一部分用户展示A版本，给另外一部分用户展示B版本，然后通过比较两个版本的实际效果，来确定最终将哪个版本正式发到线上。要注意的是，A/B测试更多的是部署在服务器端，以保证产品和运营需求能随时切换和调整。

比如，图6-3所示的产品，对某个栏目的展现形式做了A/B测试，图中左侧为单本图书展现样式，包括封面、书名、简介、热度及分类，图中右侧为横排展现样式，一行有3本，只展示封面和书名。如果A/B测试的目的是通过改变样式而增加书城首页顶部的图书收入，而两个样式展示的是同样内容，那就需要比较同等数量的用户在A和B版本下的产品收入；如果在一定持续时间内（通常至少7天）两者的收入对比，其中一个能比另外一个高5%以上，则通常被定义为有效。

通过A/B测试，可以获得用户对于不同的产品版本的实际反馈，通过对比找到产生问题的原因，通过不断的尝试和测试，达到正循环的效果。

图6-3　某阅读产品A/B测试

除了A/B测试外，不同工种的做运营的同学还必须充分了解与自身工作相关的数据，通过不停地尝试，将数据引入正向循环。

做内容运营的同学，需要关注和不断优化以下数据。

内容的展示数据：是否有足够的阅读量，阅读人数有多少，读完率是多少，用户停留时长是多少。

内容的转化数据：通过阅读能否引导用户有进一步的转化，付费人数是多少，付费金额是多少，什么形式的内容对什么类型的用户转化最有效。

内容的传播数据：有多少次分享，分享带来了多少用户和转化。

内容的用户数据：用户看完推送的内容还看了什么内容，看相同内容的用户有什么特征，相似的内容运用不同的展现形式，哪种更能促进用户的点击参与或付费。这些都需要通过数据来进行验证。

做用户运营的同学，关注的数据主要集中在以下用户数据。

用户基础数据：新增用户、活跃用户、流失用户、忠诚用户等在日、周、月、年的数据。

用户召回数据：通常用户在什么时候最容易流失，召回用户时推送什么内容效果最佳，对于付费用户是否采用更个性化的推送方式等。

用户价值数据：付费用户占比，付费用户行为习惯统计等。

活动运营和数据密不可分，活动效果基本可以从数据上看出来，并需要不断优化。

活动投放数据：每个渠道的宣传成本与参与用户数，哪种形式的宣传效果最好。

活动效果数据：每个活动上线后的浏览量、参与人数、参与率、参与活动的用户数据、获奖用户数据等。

活动成本数据：如何有效监控活动成本、单位用户成本，哪种活动形式的效果最好，这些都要通过数据进行分析。

渠道运营需要数据分析来提升渠道质量。

渠道基础数据：每个渠道的新增用户数、活跃用户数、流失用户数、用户留存数。

渠道成本数据：参与付费的渠道的单个广告位的展示量、获得用户数、单用户成本。

其实，产品和运营的每个阶段都伴随着数据运营，运营人员对每个模块的数据进行分析是为了更好地完成各自的工作。有的时候，将这些数据分析结果结合起来看，会发现一些很有意思的数据现象，可以从中为产品在未来的发展找到一些不错的方向。

6.3 小结

（1）数据运营是通过分析产品和用户数据，找出数据变化的原因，根据分析结果优化产品和运营，并对未来的数据走势做出预测，为产品决策提供合理建议，其最终目的是使数据得到有效增长。

（2）作为一名运营人员，可以从用户基础数据、产品使用数据和用户画像数据这3个维度来分析数据。

（3）千万不要忘记，很多时候数据推断都是靠猜测，这些猜测需要经过线上的测试反复验证，不断地校准数据，并得到更多的数据结论。

（4）有时候数据也会"骗人"，要相信数据，但不能只看数据。

第 7 章

其他运营工作

7.1 新媒体运营和品牌运营

前面介绍的几种运营工种，都是目前市面上需求较多的运营工种。还有一些运营的工作，也是目前比较流行的，如新媒体运营、品牌运营、电商运营、游戏运营等。下面，来介绍新媒体运营和品牌运营的工作。

新媒体运营，主要指的是在微信、微博、贴吧这些新型媒体上，通过内容或活动，吸引用户关注，最终将新媒体用户转换为产品用户的行为。这些做新媒体运营的同学，通常是"微博控""微信控"，大部分是年轻人，对新鲜事物充满好奇与渴望，希望通过新媒体的内容让用户更加认同产品或品牌。

7.1.1 全媒体运营时代已到来

新媒体运营，主要阵营集中在微信、微博、贴吧这类近些年比较火、用户量较高，同时又创造UGC内容的平台，如图7-1所示。其实，随着移动互联网的发展，越来越多的产品拥有了新媒体的特质——新鲜、好玩，拥有大量的用户量，可以通过发表个性内容吸引粉丝。今日头条、喜马拉雅甚至很多短视频的产品中，都可以看到新媒体的身影。笔者习惯将这些各式各样的新媒体统称为全媒体。

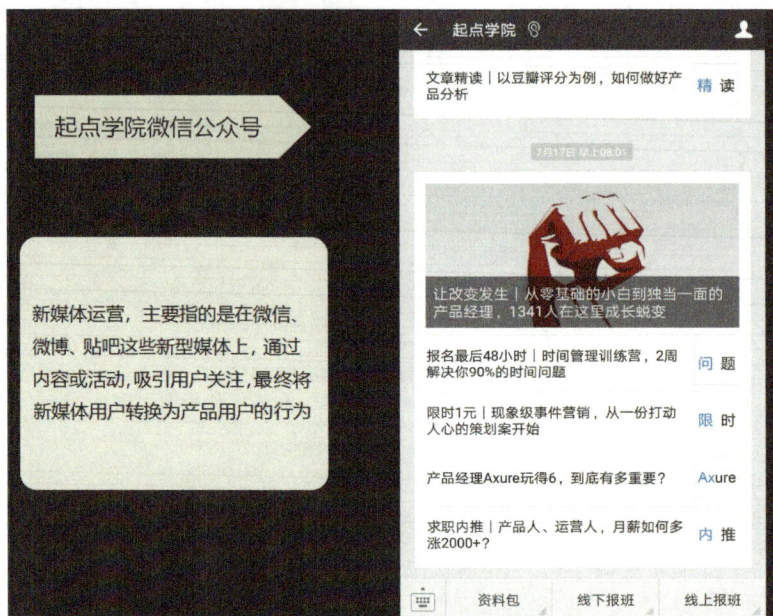

图7-1　起点学院微信公众号

做新媒体运营的同学，大部分时间都会琢磨通过什么内容和活动可以让用户关注自家的产品，或者让文章能够实现10多万的浏览量等。不要单纯地以为自己的工作就是做内容，在做内容之前一定要想明白做内容的目的——需要在内容传播的过程中，将产品的价值和理念传播给用户。要在了解自家的产品和用户群体后，确认内容传播的方向和规划。可以根据不同的阶段，对内容做不同的规划。比如，近期产品在推一组功能，那就可以为这组功能的场景做一些内容铺垫和介绍。

基本上，新媒体的内容创作要结合时间点、社会热点等，或者做一些让用户参与的互动活动。你所运营的一个新媒体其实就是一个产品，你需要通过内容运营、活动运营、用户运营和数据运营来提升用户对你所负责的"产品"的关注度。如果你的传播对象是特定的一个用户群，那么建议从与用户相关的专业性内容入手，可以在这些内容中增加一些"趣味性"或对常识有颠覆的内容，从而增加用户的点击欲。比如，你是一个军事产品的新媒体运营人员，你就可以策划一系列国家的军事舆情概述，然后再做一些市场上比较少见的古今军事案例的对比分析等等，就很有可能通过自传播达到增加粉丝的目的。如果你的对象就是普通大众，那么建议按知识传播、娱乐内容、有奖活动这几个方向来做运营，这样比较容易得到普通用户的认可。

做新媒体运营的同学经常会纠结于原创内容还是转发、编辑内容，其实无论原创或编辑，都各有利弊。原创固然更加真实，但是需要大量的素材和时间，成本较高；编辑内容相对简单，但是如果没有全新的立意，则不容易得到用户的认同。笔者建议大家结合自身的需求，如果有合适的素材可以利用，并且可以组合出更新的观点和看法，编辑也是未尝不可的，不必追求100%原创内容。如果有好的内容，则更容易激起用户的共鸣，一旦用户认可，内容的传播效果就会大大增加。

用户到来后，做新媒体运营的同学不能仅限于在自己的新媒体渠道内与用户互动，如果你的目的是为产品导量，就必须将目标用户转到自己的平台上，甚至是将用户转为付费用户。

做新媒体运营，首先要明确目的，新媒体在产品内部是什么样的定位：是给产品增加曝光度，是为了增加用户转化，还是为了在新媒体上做生态创新；其次要定位用户群体，确定新媒体的风格与内容；最后是新媒体推广与效果放大。

7.1.2　品牌运营体现隐性价值

目前，市场上有很多人将新媒体当成谋生的手段。有的人从微博时代开始，就不断地经营微博"大号"，到微信时代继续转载优质的自媒体内容，获得了大量粉丝，靠着广告和渠道推广，实现了财务自由；有的人在新媒体上开设网店，通过发布优质的内容，讲产品的故事，组建了属于自己的产品社群，让顾客成为产品的粉丝，每个月电商销售额能达到几百万人民币；有的人在线下开设实体店，以新媒体为入口，让用户成为粉丝，定期给用户发优惠券，刺激用户再次购买等。这些人基本都是借助和利用了新媒体渠道，做得风生水起的。

相比这些"游击队"，大型移动互联网公司在新媒体上的动作更类似于"正规军"。在新媒体上，大部分移动互联网公司没有打算盈利，主要是希望从这些渠道上取得用户的关注与认可，提升产品知名度。

　　现在各个产品都会在新媒体平台上开设自己的账号。开设账号的目的有两种，一种完全是为了市场宣传，提高品牌、产品的曝光度和知名度，这类工作有时与品牌运营的工作有很多重合。另一种是比品牌曝光更进一步的，除了让用户知晓品牌和产品外，还以新媒体为平台，通过内容、活动等吸引用户来使用自家的产品。相对来说，实现两种目的的工作方式有所不同。第一种更偏向于公关PR，目的是通过各种渠道（包括传统媒体渠道和新型的媒体渠道），放大品牌影响力，增加产品和品牌的曝光机会。此时，新媒体运营的目的＝品牌运营。第二种则更偏向于产品运营，只是这种产品运营是在自身产品之外的外部渠道来进行的，主要是在新媒体上找到产品的目标用户。这时，新媒体运营的目的＝市场运营。

　　有些人在讲到运营时，也会提到品牌运营这个运营工种。品牌运营的工作和品牌公关基本一致，目的是将品牌的各种活动和报道，通过媒体渠道进行传播，扩大品牌影响力，提升品牌形象和企业形象。由于目前传统的媒体渠道日趋衰弱，品牌运营借助的第一选择已经是新媒体渠道了。比如，之前很火的卓伟（此处卓伟是一个团队行为），在爆料众多明星新闻时，选用的媒体已经不是那些著名传统门户了，而是选择在新浪微博上爆料，也足以看到目前这些新媒体渠道的影响力之大（现在卓伟的微博账号已经不存在了）。品牌运营在很多公司里会由公关部门来负责，也有很多公司将新媒体运营的工作并入了品牌运营中。

7.2　最"苦"的电商运营

　　介绍新媒体运营和品牌运营后，来介绍笔者认为最"苦"的电商运营。电商运营就是为了收入而生的，电商运营的目的与运营最终目的一致——收入。所以你会发现虽然电商运营也"背"了各种各样的KPI，但是最终都会有一个和收入相关的数字KPI，这个数据也是电商运营最重要的指标。电商运营一般是指利用互联网和移动互联网渠道进行商品或服务销售，通过各种方式促进销售的运营工作。

7.2.1 来开个网店吧

如果你想做电商运营，最简单的进行了解的方法就是在淘宝上开一个网店。经过整个开网店的流程，你会对电商运营有一个比较完整的认识，甚至可能会比专业的做电商运营的同学更了解其中的流程，毕竟专业的电商运营的分工也是比较精细的。

要开网店，前提条件是你有货源。很多专业开网店的电商人都会有自己的特有的货源，这些货源和市场上的相比必须有一定的产品优势，同时也有一定的价格优势，这点是开网店的基础。如今其实大部分的淘宝卖家自己是没有货源的，通过线上分销平台或其他渠道代销他人的商品赚取差价，这种店铺往往比较难发展成为大卖家。要做好电商，货源是第一位的，没有货源也就没有商品，其他的都是"空中楼阁"。

下面，简单介绍在淘宝开店的流程（其他平台的流程只会更简单，不会比淘宝复杂）。首先，你必须注册一个淘宝账号，点击"我要开店"，然后用一张未曾用于在淘宝开店的身份证，根据淘宝的要求上传相应的照片，进行实名认证。现在有很多人都拿着别人的身份证开店，估计以后上传照片的要求会越来越严格。同时，需要学习淘宝的各种规章制度，一定要认真研究，很多问题在以后的开店过程中都会遇到，事先学习可以避免后续麻烦。通常实名认证需要1~2天，认证通过后，就可以上传商品了。这个流程比较简单，网上也有很多详细的介绍，笔者就不赘述了。

通过下面的这段关于电商运营的介绍，你会发现电商运营与产品运营有很多类似之处。

上传的商品是你与买家接触的通道，有3个重点环节不容忽视，包括商品的标题、主图和详情页，这点和之前做内容运营有很多一致的地方。标题一定要如实描述，同时要寻找淘宝上大流量的关键字进行补充，不要滥用关键字，否则容易被淘宝降权（降低搜索权重，降低商品被搜到的概率）。标题是用户搜到商品的第一条件，所以是重中之重。商品主图吸引观者的程度，决定了买家是否会进入商品详情页中，是促成购买转化的基础。图片要尽量展示出商品的优点，分为白底主图和模特图等。有条件的网店可以聘请摄影师和修图师，对商品进行专业的拍摄和作图，并将相应的图片上传为商品主图，还可以将图片编辑为短视频，以增加主图的推荐效果。买家决定是否购买，取决于商品详情页中的介绍是否满足其需求。一般来说，一个商品详情页必须包括优惠活动、商品宣传图、商品各方位细节图、商品的产品参数、售后保障、品牌介绍、店铺介绍、其他买家评价等元素。商品的详情页描述越充分，用户

就越放心，转化为购买的成功率就越高，所以整个详情页的页面布局很重要，一般这些都是由专业的电商设计师来完成的。做电商商品展示，这3点一定要牢记：标题是关键，主图是重点，详情促成转化，如图7-2所示。将这3个重点环节完成后，才能保证有买家会光顾你的商品，才有可能有成交行为，并且可以进一步做一些其他的运营优化，如商品卖点、商品问答、商品评价的优化等，

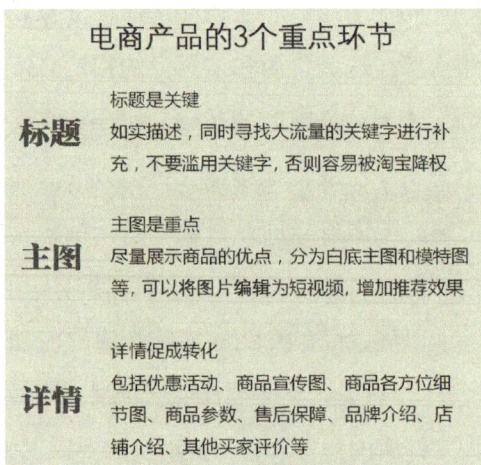

图7-2　电商产品的3个重点环节

这些也会对购买转化有一定的作用。这点和内容运营很像，其实每个商品都是你的一篇内容，体现着你的店铺（产品）的整体风格。

　　上传商品后，下一步就是开设店铺了。在淘宝上开设网店，前提是上传的商品必须达到10个以上。当达到要求后，就可以在淘宝上给自己设置一个响当当的店铺名字，填写店铺的基本信息，找专业的设计师设计店铺首页和相应的二级页面。淘宝店铺的风格可以说是千店千面，但是有一些基本元素是一致的，如店铺招牌、店铺商品分类、店铺促销模块、新品推荐模块、分类推荐模块等，要结合自身商品和主要的目标买家来设计页面风格。有一点一定要记住，现在淘宝和其他电商的主要用户都是通过手机访问，所以移动端的店铺装修更加重要，和PC端保持一致的基础上，还要为

移动端添加一些适配程度更好的设计样式。

商品、店铺都齐全后，一个淘宝店铺就算正式上线了。上线之后要利用所有的资源推广店铺，如果店铺有主打的商品是最好的，将推广的资源都利用到主打商品上。电商商品和其他的产品是一样的，都遵循"二八法则"（即20%的产品获得80%的收益），少数的主打商品创造了更多的销售和利润。在推广的前期，很可能需要零利润甚至是用亏本的价格来吸引用户购买。目前淘宝上能利用的推广资源还是比较丰富的，从免费到付费一应俱全，如图7-3所示。电商运营人员可以关注淘宝的"淘营销"频道，上面既有免费的推广，如店铺活动、红包、优惠券、套餐组合等，也有淘宝官方和第三方合作的付费推广，包括大家都很熟悉的直通车、淘宝客、淘金币、天天特价、类目活动等。电商可以根据自己能承受的成本压力，有计划地进行运营推广，先尝试免费资源，然后逐步尝试付费资源。等到店铺的销售进入稳定期之后，开始尝试提升商品的价格，以增加盈利。

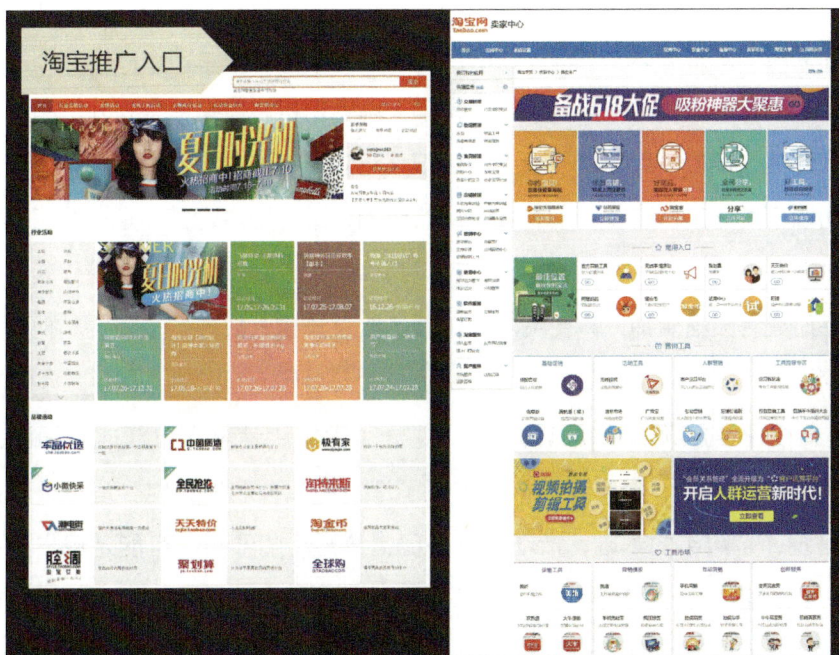

图7-3 淘宝推广入口

每个付费资源都有完整的一套理论体系，如淘宝直通车，是淘宝最早开始尝试的付费资源，推广至今已经有好几年的时间了，整体的操作类似百度的"竞价排名"，需要结合商品和数据进行实时精细化操作，适合有一定推广预算的店铺；再比如，淘宝客，也就是现在的淘宝联盟，是需要针对不同的推广资源制订推广计划的，计划的设置也是采取阶梯式与目标式两者相结合，需要根据数据不断调整、优化，也需要不断寻找合适的淘宝客。还有大部分人都很期待的淘宝官方大型活动，如"双11""双12"这类活动，也是有免费资源和付费资源之分的，免费资源相对简单，如打标、参与大促等，基本只要有一定销量都可以实现；付费资源除了付费外，还需要商品的销量排名靠前才能参与，要求也相应较多。这里对淘宝营销活动的介绍相对比较简单，就不展开说明了。

有了销量后，你会发现淘宝提供了很丰富的数据分析功能，从免费到付费，一应俱全。商家关心的就是商品的展示量和商品的购买转化、总体销售情况，还有就是对于客户的维系。这些在淘宝卖家服务市场，有相应的工具可以帮助大家，建议多去看看。专业卖家通常会购买1~2款专业的付费服务，来帮助提升销量。电商的数据分析和前面讲到的数据运营一样，每一个数据都关系到销售，需要逐个去分析和突破。

店铺到达一定规模后，就需要考虑精细化运营。比如，建立完整的客服团队，不同客服司职不同分工；建立店铺和品牌的粉丝圈，进行用户运营，定期给用户发布感兴趣的内容并推荐商品；在供销平台注册成为供销商，让其他卖家来为你卖商品；甚至可以注册成为天猫店铺，享受淘宝和天猫的双重流量，或者到京东等其他平台继续拓展电商渠道。

经过一系列的工作（如图7-4所示），一个淘宝店铺就有可能成长为淘宝平台上的同类目中的大户。电商运营集中体现了运营的几种职能：内容运营，对商品的管理和呈现，是购买的基础；活动运营，促销等活动的参与，可能是用户购买的直接原因；用户运营，对于老买家和新买家的管理和召回，刺激二次转化；市场运营，从外部寻找渠道，为自己的店铺和商品导入用户；数据运营，电商的每一步都与数据相关，要时刻关注数据，并从数据中找到突破点。可以说，一个淘宝店铺就是一个产品，运营的每个环节都必不可少。所以，笔者一直认为电商运营是运营的集大成者。

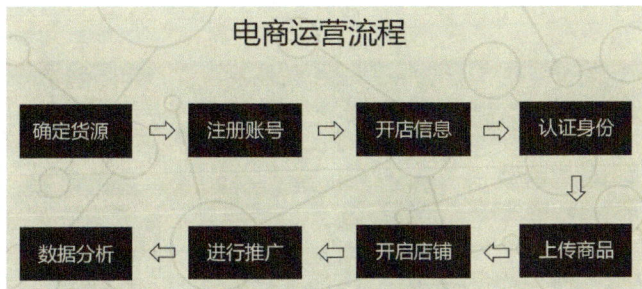

上传商品、进行推广和数据分析，是一个不断循环的过程。电商运营集中体现了运营的几种核心职能

图7-4 电商运营流程

7.2.2 电商平台都做些啥

很幸运，笔者有不少在大型电商平台工作的朋友，经常从他们那里听到关于电商平台工作的那些事情。

正如前面讲的，如果你开过淘宝店铺或天猫店铺，你就会大致了解到电商工作的流程。如果电商平台有自营的业务，那么也和淘宝店一样，需要有人专门负责商品上传审核、商品图片拍摄、详情页制作、客户服务等。如果是以平台型电商为主的电商运营，那么更多的就是第三方的卖家和资源的整合。比如，会有专门和卖家对接的商家运营，有负责活动的促销部门，有负责整个平台技术的研发部门，有专门负责电商规则的政策部门，等等。

以大家都很熟悉的京东为例，基本上整个京东商城的部门架构和功能设置分为4种类型：主要负责销售的各大类目的事业部、综合管理部门、研发等相应体系和海外业务等几个部分。类目销售事业部，主要面向商家，直接对销售结果负责，包括了京东商城的7大事业部：3C事业部、家电事业部、大服饰事业部、消费品事业部、居家生活事业部、生鲜产品事业部、新通路事业部；综合管理部门包括办公室、人力资源与行政管理部、战略部门、综合部等部门；研发等体系涵盖了研发体系、营销平台等部门；海外业务包括了海外业务部等部门，如图7-5所示。

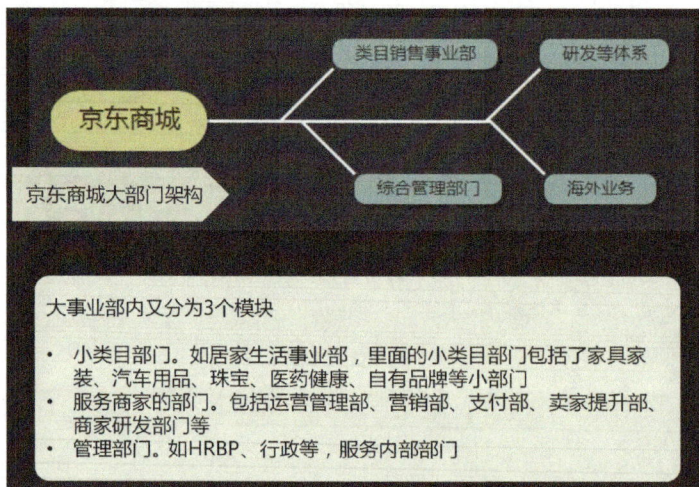

图7-5　京东商城部门架构

从上图基本可以看出电商运营的业务主要集中在各大事业部，那么我们再来看一下各大事业部里的职能分配。基本上，各个电商负责具体运营业务的部门的职能架构都差不多。还是以京东为例，某大事业部中，基本可以分为3块，首先是小类目部门。如居家生活事业部，里面的小类目部门包括家具家装、汽车用品、珠宝、医药健康、自有品牌等小部门。这些部门的同学的主要工作就是对接商家，完成带领商家入驻、商品上传审核、后期活动对接等工作。然后是服务这些商家的部门，包括运营管理部、营销部、支付部、卖家提升部（京东内部部门的名字）、商家研发部门等。这些部门基本都是为了使平台能够良好运行所设立的支撑部门，互联网传统意义上的产品和研发基本都在这些部门中。再有就是类似HRBP的管理部门，是为以上这些内部部门合作而服务的。

从上面的介绍不难看出，基本上一个电商平台的运营工作都集中在负责销售的各品类部门中。除了传统意义上的电商自营外，电商平台还要承担对接商家各种问题的商家运营、各种活动促销的促销运营、各种规章制度的规范运营等工种。当然，现在各大电商也在积极推动内容化，所以内容运营、社区运营、直播运营等运营工作在电商平台上越来越多。

7.3　小结

（1）以微信、微博、今日头条为代表的新媒体运营正在成为人们获取内容的主要途径，要做好一个产品的品牌运营，必须借助这些新媒体渠道的力量。做新媒体要明确目的，好的新媒体是通过内容或活动吸引用户，并帮助产品转化用户的。

（2）作为离钱相当近的运营工种，电商运营可以说是运营的集大成者。要了解电商运营，最好的方式莫过于开一个网店。做好一个网店和做一款产品其实是一样的，并不是想象中那么简单，包括解决用户需求及各种运营工作。

（3）电商大平台的运营则比店铺运营要复杂得多，除了自营电商外，平台上还有商家运营、促销运营、规范运营等运营工种。

（4）除了新媒体运营和电商运营外，还有游戏运营、直播运营等运营工作，和其他运营都有着类似的地方，但也需要一些垂直的行业背景。

第8章

运营思维那些事儿

8.1　运营人的能力模型

之前给大家介绍了移动互联网运营工作的各种分工，你会发现基本上所有的运营都是围绕着用户新增、用户管理和扩大收入这3个核心展开的，这也恰恰与运营的目的相吻合。笔者认为，运营本身是一项看似简单而实际复杂的互联网工作。要做好运营，是需要一些天分的，除了天分外，还有很多必备的知识体系在日后的工作中会用到。

第一，也是最基本的是各种基础能力（反映智商），如收集信息能力、逻辑思考分析能力、策划力等；还有个人素质（反映情商），如执行力、学习能力、沟通能力、协调能力等，这是在各个不同公司，任何岗位都需要的。

第二，是对产品和战略的理解能力。作为一名合格的运营人，必须能够从大局了解产品的战略定位，产品的本质需求是为了解决什么问题、有哪些场景相匹配、同类型的产品是怎么做的及这类产品该如何运营等。产品人需要具备这种基本能力，运营人也需要具备大局把控能力和对产品的理解能力。这里需要学习管理学、传播学等综合知识。

第三，是研究用户的能力。做运营，其实就是将产品推向用户，并让用户埋单，所以对用户的了解显得尤为重要。如果能了解使用该产品的用户具有什么样的特点，自己的产品面向的目标用户的心理状态是怎样的，会对运营有很大的帮助。研究用户需要掌握心理学相关的知识。

第四，是有商业化的头脑。绝大多数产品到最终都需要实现商业化以实现盈利。需要运营人思考如何在不影响用户体验的情况下，逐渐将商业化渗透到产品中并让用户埋单。这方面需要运营人具备经济管理方面的能力和创造性思维。

第五，是需要统筹能力。做任何产品的运营，都需要完整的计划，从策划、执行到总结，应清楚如果中间的流程遇到意外应如何处理，每一步流程都需要运营人精密的安排。拿到一个任务，应该先拆解目标，找到更容易有产出的地方，然后分步骤梳理需要做的事情。需要运营人具备统计决策相关的能力。

第六，是数据分析能力。这点前面讲了不少，运营的每一个环节都离不开数据分析，通过数据分析能确认运营工作是否有效。这方面需要运营人员掌握统计学和信息学相关知识。

第七，是具备目标导向的意识。运营的很多工作都是可以量化的，有一些KPI和OKR（Objectives and Key Results，即目标与关键成果法）可以进行衡量，为了实现目标，需要运用各种运营方式。运营过程中需要将创造性思维和互联网思维相结合。

除了以上这些，运营人还必须是"有心人"。作为一名运营人，必须善于发现、善于思考，生活中的点点滴滴都可以尝试和运营相结合。当运营人员看到新的事物时，应该展开联想，考虑自己的工作中是否有值得借鉴的地方，并勇于尝试。这点恰恰是最不容易实现的，需要有较多的运营经历后才会逐步具备这方面的能力。

结合目前市场上对各类运营人的需求，笔者将前面提到的运营人应该掌握的各种知识体系和能力进行了汇总，如图8-1所示，图中的A、B、C仅代表该类运营工种对于某项运营能力的需求强弱，此外只是一种概况，并不代表全部情况。

做内容运营的同学，应注重培养对内容把控和内容策划的基础能力，必须对产品、用户及战略有很深的了解，才能找到合适的内容推荐给相应的用户。同时，部分做内容运营的同学并不直接背负商业化的目标，所以在商业化方面的要求没有那么高。由于做内容运营基本都是负责策划和推荐内容，基本上只需要和少部分人沟通，对于统筹能力的要求也不高。内容运营人员需要有数据分析能力和目标导向的意识，才能将内容运营做好。

运营人的能力模型

各项能力	内容运营	用户运营	活动运营	市场运营	数据运营	新媒体运营	电商运营
基础能力（反映智商）：收集信息能力、逻辑思考分析能力、策划力	A	A	A	B	A	A	A
个人素质（反映情商）：执行力、学习能力、沟通能力、协调能力	B	A	A	A	A	B	A
产品和战略理解能力	A	A	B	A	B	B	B
研究用户能力	A	A	A	B	B	A	B
商业化能力	B	C	B	C	C	B	A
统筹能力	C	B	A	A	B	B	B
数据分析能力	B	B	B	A	A	B	B
目标导向意识	B	A	A	A	B	B	A

几乎所有的运营工种都需要运营人员具备较强的基础能力和个人素质。不同类别的运营侧重点不同，在每个方面要求运营人员能力的高低也略有不同

图8-1　运营人的能力模型

做用户运营需要有很强的沟通能力和策划力，要想办法将产品推广到更多的用户群体当中。用户运营的同学要非常了解产品和用户，才能为活跃用户奠定基础。用户运营通常较少会接触到商业化方面的需求，所以在商业化方面的要求略低。用户运营人员需要处理较多的事项，同时也需要具备一定的数据分析能力，以了解哪些策略是有效的。同时，做用户运营的人通常会制订一定的目标，所以需要有较强的目标导向意识。

做活动运营的同学，需要有很灵活的头脑，涉猎广泛并且能融会贯通，需要经常策划出一些很有意思的活动。活动运营的基本目的是吸引用户参与到活动中来，提升产品活跃和产品用户数，或者引导用户消费，所以需要做活动运营的人对用户有很强的理解力和商业能力。同时，由于活动通常会涉及多部门的沟通、协调，周期调整，以及风险控制，等等，所以需要有很强的统筹能力。活动结束后，需要对活动数据进行分析，复盘活动过程，总结和梳理活动经验，明确活动是否实现了活动目的，所以

数据分析和目标导向的能力都是必不可少的。

做市场运营的同学，基本都有比较明确的工作内容与工作方式，应更加注重培养市场渠道的开拓能力与沟通能力。做市场运营，同样需要对产品和用户有足够的了解，才能清楚如何将产品推送给合适的用户。目前的市场运营，除了部分做商业渠道运营外，基本上都是以推用户为主，比较少会涉及商业收入。做市场运营的人通常都需要与对外、对内的很多部门接触、合作，所以需要较强的统筹能力。同时，要背负一定的数据指标，所以对数据分析能力及目标导向意识都有较强的要求。

相对来说，数据运营是更加专业的运营工种，需要工作者对产品和用户有一定的了解，不需要过多的商业化能力；更加注重的是对产品内外的数据点进行分析，挖掘有问题或可以提升的数据点，然后提出合理性方案。相对来说数据运营的内外沟通较少，但是也需要制订一定的目标。

新媒体运营，比较像内容运营、用户运营和活动运营的合体。对工作者的各项能力都有一定的要求，更加注重的是专业的基本能力，必须具备文案、策划、活动及对用户的研究能力。后期还会涉及一定的商业化变现能力及数据分析能力等。

电商运营，和前面所说的一样，因为是离钱相当近的工作，所以对各项要求都较高。一个好的电商运营人员，对产品和用户有比较深入的理解，可以根据这些特性策划出好的活动，从而收到比较好的效果。电商运营人员必须对于数据非常敏感，能够从很小的数据点找到促进销量的方法。同时，做电商运营的同学通常都要背负较高的KPI。

作为一名优秀的运营人，应该提升自己在各方面的能力。前面提到的不同运营工种有一些能力需求较强的点，正是运营人需要提升的地方；那些目前看起来需求较弱的点，则是运营负责人在未来需要加强的点。

8.2　做运营要有天分

笔者认为，做运营是要有天分的。不单是运营，生活中很多事情，天分是很重要的，体育、娱乐及工作，都是如此。有天分的人，会比没有天分的人更容易做好运营。比如，你天生是一个爱和别人交流和分享的人，那么做用户运营就会更容易上手；你对内容很感兴趣，那么内容运营对你来说就不会是难事；一个数学好的人，来做数据分析会易于上手。如果你同时是一个善于发现、善于思考和总结的人，那么你就真的很适合做运营。

8.2.1　运营的核心竞争力

有个故事，小A和小B分别是一条街上紧挨着的两家饭馆的店主，两家饭馆的装修和菜品都差不多。同样都是做餐饮生意的，都是每天早上9点到晚上9点营业，一年之后，为什么小A的饭馆客似云来，而小B的饭馆却门可罗雀呢？经过分析你会发现，小A店铺做得好，因为他会仔细观察每天的顾客，他们什么时候来的密集，什么时候爱吃些什么，甚至连小B店铺什么菜拿手都了如指掌。通过分析，小A发现了应该在什么时候给顾客什么优惠，从而吸引更多的人来自己店里。因为这条街只有固定的市场规模，那么做得好的小A的店铺一定会爆满，做得不好的小B最后就是以关店收场。虽然是线下的实体生意，但是也要会做运营：你是否了解自己的产品、了解用户，是否制订了正确的销售策略。所以说运营也是一样，如果每天只是"埋头傻干"，只是敷衍地做好领导交代的一些工作，而没有仔细思考背后的关系和逻辑，不想着自我突破，那么就只能永远是个"小运营"。

笔者认为，一个合格的运营人，需要具备的能力包括观察力、想象力、创造力、表达能力、执行力、沟通能力、对数据敏感的分析能力等。这其中，运营的核心竞争力就是观察力、想象力和创造力。

观察力，包括对产品的了解、用户需求的了解、竞品的了解及对生活中各种细微之处的观察。一个合格的运营人会让自己在面对各种产品时，能看清背后的本质。比如，拿到一款图片工具型产品，发现修完图会要求分享，那就说明这个时期产品正在扩大用户群，很可能为后期的社交做铺垫。一个很火的电视综艺节目，里面的亮点和

"槽点"在哪里，有哪些好的方式可以运用到自己的产品内，或者是否有可能建立起这档节目与自己产品之间的关系？这些都属于观察力应触及的范畴。

想象力和创造力，是指根据各方面观察到的结果，想象出新的方式提供给用户，让用户得到满足，这需要配合不断增长的经验。很多时候，这些想象和创造出来的东西是全新的，没有尝试过的，那也未尝不可，只要经过完整的产品和运营设计，就可以上线进行小范围尝试，效果好再全面推广。比如，一款WiFi工具，为什么不能基于地理位置做社交或O2O？为什么电商购物不能让买家与卖家直接用视频沟通，而还是通过传统的聊天方式？这些事情都是需要运营人员大胆想象出来后去小心尝试的。

一名好的运营人，一定是身经百战的。每一次"战役"都会让运营人从中学习和掌握更多的方法和经验，不断提高TA的观察力和想象力，使观察更细微，想象更合理。所以，想成为一名出色的运营人，要多看，多想，多试！

8.2.2　5点运营思维助你更高效地做运营

如果前面讲的是运营人应该具备的硬性知识和软性条件，那么下面讲的运营思维则可以说是加分条件。

首先，这里所谈到的运营思维只是笔者对自己多年运营工作的一些总结，具有一定的借鉴意义，主要是一种经验，具体到个人没有对错之分，只有是否适用之说；其次，运营思维这种看起来比较虚幻的东西，用简单的文字不一定能完全说清楚，有时需要根据案例具体情况具体分析。市面上的各种运营思维并不都是"圣经"，切勿盲目跟风，重要的是能理解运营思维中的精髓。

1. 要为用户创造价值

每一名运营人必须为自己的产品负责，更重要的是要为用户负责。切记，只有从用户角度出发的运营才会真正得到用户的认可。用户使用产品的内因一定大于外因，各种运营刺激仅仅只是刺激，能否利用刺激留下用户，是运营人需要思考的问题。

做任何产品的运营时，虽然是背负着公司和产品的目标，但是要知道，你的运营要能够为用户带来一定价值，才会有意义，如图8-2所示。切勿为完成KPI，做一些对用户无任何帮助却能达成KPI的事情。比如，最近共享单车很火，市面上的几家共享单车都开始打"红包战"，用户骑车不但不需要付钱，反而能获得一定价值的红包。看起来似乎很热闹，但是大家的目的其实是在争夺市场份额，如果用户本身没有骑车的需求，只是为了红包而去骑车，这种用户最终能留下并转化为日后活跃用户的可能性是比较低的。诚然，发红包对于占领市场是有一定帮助的，但是如果大家能将这部分预算投入到车辆的升级改造中，或是推出一系列更高级、更好骑的单车，只限高活跃用户使用，是不是能给用户带来更大的价值呢？

图8-2　摩拜与ofo

2. 要学会坚持

很多时候，运营工作是单调而乏味的，每天会重复类似的工作，而且可能在很长的一段时间内看不到明显的成效。面对这种情况，你有两种选择，一是继续坚持目前的运营方式，找到不合理的地方从而改进、优化；二是放弃目前的运营，找一种全新的运营方式来投入。

以笔者的经验来说，运营是需要坚持才能看到效果的，这个时间可能是1个月，也可能是半年或更长时间。原因有两个方面：首先，你选定目前的运营方式，一定是与产品、研发等内外部门共同讨论得出的方案。通常情况下，这些人和你一样都比较了解用户的需求，基于用户画像最终确定的运营策略不会有太大的偏差；其次，有可能是因为你的产品原来根本不做运营，或者运营方式转变比较大，所以用户需要一个适应的过程。同时，如果你坚持了一段时间的运营而临时有比较大的调整，对于原来已经适应了的用户又需要重新来适应，可能会导致用户的流失。这方面最好的例子就是微信公众号的运营，如图8-3所示。一个公众号可能需要做很久的内容调整，才会知道什么样的内容适合向产品的微信用户推送，能和产品有良好结合，同时又能增加用户的点击量。

图8-3 微信公众号运营

3. 选择适当时机引导用户

很多人都说用户就是上帝，用户说什么就是什么。其实有时候并不是这样，在适当时机运营人必须教育和引导用户。

教育和引导用户一般出现在两种情况下。一种是产品内有比较大的调整，不论是界面还是功能上的调整，可能让用户难以适应。面对这种情况，产品人员需要最先发力，给用户很好的操作引导，不能让用户进入产品后无所适从。而运营则需要通过一些运营活动或互动来引导用户使用某些功能。比如，某个输入法产品上线了换肤功能，完全可以是上线皮肤制作大赛，或者让用户分享自己上传的皮肤等活动，来吸引用户使用该功能；还有一种是运营本身的调整，如原本产品的运营内容可能只有直播，现在加入了短视频等内容，这就需要引导原本关注直播的用户同样去关注短视频。此时要求短视频具有很好的内容性及产品体验，然后运营用各种方式来推荐用户收看短视频，如图8-4所示。

图8-4　某视频播放器产品从工具到提供直播内容

4. 逆向思维：从结果反推过程

运营人经常背负的指标：用户指标或收入指标。两者都需要从最终的目标进行反推，拆解指标，评估需要从哪些方面入手，每个方面能完成目标的多少部分，花费多少时间和成本等，这样才有利于完成目标。

做运营最怕的就是有了目标后，不知道该如何入手。有了目标后，需要反推出实现这个目标需要哪些工作、哪些是产品的、哪些是用户运营的、哪些是市场相关的，然后将这些都进行完整的分解，每个部分需要做些什么才能完成工作。举个例子，一个知识付费的产品，需要下个月完成 800 万元人民币的销售目标，比之前提升 5%，我们就需要从这个目标来反推出需要的过程，如图 8-5 所示。首先，看一下这 800 万元人民币的分配，分解一下各个不同产品形式的比重，如付费音频内容 500 万元人民币，付费图文内容 250 万元人民币，付费问答 50 万元人民币。下面，就要分解每个部分如何完成相应的目标。音频部分的 500 万元人民币，反推出新作品需要 25 部，根据之前渠道的销售成绩及对比上月的收入比例，分析出渠道需要比之前新增 1 个，同时还需要对原有作品进行二次包装销售；图文内容部分与音频类似，分析出需要 25 部新作品与 1 个新增渠道，并且也需要二次销售；问答部分，分析出需要新增多少"大 V"，同时需要产生至少 100 个付费问答。其他部分因为销售额要比之前提升 5%，所以需要相应提升用户基数，同时希望能够通过各种方式提升用户的转化率和对产品的黏性等。

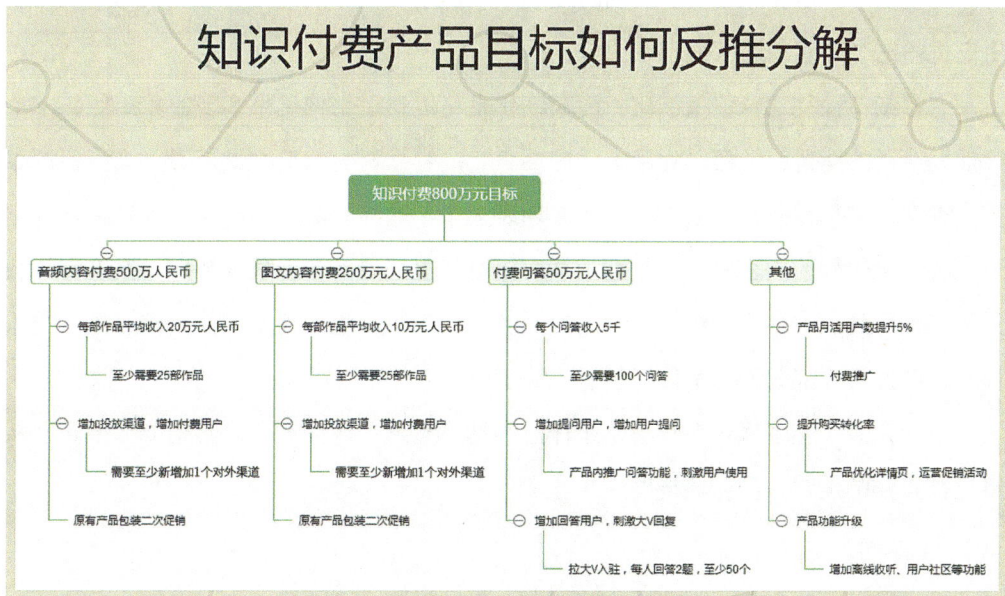

图8-5　如何反推分解知识付费产品目标

相信细心的同学会发现，如果将这些都完成，总收入会高于 800 万元人民币，但是由于很多不确定性，所以在制订计划和分解指标时，必须定的比既定目标高一些，留作buffer（留一部分作为缓冲或后备）。后面我们在讲解如何制订运营计划时，会举具体的例子，介绍如何制订和完成一个好的运营计划。

5. 抓重点同时不能丢细节

在工作中，很多事情都遵循"二八法则"。所以，在工作中，运营人员要尽量找出能获得80%收益的那部分工作，尽全力去做到完美，要知道这部分重点工作会决定你的整体业绩。

在做运营时，也要先抓住最重要的一些资源，进行合理利用。可以将这些资源进行包装后，给其他合作方看，当合作方同意后，就可以将他们也加入包装案例中，再去寻找更多的合作方。利用这种"滚雪球"的方式，可以聚拢更多资源。

下面讲解的内容也许与前面的有点矛盾，但是实际工作中经常遇到类似的情况：在抓住重点的同时，细节不能丢。要知道有时你要面对千万级的用户，用户会有各种各样的要求，所以在抓住重点的同时还必须注重细节，不能因为一些低级的错误，让用户觉得这个产品的运营很不专业。

专注细节往往意味着精细化，而精细化是可以通过结构化来实现的。比如，一个微信公众号的运营，就可以利用上线排期表、内容素材表、数据记录表、推广资源表等各种文档来尽量做到精细化。上线排期表记录不同时间的内容排期，内容素材表记录了各种比较好的内容素材，数据记录表记录了上线后的各种数据情况，推广资源表记录各种可利用的推广资源及推广的数据情况，等等。将运营工作拆解成可执行的流程后，会发现大部分细节工作已经被完成了。

以上几点是笔者通过多年运营工作总结的具有通用性的经验，希望能够给正在从事运营工作的运营人员一些帮助。

8.3　难以理清的产品和运营

目前，在移动互联网公司里，产品和运营基本可以说是"难兄难弟"，有时是相互依存的，而有时会互相"找茬儿"。

在腾讯公司，与产品相关的工作有两种方向，一种叫产品运营，一种叫产品策划，各自的下一步发展目标都是产品经理。大部分的成熟公司，产品和运营是并行的两个部门，两者也负责不同的业务：产品人员主要负责将产品形态呈现给用户，如产品的某些功能或商业化整体逻辑设计；运营人员则负责将产品中的效果放大，如制作更好的内容以黏住用户，或者利用活动提升商业化收入。正常情况下，一个成熟公司的运营人员需求是高于产品人员需求的。而正处在成长期的公司，一般对于产品的看重是大于运营的。因为只有在产品有足够的用户和影响力的情况下，运营的作用才会更加凸显。这也就是为什么市场上的产品需求会大于运营需求的原因。在成长期的公司，一般也会将运营直接放在产品部门中。

很多人都搞不清产品和运营的区别，作为既做过产品又做过运营的人，笔者可以帮助大家进行了解，如图8-6所示。

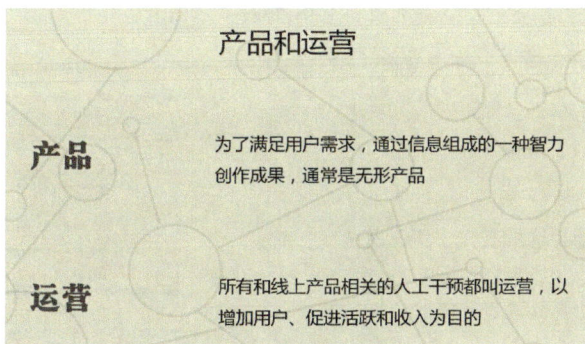

产品和运营

产品 为了满足用户需求，通过信息组成的一种智力创作成果，通常是无形产品

运营 所有和线上产品相关的人工干预都叫运营，以增加用户、促进活跃和收入为目的

图8-6 产品和运营

8.3.1 产品和产品经理

通过互联网搜索"什么是产品"，会得到6000多万条搜索结果（搜索"什么是运营"得到的结果只有1000多万条），可见现在大家关注产品的热度。关于产品的定义，相信每个人都有自己的答案，百度百科的答案相对准确："产品是指能够提供给

市场，被人们使用和消费，并能满足人们某种需求的任何东西，包括有形的物品、无形的服务、组织、观念或它们的组合。"这里所说的产品包括了有形的产品和无形的产品。笔者认为，互联网层面的产品定义应该是"为了满足用户需求，通过信息组成的一种智力创作成果，通常是无形产品。"产品从诞生之日起，就承担了满足用户需求、解决用户痛点的职能，也以此作为产品人追求的目标。

那么，通常我们说的产品经理又是如何定义的呢？

基本上，可以将产品经理理解为"产品的父母"，产品人员收集和整理了各方面的需求和意见后，将产品策划、设计出来，跟进产品的研发过程，将产品推向市场，并伴随产品不断成长将其改造、优化。产品也分为不同的方向，有的公司将产品岗位分为产品策划、产品策略和产品运营，三者分别侧重产品设计、产品数据分析整合及运营；有的公司会根据产品的职能划分，将产品分为前端产品、后台产品、数据产品和商业化产品等；有的人将产品分为 To B（面向企业用户）和 To C（面向个人用户）。

产品人员的工作主要包括产品定义、产品调研、产品设计、产品验收和产品上线，如图8-7所示。

产品人的工作主要包括这5个部分，产品上线后还需要不断地维护、更新，并进行产品成熟后的商业化设计

产品定义
产品调研
产品设计
产品验收
产品上线

图8-7　产品的主要工作

产品基本可以理解为要将产品做成什么样子。

产品的出发点是解决用户需求，后期有什么样的延展性，以及商业模式的设想。产品初期一定是围绕着一个点展开的，要明确这个点是为了解决什么问题，如陌陌当

初就是为了解决陌生人社交，手机卫士就是为了清理手机让手机更安全、高效。过多的需求点会使产品和用户都"不知所措"。明确了产品的突破点后，还需要找出用户选择你的产品的理由。最后，还有很重要的并且是大部分产品人都会忽视的一点，就是产品的商业模式——通过广告做增值道具，还是会员收入？这些都需要产品人员在定义产品时有比较明确的方向。

产品调研：验证产品定义的正确性，通过用户的调研使产品有更明确的方向。

有了产品的基本想法后，需要通过对需求的验证，来证明产品的可行性。基本上产品调研是从两个方面下手的，一方面是用户的需求调研，另一方面是市场同类产品的调研。用户的调研可以分为定量和定性的，定量的方式多采用调查问卷，定性的方式多采用用户访谈的形式。两者相结合后，得出用户的准确需求，并对目标用户进行画像。比如，做一个微信公众号，目的是解决首次装修的年轻业主的各种难题，并为其找到合适的解决方案。目标用户就应该是一、二线城市的伴随互联网成长的首次置业的"80后""90后"。至于市场调研，基本上可以说是对竞品的调研，看看同类的产品是怎么做的，他们的产品的突出之处是什么样的，有哪些痛点是用户无法接受的，有什么可以突破的点。有了用户调研和市场调研后，产品人员就会比较明确自己的产品是否会有市场前景，以及需要怎么做才能赢得用户。

产品设计：基于产品定义和产品调研的基础，将产品原型与逻辑机构梳理出来，交给研发人员开发。

首先应该是先有一份业务流程图，将整体的业务框架描绘出来。如一个电商业务，核心的流程一定是商品的上架、商品的销售、商品的配送和售后。先将业务流程图中的主干都画出来，然后再将各个分支补上。将所有的流程图理顺后，可以和研发运营人员做个大概的沟通，看看是否有需要调整和补充的地方。内部确认没问题后，就可以开始写产品需求文档了。产品需求文档必须将基础功能、主要功能和次要功能都描述清楚，还必须注意除了前端给用户看的各种模块的需求描述外，还需要有后端的后台需求描述及埋点等数据的需求描述。在撰写需求文档的同时，需要将产品原型一起补上，里面的基本界面构成和交互，都应该由产品人员来设计完成。这些都完成后，你就可以拉上研发、测试、运营、设计等团队成员一起来讨论需求，确认工期了。

产品验收：产品在研发过程中遇到的各种问题都需要产品来确认，产品人员必须保证产品在推向用户时，是按照预期的方式来实现的。

产品在确认需求后，就进入了研发阶段，这个过程中产品人员和研发人员和测试人员不断沟通，一些在需求阶段没有考虑周全的问题或技术不好实现的问题，都需要产品人员在此时挺身而出拿定主意。同时，要实时跟进产品进度，产品上线前一般都要经过程序员自测、功能测试、性能测试、兼容测试、后台测试、压力测试和回归测试等。产品人员需要事先和测试人员沟通，确定测试用例，确保用例能包含产品需求文档里的所有需求。

产品上线：产品推向市场后，配合运营找到种子用户，根据用户反馈及时调整产品。

产品上线后，应该也是产品人员最紧张的时候，"自己的孩子"是否得到了用户的认同，是否能打响产品的"第一炮"。这时，产品人员需要和运营人员一起配合，通过活动或推广，尽快找到产品的第一批用户，建立用户沟通群等。关注用户的数据行为和反馈情况，为后面的产品计划做准备。经过一段时间的打磨和完善后，产品进入成熟稳定期，还需要设计产品的商业化方向；一定记得尽量使商业化显露于无形中，即用户在使用产品时不知不觉地就体验到了商业化的模块。

笔者想到了产品"教父"张小龙说过的一句话："好的产品是用完即走的。"笔者觉得这句话一定是需要分析并理解的。用户使用普通的工具型产品就是为了能实现某种目的，"用完即走"说明产品满足了用户的需求，并且用户每次用这类功能时都能想到你的产品。其他一些需要更多发展的产品，"用完即走"就不合适了，如微信，大家平时都在用，会用完即走吗？很多人会在空闲时打开微信刷刷朋友圈，看看动态，现在还加入了"看一看""搜一搜"等，其实也说明了这一点：产品到某个阶段后，可能没办法一直那么"纯粹"下去。产品发展突破工具这个门槛时，就需要用更合理的方式留住用户，增加用户的使用时长和黏度，才会有更可观的商业价值，如

图8-8所示。

图8-8　好的产品是用完即走的

其实，做产品，本质是一样的：找到对的需求，将需求以产品的形式实现，使用户体验与公司战略相平衡。而这一切除了学习外，还需要在大量的工作实践中不断总结与改进。很多人说，好的产品是走出来的，其实好的产品经理也是走出来的。随着互联网进入新的发展阶段，产品经理的门槛会变得越来越高，产品经理需要有自己的特点去区别于其他产品人员，如果你无法做出广度，那就做出深度，专注一个方向。

在任何产品工作中，产品人员的职责都是通过产品给用户解决问题，并创造价值，这价值包括给用户创造的价值和给产品创造的价值。

8.3.2　既做过产品也做过运营的过来人告诉你产品和运营的差别

作为一个"老互联网人"，笔者做了多年运营后，又开始做起了产品，对运营和产品有很深的体会。

和运营有所不同的是，做产品是一个千变万化的活，但是归根结底，做产品得让用户用得"爽"。做产品，实际是在研究人性。我们在产品设计时，经常会借用马斯洛的需求层次理论，或者运用到人的痛点——为什么大部分人喜欢买折扣很高的商品。为什么别人的等级比我高，我要想办法升级。为什么限量的东西会被疯抢。这些其实都是"贪嗔痴"在产品设计中的具体体现。在设计产品功能时，并不是为了功能而设计的，而应该考虑用户在什么心理、什么需求的情况下会有这样的需求，用户的真实诉求是什么。如果一个下载用户希望很快下载到有用的内容，那么在做结果展示时，就不应该给用户提供多个按钮，否则将给用户操作带来麻烦。

做产品的同学，真的应该多去接触用户和了解用户心理，从用户的真实场景和需求出发。同时，要记得"做减法比做加法难"，任何一个功能的添加都会涉及后期的维护等问题。然后用最简单的规则让用户明白如何使用产品。这些是笔者对产品工作的一点思考和总结。

回到产品和运营这两者的关系上来，这两者的关系很难用一句话说清楚，基本上可以说是"抱团取暖"的难兄难弟。这两者的工作并不容易区分，有时运营人员在做产品人员的工作，有时产品人员也需要做运营人员的事情。

产品和运营有很多相同点。

第一，两者都对产品和用户负责。这两种岗位都需要面对用户，了解用户需求，并通过产品功能或运营活动向用户展示产品。一般两者背负的KPI是一致的。

第二，两者的工作内容和工作能力有一部分是相似的。作为产品人员，主要是负责分析需求、撰写文档、与研发人员进行产品逻辑确认与沟通等。运营人员，也经常需要写活动文档、设计活动规则，需要想用什么样的方式能够提升指标，也需要和研发人员、设计人员沟通。产品人和运营人都应具备良好的逻辑能力、沟通能力。

第三，这两者的最终目的都是要让用户用得"爽"，用最简单的规则让用户埋单。任何一个产品或运营，如果用户在初次使用产品时就需要花几分钟才用得明白，那么一定不是好的产品或运营。一定要用简单的方式让用户用明白，让用户玩起来。

另外，产品和运营也有很大差别，如图8-9所示。

产品与运营的异同点

产品与运营共同点	产品与运营差异点
两者都对产品和用户负责	产品在产品本身的"原始阶段"更加重要：大部分产品都是在后期才加入运营，虽然这样并不合理
两者的工作内容和对岗位人员的工作能力有一部分相似	产品更注重思考和逻辑性：运营更注重创造和执行力
两者的最终目的都是要让用户用得"爽"，用最简单的规则让用户埋单	产品是衔接研发和运营、设计等各岗位的桥梁：运营用的是市场语言

图8-9 产品与运营的异同点

第一，产品工作在产品的"原始阶段"更加重要。产品从无到有的策划过程，基本都是以产品为主导在进行的。很多运营是在产品基本策划好后开始介入，并且在产品上线后开始发挥效果。虽然笔者也认为在产品策划阶段运营就加入会对产品的整体框架制订及日后的运营有很大的帮助，但是目前市场上的大多数情况并非如此。

第二，产品更注重思考和逻辑性，运营更注重创造和执行力。产品整体来说更注重的是结合用户场景设计好一个功能，或者解决用户某个问题；运营更注重的是通过某种方式让用户知道产品有很好的功能，或者让用户知道产品能很好地解决用户问题，并想办法将效果放大。

第三，产品是衔接研发、运营、设计等各岗位的桥梁。产品在整个项目团队中起到的作用可以说是"承上启下"的。产品人员必须对技术有基本的了解和掌握，能够明白研发的意思。同时，也必须对运营和推广有一定涉猎，能够将运营的需求转化为研发人员能听懂的说法，进行需求传递。研发用的是"机器语言"，运营用的是"市场语言"，产品能够将这两种语言都转化为"产品语言"，让大家能够理解。

纵观目前的市场，会发现产品的需求大于运营的需求。主要是因为目前的互联网创业潮，一般需要先设计出产品并推向市场，获得了一定的用户认可后才开始运营。很多产品在开始时根本没有运营，也没有考虑到运营，所以造成产品需求大于运营需求的情况。实际上，在成熟的公司和业务中，运营的需求应该大于产品的需求。

在未来，运营和产品的发展轨迹是不一样的，产品人员未来可以成为CEO类的角色。因为产品的走向很大程度上都是由产品人员定义的，这正如一个公司的走向一样，产品的好坏决定了公司是否能存活。运营人员未来的发展应该是COO或CMO，基本上是由他们决定了产品的市场能做到多大。

8.4　小结

（1）不同类型的运营工作，对运营人员的能力要求不完全相同。如果要做好运营，就需要运营人员提升自己各方面的能力。

（2）运营的核心竞争力是观察力、想象力和创造力。运营工作除了天分外，还需要有心，同时也需要积累——随着运营人员经验和年龄的增长，会对用户、数据、活动等有更高的敏感度和熟练度，能够在纷繁复杂的事物中，很快地找到运营的关键点。

（3）运营和产品有一种天然的紧密关系——一个没有市场竞争力的产品，是很难通过运营走向成功的；一个很棒的产品，也需要运营才能更上一个台阶。产品人员的成功在于做出符合用户需求的产品，运营人员的成功在于能够将设计出的产品推给更多人使用。

（4）无论如何，好的产品包括有用、好用、盈利这3个关键点。

第9章

从普通运营到高级运营的进阶之道

9.1　不同阶段运营的职能和目标

前面给大家介绍了目前移动互联网公司的运营工作有哪些工种，那么处于不同阶段的运营人员的工作会有什么区别呢？每个阶段的运营人员需要注重锻炼和培养自己的哪些能力呢？从业3年后的运营人员应该向哪些方向发展才会有更宽阔的前景呢？笔者根据自己的经验做了一些总结，希望能给运营人员一些帮助。

9.1.1　从业3年内的运营人员要夯实基础

很多大学毕业生都想从事与互联网运营相关的工作，但是又不知道从何做起。笔者想告诉大家的是，运营是一个门槛并不太高的互联网入门工作，只要你有心，如果前面讲的那么多运营工种中有某块你喜欢或擅长的领域，那么你可以做出选择，就会很容易迈进互联网运营的大门。

一般来说，大学毕业生或实习生刚到公司时，被分配的工作一定是某一块比较小的运营工作。比如，笔者刚到新浪实习时，做的就是文化论坛的维护，当时每天做的事情就是到处找一些与文化相关又有看点的帖子，如三国野史、深宫秘事等，然后加上配图，对内容进行优化调整后，发到论坛上。笔者选好内容后，会和其他几个实习生的选题做比较，大家选出最好的内容作为第2天论坛的头条。第2天再根据数据调整，如果效果不好，在发布内容过几小时后会换成备选的方案。看似枯燥无味的工作，其实锻炼了笔者的很多能力，如选题能力、编辑能力、标题优化能力，甚至是使用Photoshop的能力等。经过了1~2个月的锻炼，原先需要很久才能完成的工作，变成只需要1~2小时，基本上看一眼就知道这个内容是否会受到欢迎。笔者对后台操作也逐渐熟练，后来开始做互联网的专题编辑，用的是类似的方式和一样的后台。以上工作基本就是刚开始做运营的同学的工作历程。

从某个小点开始做，如内容运营或用户运营中的某个点，熟悉操作，有经验后就有机会做到多个小点，这几个小点基本都是同一类型的运营工作。基本上，你要将这一类型的运营完全掌握需要1~2年，然后才有可能会开始另一类的运营工作。

这个阶段是运营打基础的阶段，需要的是多看、多做和多想。更多的是锻炼自己的基础运营能力，一定要认真、沉着，切忌浮躁，同时要有较强的执行力，因为所做的事情会比较琐碎，当然想要做好还需要加上想象力和创造力。基础的运营工作一定是新奇和枯燥相结合的，你可能有很长一段时间都在重复同样的事情，但是一定要静下心，想想你目前做的工作是否足够好了，是否还有可优化的空间，能否做一些不一样的事情使数据有正向提升。当你开始这么想并进行尝试且获得了成功，你已经从初阶运营往前迈了一大步了。

9.1.2 从业4~6年的运营人员要有特长

一般从事运营3年以上的同学，都在运营的某块领域有比较多的认知了，可能你擅长新媒体运营，也可能擅长渠道运营、内容运营。

此时，你在运营的领域中，已经有比较多的经历了，未来你会有两种选择，一种是继续在这个领域做深、做强，成为某个运营领域的"凤头"，如新媒体运营，你从写内容、拉粉丝、做活动到商务合作，将一个账号做到了几十万或几百万用户的量级。然后你就应该再深入想一下新媒体的商业化应如何运营，是否可以复制之前的模式多做几个账号形成规模效应，或者从目前的账号衍生为平台性的产品。

另外一种选择就是转向运营的其他领域，让自己更"丰满"。比如，原来你做用户运营或内容运营，那么现在可以挑战一下整个产品运营，用你原来擅长的运营工作的方法做这些事情，你会发现，运营的工作是相通的，原来的一些工作方法依然可用，但是做的事情又是不一样的。只要你是个有心人，你会发现很容易过渡到运营的其他方向。笔者就是个例子——原来笔者最早做的是与内容运营相关的，主要目标是流量兼顾收入，后来开始做产品运营，发现不单是通过内容调整数据会变化，展现形式、收费方式都可以通过产品运营来进行调整。笔者很自然就从内容运营转到了产品运营，在做产品运营的过程中，又要接触到活动运营、用户运营，慢慢就走到了现在。

笔者认为，从业4~6年的运营阶段，是运营人员最关键的阶段。这个阶段，你已经有了一定的运营基础，你要想明白自己今后的职业方向并为之努力。如果之前做的运营方向不是自己喜欢的，那就要在这个时期尽快进行调整。笔者建议运营人员在这个时期至少要在运营的1~2个领域中有比较深入的认识，能独立完成项目运营方案的策划，并能带领小团队"作战"，执行方案并持续优化。有条件时，尽量做一些与产品深度结合的运营工作，拓宽自己的知识面，你会发现外面的世界一样很精彩。还有就是和收入或商业化相关的运营工作，一定要找机会接触，否则你的运营生涯是不完整的。不单要锻炼自己的运营能力，还要更多地与产品、数据、研发的同事沟通，让自己的思维和思考方式更全面，也能充分锻炼自己的整合协调能力。

9.1.3　从业7年及以上的运营人员要有战略眼光

从业7年以上的运营人员，应该是市场上最急需也是最有价值的运营人员。大家可以发现，现在很多公司都在招聘高阶的运营人员，而往年比较火的大多数是高阶的产品人员。这个就和前面讲的一样，大部分公司都是产品先行，运营跟上。原来可能很多公司都在产品上发力了，过了一段时间，发现需要运营将产品往前推。笔者认为，今后很长一段时间内，从业7年及以上的运营人员会有比较好的市场空间。但是同时大家也可以发现，各公司招聘运营总监或运营负责人都是比较急的，说白了，要将你招来了就能给我把"坑儿"填上：给你1~2个星期用于熟悉产品，你要将产品熟悉掌握，然后制订计划，开始组建团队，并开始协调各种资源去实现。简单地说，相关人员入职后就得能"打仗"。

从业7年及以上的运营人员，如果一直是专职工作，那么基本就是目前市场上需要的运营总监或以上的级别了。到了这个级别，某些大型的公司会再继续分工，如用户运营总监、内容运营总监等，但是大部分公司都是要求一个运营总监或产品运营负责人将所有和运营相关的工作都扛起来的。所以，之前我们提到的从业3年以上运营人员的两种选择方向在此时就体现出来了。两种方式没有好坏之分，只是看你个人的选择了。

从业7年及以上的运营人员，已经不是别人告诉你该怎么做了。你需要做的是很明确地告诉别人要怎么做。你需要很快了解和把控产品的运营方向，完成整个产品或项目的运营战略规划和运营执行方案，并且能带领团队有效地执行。同时，前面提到的与运营相关的工种，你都应该能比较有效地安排好分工、制定目标。

这里再次提一下前面讲到的运营的最终目的——收入。一般来说，从业7年及以上的运营人员都会有与收入相匹配的工作经历，也有的公司叫商业化变现。所以，如果你是从业7年及以上的运营人员，但还没有做过和商业化相关的运营，一定找机会让自己接触，否则很难带领产品走到最后，也不利于你的职业发展。

总的来说，从业7年及以上的运营人员更需要的是战略方向和管理。

9.2　从菜鸟到卓越：运营进阶5大招

前面提到了运营的目的、运营的分工，还有各个阶段的运营人员应该做些什么、注意些什么。下面重点讲一下有一定运营经验后（通常是经过2~3年的运营工作），运营人员要怎么做才能提升自己的运营水平，是按照"了解产品→制定规划→具体执行→反思"的顺序来讲解的。

9.2.1　产品、用户和公司战略是关键

有一定经验的运营人员，一定要明确地知道自己做的是什么产品的运营，是谁在用自己的产品。有些同学可能认为自己运营的对象不一定叫作产品，这里指的产品是运营范畴内广义上的产品，并不是说一定是某个网站或App这种有具体形态的才叫作产品；这里指的产品可以是一个微信号、一个天猫店铺、一个论坛，或者是你的服务，甚至可能是你要维护的一些资源，这些都属于运营范畴的产品。

你要很明确地知道，在你所运营的产品范围内，你可以做些什么，计划做什么，什么还不能实现，你的运营目标是什么。成熟的运营人员还需要思考为产品做点什么，才能让你的运营目标更容易实现。同时，你要知道是什么人在用自家运营的产品，他们的喜好是什么，使用习惯是什么，自家做什么运营是他们所喜欢的，有什么变化他们会乐意接受。有一个很有名的超市销售的例子，在啤酒旁边放了尿布后，啤酒和尿布的销量都有了很大提高，如图9-1所示。同理，当你了解你的用户之后，你就会知道你做什么样的调整，会是用户喜闻乐见的。

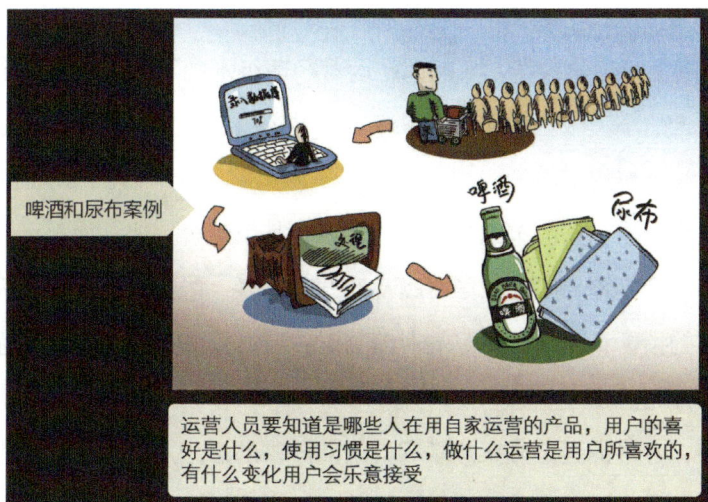

运营人员要知道是哪些人在用自家运营的产品，用户的喜好是什么，使用习惯是什么，做什么运营是用户所喜欢的，有什么变化用户会乐意接受

图9-1　啤酒和尿布的经典案例

有经验的运营人员和刚入门的运营人员相比，最大的不同就是前者需要更多的时

间思考，而不是执行，前者要去和用户有更多的沟通，对产品有更深的理解，逐渐让自己成为这个产品的专家。你必须比产品人员更了解产品，比产品人员更了解用户。

前面讲的都是产品、用户，其实这些都是运营必须关注的外因，还有一个很重要的内因，就是公司的战略，你一定要充分地了解和消化。从业3年后运营人员不能再像刚入门时一样，什么都不想就埋头苦干了。如果你的方向错了，走得越远越难回头。所以，你必须理解和消化公司的战略，同时相信领导者的眼光，毕竟他们的阅历和经验都比你丰富得多。比如，公司今年定的目标是商业化变现，你就必须从商业化的方向去想运营规划，而不是还一直做用户运营，将用户的反对声收集起来向上反馈。当然，也不是说公司战略方向一定是对的，但即使最后公司的战略方向错了，运营人员和产品人员也积累了宝贵的经验，对于大家今后的工作也会有一定帮助。

所以说，有一定经验的运营人员要提高自己，首先学会多想，从产品、用户角度去想，结合公司的战略来想，这是非常关键的一步。

9.2.2　制订运营方案（运营计划）

从业3年以上的运营人员，一般都是运营经理级别的了，会负责某个小产品的运营，带领几个人的小团队。在你充分了解了产品定位、用户需求和公司战略后，你就需要安排自己和下属的工作了。

一般领导会给你一些简单的指标，要求你在某个阶段完成。如果你只按领导要求的来做，那么一定不够，因为领导要顾及的方面太多，能给你的肯定也只是一个大概的方向和基本的指标，要想有更好的业绩同时自己能提高，那么就需要你制订一份运营方案或运营计划。

一份完整、合格的运营方案的基础就是前面讲的第一点，即产品、用户、公司战略。然后你要知道自己工作的核心目标是什么，在方案中列出能实现这些目标的方式有哪几种，每种方式的负责人是谁，周期是多久，KPI是什么，甚至是每一项工作的细节。同时，作为有经验的运营人员，你还必须要考虑，除了目前这些实现方式，还有什么方式能帮助自己实现这个目标；除了这些核心目标，自己还可以做什么事情。这些都是从业3年以上的运营人员在制订运营方案时要考虑的。

举个例子，某个阅读公司的渠道运营经理，她负责公司的所有对外授权的电子书在京东、亚马逊等渠道上的销售。她的目标很明确，就应该是提升销售额，当年的目标是4000万元人民币。从业3年以上的运营人员制订的运营方案如图9-2所示。

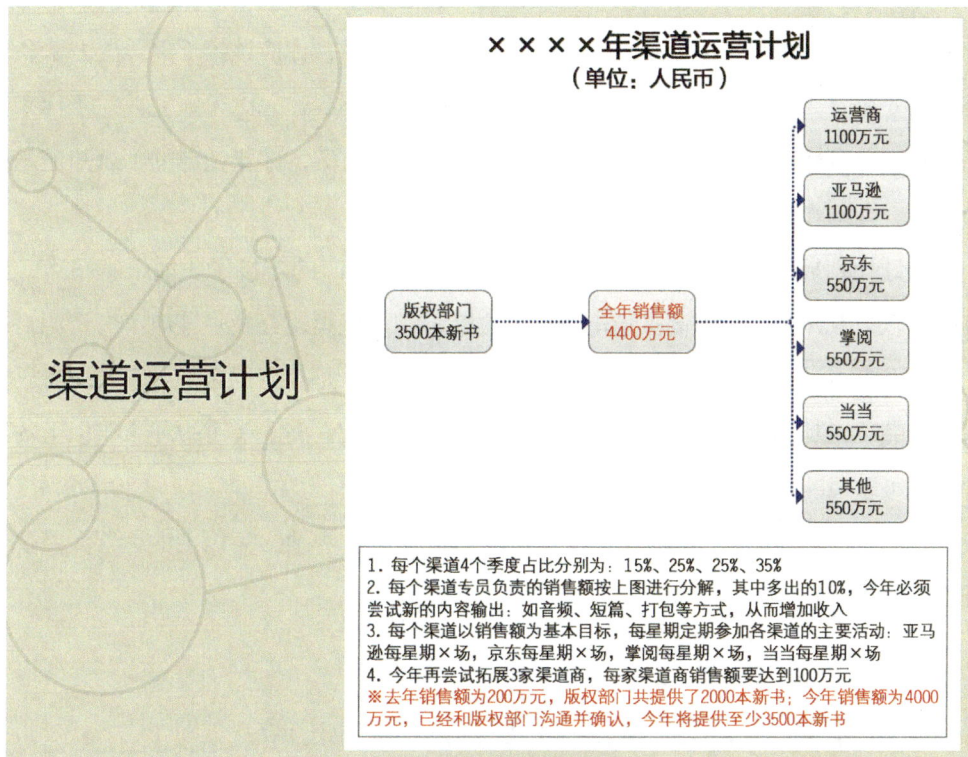

图9-2 某公司渠道运营计划

这份运营计划中，有几点是比较有借鉴价值的。

第一，提到了销售必须有内容，已经与版权部门沟通并确认，这点是作为运营经理应该做的跨部门的沟通交流。这点也说明了，如果版权部门没有做到要求，要一起背负连带责任。

第二，对各季度销售额进行了分解和梳理，并提示必须积极参加各渠道的主题活动。在分解下去后，每个渠道应该再制订有详细细节的渠道运营计划。

第三，有两点新尝试，一个是对于输出的内容重新整理，变成音频、短篇等形式进行输出，尝试增加收入，另一个是继续拓展渠道来增收。这两点其实都不是领导安排的，是运营经理自己想到的。

第四，这个运营经理把整个销售额提升了10%，并让下属知道这10%是怎么来的。其实很多管理经验丰富的人都会这么做，就是给下属的目标其实比公司给自己的目标高，这个方法在管理上是对的。但是作为好的领导，你应该给下属一些方法和途径，你要知道，如果你都没有办法，下属比你的经验还少，怎么可能完成对于你来说都难实现的事情呢。所以，作为从业3年以上的运营人员，你要让你的下属知道怎样去实现一个比既定目标还要高的任务。

制订计划后，要做的就是对各渠道的跟进和跨部门的对接了。如果有精力，应该再想想，做什么还能提高渠道的价值。比如，和这些渠道互换一些电子书资源？或者，如果公司没有自己的阅读产品，有精力的情况下，是否可以策划一下公司自己的阅读产品呢，其实自己的产品就是一个自营的渠道罢了。这些都是从业3年以上的运营人员可以想的一些方向。

有了方向，并制订了运营计划，那么在执行当中，从业3年以上的运营人员要怎样提升自己呢？

9.2.3　用户和收入是运营无法摆脱的宿命

如前面所述，无论你从事任何运营，目标都是围绕用户和收入展开，尤其是收入，是从业3年以上的运营人员要提升自己必须面对的。

产品初期，比较重要的就是用户相关的运营，将用户引进来并留住，同时用各种方法让用户多使用产品。随着产品逐渐稳定和成熟，就要根据产品类型来策划，接下来运营人员要思考如何提升用户活跃度或增加收入了。

如工具类的应用，用户正常的需求就是有需要了打开一下应用，使用完后就关闭。那么作为从业3年以上的运营人员，你就要考虑怎样能提升用户的使用。工具类应用本身的需求相对固定，那么就需要延展一些，看看用这类工具的人还有什么需求。这方面做得比较好的有美柚，原本只是一个女性生理期提醒工具，现在发展成"女性生活助手"，提供孕婴内容，以及社区、电商等功能服务，如图9-3所示。当然，该产品的产品人员也不是一步就做到这么多的，每个功能都是逐渐尝试后完善的。这些功能基本都和女性对生理期关注的需求相匹配，所以大部分用户能接受，并通过这些功能让用户更加活跃。

图9-3　美柚产品

至于收入，在产品相对稳定，有一定用户规模后，你自然会对收入有一定的要求。当你所运营的产品开始以收入为主要目标时，也是你作为运营人员能扬眉吐气之时，因为大部分公司的收入都来自运营。你要做的就是和产品人员一起研究你们的产品有哪些地方可以进行商业化尝试。这些商业点也一定不会是产品的核心功能，一定是部分甚至小部分的用户可能提到的需求，但是和产品核心功能相匹配，同时有增长潜力。目前互联网产品的收入方式往往只有这几种：广告（流量变现）、增值业务（产品增值功能）、大平台收费（类似收租金）、付费使用（甲方购买）。大部分情况下，广告收入会占绝大部分。笔者认为，以多重收入方式构成总收入的移动互联网公司的业务会更加稳定。

如美柚，里面增加了一些女性生理用品的销售，一定只是小部分用户会购买，但是让其他用户觉得还是能接受的。同时，这又让产品开始进行了商业化的尝试，便于将来更大范围的变现。任何商业化的尝试，都应该先进行小范围的试验，收集用户反馈后进行完善，然后再扩大范围进行发布，之后继续寻找同样的商业点，但是所有的这些点都必须围绕你的用户来展开，并且这些点一定是和你的用户的气质相符合的。同时，一定会有一部分用户看到你的商业化后表示不满或放弃你的产品，此时公司战略就显得尤为重要了，如果战略是必须走商业化，那只能维护部分用户的利益，同时要设定流失用户的阈值，当超过阈值时立即进行调整。有时产品的商业化变现就是和用户利益相博弈的一个过程。

在商业化运营方面，做得最好的莫过于腾讯了，从最初的QQ到推出QQ会员，后期不断增加各种增值服务、游戏（如颠覆了所有游戏理念的《王者荣耀》），如图9-4所示，每个商业变现的点都让腾讯赚得盆满钵满。

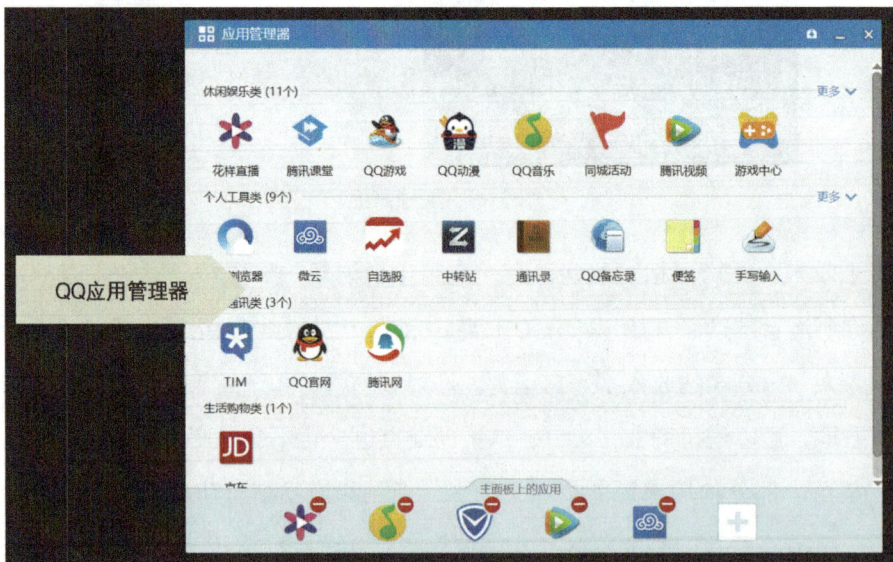

图9-4　腾讯QQ应用管理器

综上所述，从业3年以上的运营人员在执行运营规划时，一定要带着怎样让更多的用户常来和怎样让用户更多花钱的思考来进行工作，所有这些都必须和产品相关。

9.2.4 运营需要不断创新和尝试

一个有经验的运营人员，应该是一个不断探索的实验家，要有源源不断的新创意和新想法。如果说产品人员的核心竞争力是产品设计和逻辑思考能力，那么运营人员的核心竞争力就是无边的想象力。所以，如果你之前做的都是比较刻板的、一成不变的运营，从业3年后，一定要不断地接触更多的信息，拓宽自己的眼界，让自己的想法更加丰富，你要让自己有更强的判断力和运营设计能力，能借鉴其他产品里的优点，使其成为自己产品所特有的功能。

这里给大家举个例子，几乎每个人都会用手机淘宝客户端，如果你是手机淘宝的老用户，你会发现其实淘宝一直希望在电商中能加入社交的元素，从开始到现在不知道试了多少种方式，中间一度将社区完全砍掉了，从最早的淘宝论坛，到后来手机上做微淘、big（图片社交）、吧啦吧啦（话题）、社区，由社区又改为"问大家"（问答形式，与购物结合），如图9-5所示。最新版的手机淘宝似乎又做了取舍，底部中间的TAB改为"消息"，增加了"内容号"，手机淘宝团队希望将内容通过消息的方式传达给用户。手机淘宝团队做社交的方式也不停地变化和调整，从简单的单向传播，到图片社交、话题社交、问答社区，贯穿着购物咨询、经验分享、兴趣部落这些主线，手机淘宝团队一直希望通过社交和社区的方式提升用户对手机淘宝的认可。同时，笔者不得不感慨手机淘宝团队的大胆，每次产品调整后，之前的产品就基本"一刀砍掉"，找不到任何之前产品的入口和内容，这点需要很大的勇气，也证明手机淘宝产品内部在快速地试错。

讲到尝试新功能，就必须有衡量的标准。现在的互联网公司中，在需要进行运营或产品功能测试时，一般都会采用灰度发布的方式，就是有一部分用户的产品策略是A，有一部分用户的产品策略是B，然后看人均的效果对比。一般对于重客户端（即技术上偏重客户端）的产品是用这种方式。还有一些以在线功能为主的产品，如电商类型产品，可能直接是在线做A/B测试，确定每种产品策略的流量所占百分比是多少，根据产品策略的重要性，划分测试的流量也会有所不同，一般越重要的，测试的流量也越高，但很少超过50%。然后分析A和B产品策略的数据区别，看看到底A对于B是否真的有提升。

图9-5 手机淘宝"问大家"栏目

所有这些运营设计，都是围绕着之前定的目标和计划来进行的。刚才也提到了，从业3年以上的运营人员需要多想怎样让用户更多地使用产品、花更多的钱。这里所讲的需要运营人员在思考后，还要多试。

9.2.5 从数据中找到闪光点

很多做运营的同学都是文科出身的，对于内容或活动的敏感程度比较高，对于数字并不感兴趣，但是有一点是高级运营人员必须掌握的，那就是数据分析。即使你的数学再差，如果你想做好运营，则需要培养自己对数据的敏感度。因为，如果你不能很好地与数据打交道，那么你将始终无法走向高阶运营。有一些大公司，会在运营部门配备专门的数据分析师来辅助运营和产品工作。

培养数据的敏感度。首先，你必须要知道和你的业务相关的关键指标有哪些。其次，当你熟悉了这些基础指标后，你会知道怎样做会对基础指标有怎样的影响。最后，就是如何通过数据检验和提升效果，如前面提到的A/B测试，就是通过数据来提高的。最终目的是通过数据找到业务的提升点，并去尝试提升。最终，你会发现运营就是"操盘师"，能控制你的"大盘涨跌"。

举个例子，大家可以先从日常工作的数据日报、周报、月报这种基础的数据整理工作来锻炼数据分析能力。比如，你是个内容运营人员，你每天要关注的数据就是内容的浏览量、浏览人数、浏览时长，用户的留存、分享、点赞次数、粉丝数等基础指标。每周要关注的除了之前的这些数据的周趋势外，应该还有一些更长期的数据趋势，如不同类别的内容数据的趋势情况，从这些短期趋势中可以看到效果。每月的月报，就是阶段时间的运营效果的呈现，做得好的运营，一定是每个月的数据都比上月有一些缓慢提升的。最理想的增长曲线应该是本月的低谷和高峰能高于上月。

熟练掌握日常数据后，你能根据数据知道用户对哪些内容感兴趣、哪些不感兴趣，然后再不断增加一些新的内容点，继续测试效果。下一步就是对一些运营功能或产品功能进行分析，这里还会涉及数据埋点、数据上报逻辑、功能数据分析等。这些都和产品设计有一定关联，需要了解一些产品相关的知识后才能做好。熟练以后，你就应该很清楚地了解如何用数据来优化运营效果并驱动产品设计。相对来说，比较复杂的数据分析应该是电商或销售相关的运营，任何一些小的数据变化都会对销售产生影响。所以，一般来说做电商运营的同学，都有比较好的数据分析基础。

9.3 小结

（1）不同阶段的运营人员要有不同的目标：从业3年内的运营人员要夯实基础；

从业4~6年的运营人员要有特长；从业7年及以上的运营人员要有战略眼光。

（2）从业3年后的运营人员想要提高，工作流程就应该是多看、多想、多试、多用数据来分析结果，多和产品人员、研发人员沟通，更好地了解和把握产品。

（3）想做好运营，除了前面讲的那些，其实还有一个先决条件，就是你必须是个有心人，那种只会按部就班做领导安排的事情的人，或那种不学习、不思考的人，是不可能成为一个成功的运营人员的。

很多运营人员在有了2~3年工作经验后，不知道如何进一步提高自己。笔者希望大家通过对本章的学习，能够明确目标并为之努力。

第 10 章

如何做好内容型产品运营

10.1　内容型产品已成为红海

目前的移动互联网市场上，大部分用户比较活跃的产品都是内容型产品，如今日头条、爱奇艺、酷狗音乐、掌阅 iReader 等纯内容型产品，如图 10-1 所示。还有一

图 10-1　2017 年 5 月移动应用排行榜（数据来源：易观国际）

些是"内容+"的产品,如微信、微博为社交+内容、应用宝为应用下载+内容、UC
浏览器为工具+内容。纯粹工具类的产品已经很难在移动互联网上占据优势。从头部
的应用来看,几乎没有一家是没有内容的,"内容+"已经成为产品抓住用户的一种
战略。本章我们来看看应该如何做好内容型产品运营。

10.1.1 何为内容型产品

大部分时候,用户在手机上和计算机上消费的都是内容。如新闻、资讯、朋友
圈、小说、视频、音频、社区、贴吧等。除了社交沟通外,基本上用户时间花费最多
的都是在内容型产品上。内容型产品包括传统的文字、漫画、音频、视频,还有新
型的直播等类别,我们平时讲的内容型产品是指主要业务围绕着为用户提供文字、漫
画、音频、视频等内容服务的产品。

内容型的产品分类较多,每个分类都有较多的产品竞争,下面我们来了解一下目
前内容型产品的市场状况。

首先,来看看目前火热的短视频类内容产品,如图10-2所示。快手以"农村包
围城市"的战术迅速崛起,在二、三、四线城市尤为受追捧。快手坐稳了短视频类产
品的头把交椅,在活跃渗透率和周人均打开次数上都遥遥领先于其他产品,其活跃渗
透率甚至高于微博。陌陌因为有着天然的用户优势,成功转型为"短视频+直播+社
交"产品。值得关注的是,今日头条旗下的西瓜视频(原头条视频)和抖音短视频凭
借今日头条的强势推广,都进入了短视频类的前10名。一些相机类的工具产品的公
司也开始转做短视频,如SNOW和美拍。新型产品,如"最右",也在年轻用户中有
着很高的呼声。

其次,来看一下之前比较火的直播行业,如图10-3所示。虽然各家都对直播有
所布局,但是从用户渗透率可以看出,直播并不是强渗透型产品。作为比较火热的内
容型产品,之前一直都是映客、花椒这类秀场直播占据排行榜前列,前不久映客被宣
亚国际收购,也标志着直播风潮已过。进入2017年后,虎牙、斗鱼等垂直型直播平

台开始上升。企鹅电竞凭借腾讯游戏的强势，上升明显。后续直播排名的变化或者不大，毕竟目前资本已经转向短视频等新型内容型产品行列。

图10-2　2017年上半年短视频类应用排行榜（数据来源：猎豹全球智库）

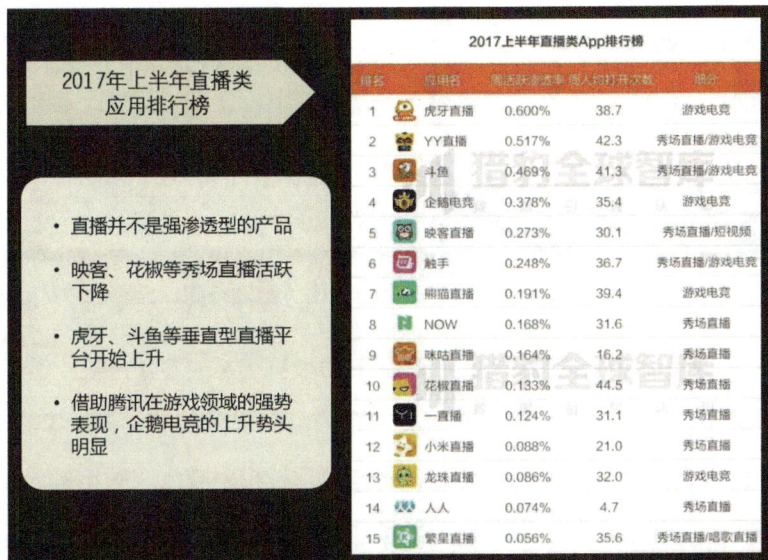

图10-3　2017年上半年直播类应用排行榜（数据来源：猎豹全球智库）

视频类产品作为内容型产品中用户渗透率最高的产品，基本上可以看作是BAT在内容型产品的缩影。腾讯视频、爱奇艺和优酷长期处于视频类应用排行榜榜单的前列，如图10-4所示，这三家分别背靠BAT的巨头，相信还会有很长时间的拉锯战。这三家已经与后面的产品拉开了较长一段距离。值得注意的是，芒果TV作为湖南广播电视台旗下互联网视频平台，以独家提供湖南卫视所有栏目高清视频直播点播的内容优势，进入了排行榜前五名。这点可以说明内容型产品最重要的是内容本身，其次是产品体验等因素。同时，芒果TV和哔哩哔哩动画入榜，显示视频类产品有年轻化的趋势。

图10-4　2017年上半年视频类应用排行榜（数据来源：猎豹全球智库）

如图10-5所示，腾讯音乐娱乐集团旗下的酷狗音乐、QQ音乐、酷我音乐播放器的活跃渗透率占据行业前三甲，音乐类内容产品基本保持着腾讯一家独大的状况，后来的多米音乐、虾米音乐等的市场占有率与前三者相差较大。腾讯音乐娱乐集团已经成功集齐了包括环球音乐、索尼音乐、华纳音乐在内的世界三大唱片公司的独家版权。入榜的其他以内容为基础的内容型产品，只能寻求小型唱片公司或原创音乐资源，这并不是一件好事。网易云音乐2017年二季度的活跃度有所上升，启动的"石头计划"扶植独立音乐人也受到了用户的认可，周均（平均每周每个用户）使用网易云音乐56.3次，证明了其具有相当高的用户黏性。

图10-5　2017年上半年音乐类应用排行榜（数据来源：猎豹全球智库）

音频、FM和听书类的产品整体的活跃渗透率较低，说明整体用户基数并不是特别高，如图10-6所示。喜马拉雅、懒人听书和蜻蜓FM作为比较早开始做音频的产品，排行较高。同样较早开始做FM类的产品的豆瓣FM，虽然早期聚拢了一批用户，但是由于产品定位较为模糊并且内部重视不够，目前的排名已经落在了后面。主张二次元的猫耳FM首次进入前10名。

资讯类是内容型产品里的主要类型，基本没有用户年龄的限制。2017年上半年资讯类应用排行榜中的前四名都是今日头条与腾讯的产品，第一阵营基本是主打个性化推荐的资讯产品，以今日头条、天天快报、一点资讯为代表；第二阵营包括搜狐、网易、凤凰、新浪在内的传统门户，目前这几家网站都在积极寻求转型。搜狗在二季度推出其个性化推荐类新闻产品——今日热点头条和今日十大新闻，涨势迅猛，如图10-7所示。UC头条作为UC浏览器转型的第一款产品，集合机器推荐与人工编辑，并在运营上有一定创新和投入，利用UC浏览器的优势进行强势推广。

2017年上半年音频、FM和听书类应用排行榜

- 整体的活跃渗透率不高
- 喜马拉雅、懒人听书和蜻蜓FM较早介入优势
- 猫耳FM为二次元用户所喜爱，主张用二次元声音连接三次元

2017上半年FM听书类App排行榜

排名	应用名	周活跃渗透率	周人均打开次数
1	喜马拉雅	1.195%	24.1
2	懒人听书	0.468%	41.7
3	蜻蜓FM	0.323%	21.3
4	企鹅FM	0.186%	40.1
5	酷我听书FM	0.116%	31.5
6	荔枝FM直播	0.101%	42.2
7	氧气听书	0.045%	52.6
8	考拉FM电台	0.021%	14.7
9	凤凰FM	0.009%	23.1
10	猫耳FM	0.005%	30.6

图10-6　2017年上半年音频、FM和听书类应用排行榜（数据来源：猎豹全球智库）

2017年上半年资讯类应用排行榜

- 第一阵营主打个性化推荐的资讯产品，以今日头条、天天快报、一点资讯为代表
- 第二阵营包括搜狐、网易、凤凰、新浪在内的传统门户，目前都在积极寻求转型
- 搜狗正式加入了内容大战，在二季度推出的个性化推荐类新闻——今日热点头条、今日十大新闻，涨势迅猛

2017上半年新闻资讯类App排行榜

排名	应用名	周活跃渗透率	周人均打开次数
1	今日头条	14.064%	90.6
2	腾讯新闻	10.906%	159.3
3	天天快报	6.516%	151.7
4	今日头条极速版	6.044%	40.9
5	一点资讯（预装+下载）	2.224%	49.0
6	搜狐新闻-李易峰代言	1.564%	11.4
7	网易新闻	1.137%	26.9
8	趣头条	0.883%	91.3
9	凤凰新闻	0.868%	25.4
10	新浪新闻	0.804%	19.3
11	今日热点头条	0.442%	15.2
12	三星简报（Flipboard预装版）	0.310%	4.7
13	zaker-扎客新闻	0.292%	136.6
14	UC头条	0.236%	9.4
15	今日十大新闻	0.175%	24.8

图10-7　2017年上半年资讯类应用排行榜（数据来源：猎豹全球智库）

从阅读类内容产品榜单来看，掌阅iReader和QQ阅读，在阅读类产品中占据前两位；排名靠后的书旗小说、宜搜小说、追书神器都属于网络文学主导的内容，也以年轻用户为主，如图10-8所示。目前市场上众多的影视剧和游戏的IP都来自阅读类产品，所以即使阅读类产品本身的用户规模有限，但其延伸的用户规模空间极大，具有比较高的投资潜质。在阅读类产品方面的布局，也能看到BAT的身影，QQ阅读隶

属于腾讯，书旗小说隶属于阿里巴巴。

图10-8　2017年上半年阅读类应用排行榜（数据来源：猎豹全球智库）

笔者对于阅读类的内容型产品还是比较熟悉的，下面做一些扩展性介绍。

阅读类产品主要包括文字阅读类、图片（漫画）、听书，我们说的阅读类产品基本是指文字类阅读。还有一种划分方法：将文字类阅读分为长篇和短片。长篇阅读又叫作电子书阅读，主要包括出版和网文，如掌阅iReader、QQ阅读、多看阅读等，这部分就是以前的阅读类内容产品。短篇阅读，或者叫资讯类阅读，包括新闻资讯、杂志、自媒体，如今日头条、ZAKER、知乎、朋友圈等，这部分主要是指以前的资讯类内容产品。

不同产品的定位不同，每种分类都有对应的用户人群：基本上长篇阅读是针对有较多阅读需求的人群，如原来看纸质书的人，还有喜欢看网文"追书"的人群，这些人更多关注的是整体情节和内容的完整性，需要较长的阅读时间，一般单次时长在15分钟以上；短篇阅读针对的人群则是普通大众，是对资讯信息有需求的人群，更关注的是相应信息的获取，属于碎片阅读，单次阅读时间约为5分钟，很少超过半小时。一般来说，长篇阅读的用户的付费意愿更加强烈。阅读类产品，特别是移动阅读产品的用户中，男女比例约为55：45，男性更喜欢用移动电子产品阅读，以15~30岁为主要用户群体，主要为学生、蓝领和白领；经济发达地区的用户比例偏高，南方比北方高。用户看书的场景集中在出行时、上班、休息时等碎片时间。所以，在制定阅读产品的战略时，要清楚地知道产品的目标用户是什么人群，不同人群需要采取不同的产品和运营策略。如短篇阅读，如果你做收费，就不如长篇阅读合适。

简单介绍一下阅读类前几名的产品，每一个产品都有其特点和故事。

掌阅iReader：专注于阅读的公司，最早是从做厂家内置起家的，和90%以上的手机厂家有合作，后来与三星这种跨国公司合作——最难啃的骨头都啃下来了。其实安卓端是掌阅收购来的产品，也是2010年后才开始做的。一开始iReader只有本地导入的功能，当年看书的人都流行一句话："搜书用宜搜，看书用掌阅"。正因为极好的排版和极细致的细节，让iReader在安卓端的初始阶段就积累了大批用户。安卓端刚开始都是免费的，在2011年的下半年开始收费，刚转型收费时数据也是跌得很惨，后来随着产品发展和用户付费习惯的培养，产品的收入越来越高。现在掌阅iReader是业内当之无愧的阅读用户量首位的应用。iReader里的内容还是以原创的为主，同时出版类也慢慢开始做大了。目前，掌阅除了看书，还有听书、电子书，以及一些合作的游戏、影视等业务，之前还投放了1亿元人民币（iReader对外宣传数据）请汪涵做广告，加大了媒体投放，可谓如火如荼。

QQ阅读：笔者一直觉得腾讯的阅读做得有点乱，一会做QQ阅读，一会做微信阅读，还有收购的各种网络文学网站，后来出现阅文集团，将这些内容进行整合。基本上现在原创的大盘子都被腾讯拢走了。目前，腾讯旗下的阅读集团拥有起点中文网、创世中文网、小说阅读网、潇湘书院、红袖添香、云起书院、榕树下、QQ阅读、华文天下等网文品牌。QQ阅读也是当年借助手机QQ而兴起的，主打言情和网文阅读，突出青春化主旨。阅读类产品最重要的就是内容，笔者还是很看好腾讯在阅读方面的后期发力与整合运营能力的。

书旗小说：最早只是一个原创文学网站，和一些原创大站比并没有什么优势，大约在2013年被UC浏览器收购，与UC书城合并，成为UC的小说频道，主打网络小说。后来UC浏览器被阿里巴巴全资收购，又与淘宝阅读进行合并，成了阿里文学。借助BAT的东风和UC浏览器的用户量，书旗小说开始在移动端高歌猛进，同时成为阿里文娱IP的孵化基地。

多看阅读：小米旗下的阅读品牌，大概在2010年开始出现。当时主打精品电子书，书的数量很少，但是每次都出精品。当年多看阅读是以出版类，社科、科技类图书为主打的，后来被小米全资收购后，换了一批人，不再那么坚持，除了出版也开始做原创。现在成为MIUI系统中唯一内置的阅读应用，也成为广大小米用户的电子图书馆。

和阅读（咪咕阅读）：借助中国移动兴起的阅读客户端，之前一直主打WAP站和短信扣费，这也是移动客户端有别于其他客户端的原因。和阅读不是完全市场化的产品，是靠移动内外的营销和先天的收费优势打造出来的。中国移动在推动移动阅读的过程中做出了不可磨灭的贡献，很多人开始接触和使用移动阅读都是从移动的某条短信开始的。

市场排名前几位的阅读类产品，要么极早介入阅读市场，如iReader；要么拥有用户量级，如QQ阅读；要么有个很好的靠山，如和阅读。排名靠后的产品在用户规模、收入规模和影响力上，比起前面几位都有较大的差距。认真看过后会发现，每一个产品在进入市场时，都有其主打的特点，如iReader的阅读体验，多看阅读的精品阅读，QQ阅读的包月阅读等。其实，这些年很多很好的阅读类产品慢慢消亡了，很多持续运营的也半死不活的。也有不少新的阅读产品涌入，但是这个市场其实并不像电商或O2O那么大，所以最后能做大、做强的应该也就只有屈指可数的几家。

10.1.2 内容型产品的核心

现在市面上的内容型产品众多，但无论做任何类型的内容产品，都必须明确地知道，内容产品的关键核心是内容！没有优秀内容的产品，即使体验再优秀，也无法长期维持良好的运作。相反，如果有足够好的内容后，用户就会希望能够有更好的使用体验，前面提过的芒果TV就是个很好的例子，如图10-9所示。作为非互联网公司的产品，芒果TV有着特有的湖南广电的资源。虽然产品体验相对其他移动互联网产品有差距，但是芒果 TV 还能够在视频类内容型产品中占据一席之地。

图 10-9   芒果 TV

说到内容的关键作用，再举个简单的例子，近期各大短视频产品开始加大投入，从各个平台挖掘主播，如快手的"头牌"MC天佑，据说以天价加盟头条旗下的火山短视频，如图 10-10 所示。虽然这些短视频产品挖的是主播，但实际上看中的是主播的影响力，一名主播可能有着上千万的粉丝，主播的跳槽可能带来新平台用户量的剧增；而粉丝之所以关注主播，主要还是因为主播所提供的内容有足够高的吸引力。同理，各大视频平台争相抢夺某些影视剧的独家版权，就是为了用好的内容吸引更多的用户。当用户想要看特定内容时，只能到有版权授权的平台中收看，这种内容优势会让产品在短时间内聚拢一大批用户。有好的内容，才会有更多的用户来支持和消费你的产品。所以，做内容型产品时，一定要切记，内容是关键！

讲到优秀的内容，目前市场上的内容来源主要有两个方面：机构授权和个人用户。基本可以理解为 PGC 和 UGC，做得好的产品往往是两者相结合的。大部分情况下，如果需要有一定的内容基础，一定是先找机构合作，做好内容铺垫，然后再寻找部分头部内容，这类内容可能需要找个人（一般是明星）合作。当产品影响力起来后，就可以吸引普通用户参与创作，形成规模效应与产品闭环。目前很多资讯类的内容型产品都在做自媒体，就是打算大量吸引UGC的用户入驻，打造从看到写的用户闭环。当个人用户做到一定的规模后，也有很大可能会转为专业的内容生产机构。

图10-10　网红主播MC天佑

当然，内容型产品也得遵循互联网产品的规律——二八法则，20%的高品质内容会带来大部分的销量，80%的普通内容更多的是长尾销售。这20%的高品质内容值得你花更多的投入，80%的普通内容是为了让更多的人在有需求时能找到相应内容。一般情况下，这20%的内容就是前面提到的头部内容。

同时，做内容型产品的运营，都难免遇到版权签约等相关问题，笔者建议做运营的同学可以抽空了解一下版权、转授权、第三方转授权、独家非独家、专有非专有等相关概念。虽然不是每个运营人员都会遇到，但是在实际和内容提供方合作时，可能会遇到相关的问题。内容型产品的运营人员多了解版权方面的知识，对今后的工作会有帮助。

10.2　通过5点做好内容型产品运营

内容型产品的运营人员的目的很简单，就是使产品有更多人来看，看的内容越多越好，最好是让更多人付费来看。为实现这些目的，运营人员要做的事情是很多的。

10.2.1　寻找亮点——热点、发现、挖掘

每个内容型产品的公司，都会有一个负责内容采购的部门，有的公司这个部门属于运营部门，有的属于版权部门，毕竟要想产品做大、做强，正规的版权授权是无法避开的。即使是现在最流行的自媒体，各平台也在积极消重，打击抄袭和盗版行为。

运营人员首先应该和版权人员紧密合作，密切留意市面上的热点内容，当发现有热点需求时，要第一时间提出内容需求。以视频类的内容型产品为例，说到抓热点，前一阵的电视剧《欢乐颂》很火，如图10-11所示，那么运营人员就要向版权部门或内容提供部门提需求，是否可以拿到《欢乐颂》的网络播放版权，或者是由《欢乐颂》原著作者的作品改编的其他影视剧，又或者是类似的都市女性情感题材电视剧，甚至是《欢乐颂》里的女主角演过的其他影视剧。如果内容确实比较匮乏，你只能自己制造个噱头，找一些和该电视剧类似的网剧，从内容角度打造成《欢乐颂》的前传、后传等。总之，和热点沾边的所有内容都可以是你寻找的猎物。

其次，市面上出现的其他热点内容，如畅销小说改编的IP，或是热映的电影等，这些都是需要关注的。关注的同时，需要将前面提到的相关版权提出需求，一起采购。

再次，也是最重要的，就是运营人员要会挖掘。很多时候，版权部门采购来的内容里有不少都是批量采购的，有一些可能是"沧海遗珠"；或者有一些优秀的题材，需要运营人员通过日常的了解和积累，挖掘其中的亮点呈现给用户；还有一种是用户的UGC内容，拿短视频类举例，很多用户会传一些自制的视频内容，其实也不乏一些题材较好、拍摄精良的作品，运营人员应该将其进行打造和包装，推荐给更多的用

户，想办法将一些头部用户打造成自己的明星产品。这么做对产品的好处显而易见：一来增加用户对产品的认可度，被推荐的用户会更愿意在产品里上传好的内容；二来也是让其他头部用户看到，普通用户也可以成为产品平台的明星，让更多的用户参与到 UGC 的内容制作中来；三是找到合适的产品内容推荐给用户，让用户感受到产品的不同之处。

图10-11　《欢乐颂》剧照

最后还有一招，就是运营人员主动出击去外部寻求内容合作。之前笔者在做移动阅读产品时，就遇到内容提供部门所提供的内容比较有限的情况。当时，笔者的团队就开始想办法，从一些竞品和文学社区的产品中寻找一些作品优秀却未被平台签约的内容创作者，通过站内信等方式联系创作者，并介绍了自家的平台，以及后续可以为创作者做的各种运营推荐和商业合作模式等，再将平台上做得比较好的案例分享给作者。一般情况下，专业的内容创作者的首要目的是希望自己的作品被更多人欣赏，其次才是能够获得收益，所以一定要抓住内容创作者的心理，并与其进行良好沟通。双方确认合作后，就要用心维护好这些资源，并将之前承诺的事情做到。成功将作品包装上线并获得用户肯定和收益后，内容创作者就会继续和你合作，并且会很乐意为你介绍他（她）的朋友，那么这条路就走通了。这种方案是缺少内容资源时，运营人员自主出击的行为，适用于所有的内容型产品。在这个过程中，运营人员要很用心，需要抓住内容创作者的心理，并与之持续沟通。要相信，付出的多，相应的收获也会很多！

总结一下，内容型产品的运营人员要懂内容，有内容时要利用好内容，在内容相对匮乏时，你得自己学会"挖掘"，并且要学会"造星"！

10.2.2 内容包装——痛点、打磨、造星

前面提到寻找内容的时候，很重要的是你要会找亮点，然后要学会"造星"，打造明星的过程其实是对内容不断优化的过程。

笔者想起一个例子，当年新浪读书的原创在业内是很有名的，当时有个打造"万元原创作家"的计划，为了打造月收入过万的典型作者，从作品策划到创作过程中的标题、封面、简介，甚至后期的内容结构，都是编辑和签约作者一起打磨出来的。此时的运营人员，有点像是原来出版社的编辑的角色，将作者和用户群体连接起来，要告诉作者应怎样打磨作品，才能戳中用户的痛点，让用户更喜欢阅读。运营人员在推荐内容时，不可以随意修改作者的原创作品，但是可以做一些补充和调整。比如，给书加一个吸引人的副标题，在简介前加一段编辑推荐，告诉作者将封面风格变成更讨喜的样式，为作者打造专题、采访等，增加作品曝光度，还有图书评论和评分的维护、读者群的维护等一系列工作，直到点击量和付费量稳定到一定程度后，再开始新的一部作品的创作。

这点在其他的内容型产品中同样适用，如各大直播平台都会有自己的头部主播，这些头部主播与平台大都有着或多或少的联系，有的是官方的签约主播，有的是与官方有密切合作的公会的签约主播，基本上很少能看到未签约的主播在直播平台有很好的成绩。有官方签约或合作公会签约，就意味着主播得到了更多包装和宣传的机会。比如，会有官方的推荐位，会有公会给予赞助，会有直播时的各种氛围烘托等，这些在其他用户看来，其实都是对主播的"包装"，如图10-12所示。当然，这些包装并

不是免费的，签约的主播通常要和签约机构进行分成，分成比例根据主播的影响力从55%到82%不等，大多数情况下是主播占多数。

图10-12　直播主播与公会

　　讲到运营的包装，很多人都会想到"标题党"，如图10-13所示。"标题党"在内容运营的历史上扮演着很重要的角色，直到现在还有很多新生的内容型产品，特别是资讯类，依旧有"标题党"的影子。笔者对"标题党"深恶痛绝——看到吸引人的标题点进去后发现是一些隔靴搔痒的内容，用户体验很不好。但是，"标题党"从某个角度反映了对内容的运营要从包装开始，同时绝不可不看材料乱包装。看一下下面这个新闻的标题，就会发现包装的重要性——"男子夜夜被巴掌呼，罪魁祸首竟然是她"和"男子患上'鼾症'，几乎夜夜被老婆呼醒"，整篇文章要讲的内容其实就是第二个标题，但是看了第二个标题后，相信很多人就不会打开具体内容查看了。但资讯的目的就是吸引更多用户阅读内容，然后通过其中的广告展现等获得收益。相比第二个标题，第一个标题是将整件事情用伏笔的方式进行描述，先告诉用户结果是什么，然后再找原因，并且未将原因直接在标题中写明，好奇的用户很容易就点击标题进入正文查看。通常，以下几种形式的标题更容易引起用户的点击：半遮半掩式，对于主要内容讲一半留一半；问句式，标题带提问语气；带数字，标题带有数字；名人式，标题带上名人名字；分段式，标题分为两段描述更具体等。

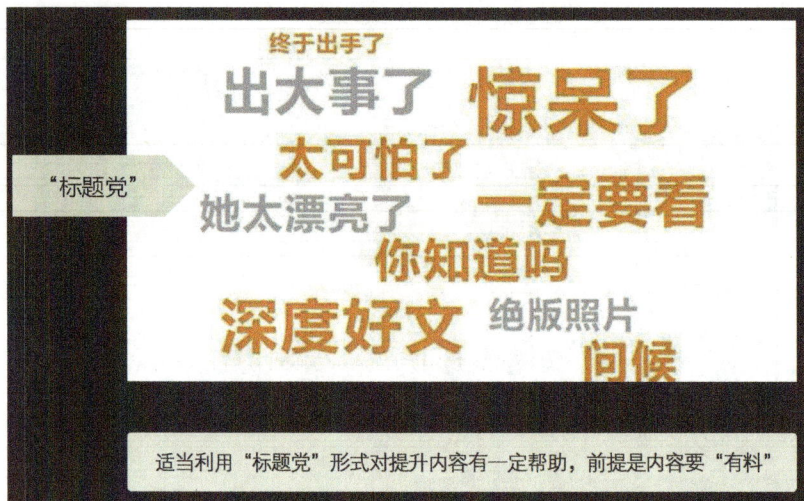

图 10-13　"标题党"

合理的内容包装是很重要的，从标题、图片到具体内容，再到所有和内容相关的要素，如评论、社区、用户反馈等，都需要包装，这些是一个运营人员要将作品往更高一级推而必做的工作。

10.2.3　精准推荐——时间、地点、人物

讲到推荐，每个产品都有自己的推荐规范。如果你负责运营的产品连运营规范都没有，那么应该赶紧制订一份运营规范，你会发现工作会变得越来越简单。基本上，和运营规范相关的要素有 3 个——时间、地点、人物。在什么时间、什么地点，给什么人推送什么样的内容。除了内容型产品，其他的产品也是一样的道理，如电商的推荐、社交产品里的推荐。

听起来有点复杂，其实分开来看就会容易很多。下面，我们以资讯类的内容型产品为例，来分析一下。

时间这个因素大家都比较清楚，基本上所有的内容型产品的用户活跃时间都是非工作时间，早上、中午和晚上是3个流量高峰，特别是晚上，基本是全天流量的最高峰，要充分利用这个时间点。早上7~9点为上班时间，给人推送的内容更多的应该是轻松阅读，并带有一定信息含量的，如时政类、热点类或专业类的资讯内容；中午12~13点，午休时间不长，给用户推送的应该是短小精悍、有点意思的内容，更容易被人关注，如娱乐类资讯；晚上10~12点，用户的时间较多，很多用户会利用睡前时间浏览相对长一点的内容，如推荐一些专题、视频或短篇小说、漫画等，都是很合适的。

地点因素，这个不是所有产品都会遇到，只有在特定的产品或比较有地域性特点的产品中出现。通常各资讯类产品都会有个"本地"的栏目，主要是集中将本地的新闻传达给用户。之前笔者在手机新浪网时，广东省用户的流量占到20%以上，而且广东的用户就爱看都市网文，言情类和玄幻类都不爱看，所以当时就特别定制了一个广东版，只要判断是广东的用户，进来看到的都是广东版的内容。采用这种策略后，在广东省的收入上涨了20%以上。

目前根据人来推荐的这个方式，在各大个性化推荐的资讯客户端已经做得很成熟了，以今日头条为代表。通过机器算法，根据用户的浏览行为和浏览数据等，来判断用户对什么内容感兴趣，并给用户推荐相应内容。有一些产品内部未必有完整的机器算法，那么可以根据用户性别、职业、年龄、兴趣爱好来划分。将用户和内容打上标签，当用户属性和内容属性标签重合时，才给用户推荐。目前很多电商产品，都有根据用户的属性推荐的功能，甚至还会通过数据算出，买过一类商品的用户会更容易购买另外哪一类商品，这些都是结合人的因素来推荐的。

如果能将时间、地点和人物这3个要素融会贯通，那对于推荐来说，就没什么难事了。当然，前提是有精准的数据基础和不断优化的算法做支撑。

讲到这里，可能很多人会问："我们的产品想做个性化推荐，是否可以。比如，用户到来后都是他喜欢看的内容，是否合适"。笔者对于个性化推荐的判断是，个性化推荐是个好东西，但不要迷信，用得好才会对产品的用户体验有一定提升。首先，个性化推荐的判断数据基础要比较精准，这是前提，确定个性化推荐的规则是什么，算法必须做到及时更新。其次，笔者不建议用户进来后看到的所有内容都是个性化推荐，建议在产品内有部分模块是个性化推荐，同时也有其他的内容推荐。如果都是个性化推荐，很多新的好题材或内容，用户是无法发现的，最后会变成一个死循环——用户看到的内容永远都是自己喜欢看的，能看到的内容永远是那么多。就算是现在流行的个性化资讯产品，也不是所有的都是基于用户的兴趣内容，而是将一些新内容或权重较高的内容，通过算法穿插在用户的阅读列表里。当用户对推荐的内容感兴趣后，这部分内容就会变成个性化推荐的一部分了。所以，切勿迷信个性化推荐，如图10-14所示。

图10-14 天猫主页

讲到了运营推荐，各个产品都有自己的特点和规范，无论如何都一定要有自己的产品运营规范，如什么时间更新什么样的内容，达到什么样标准可以到什么位置等。如果连这些基础的运营规范都没有，就很容易无所适从，后期也不知道如何提升了。

总结一下前3点：内容型产品的运营需要找到好的内容，然后将这些内容进行包装，并了解将这些内容推荐给什么类型用户效果最好。

10.2.4　运营方式——拆散、组合、打包

做内容型产品的运营，平时做得最多的都是内容运营、活动运营和用户运营这些，内容运营是基本工作，必须找到好的内容并将其挖掘出来，然后用全新的方式推荐给用户，让用户有更多的选择和玩法。

在给用户推荐内容时，会有很多不同的运营方式，如利用活动来推荐内容、将原有内容拆散、重新组合、将内容打包等。熟练地设计并运用好这些方式，会对运营有很大帮助。

活动：是目前各大内容型产品比较常见的方式。如果是免费内容，一般就是对内容的讨论、投票或通过包装后以全新形式进行分享等，主要目的是增加用户活跃度或推广产品。如果是付费内容，一般会借助热点，弄个噱头，然后给用户折扣，基本上这种行为对于对价格敏感的用户有一些作用，属于"简单、粗暴"的做法。笔者不是太推荐这种做法，但是为了销量，又不得不偶尔为之。

专题、专辑：这里讲的专题，主要是经过内容运营人员思考后的，将有强关联的内容进行合并，成为专题，推荐给用户。一般专题都是结合热点，或者结合运营的推荐思路，借助热点做个专题炒作，将相关内容推起来。还有一些产品内也会有类似的专辑，但这些专辑的内容主要由用户UGC生成，用户会将自己认为好的内容以某种主题的方式集成专辑，并在产品内分享，典型的如某些产品的歌单、书单等。

栏目：很多内容型产品做大后，为了给用户一定的新鲜感和刺激，会将内容进行拆散或组合，然后策划一些栏目。比较典型的如百度知道，有很多很有意思的小栏目，包括《知道日报》《真相问答机》《知道大数据》等，如图10-15所示，都是运营人员或高端用户贡献的。再比如掌阅iReader也做过一些比较有意思的栏目，如《书虫问答》《节气》等，这些都是掌阅运营人员自己编辑的栏目。还有一些资讯类内

容产品，会将用户的精彩评论或者资讯中人物的语言作为亮点来进行栏目推荐，也是一种拆散后重新包装的做法。这类栏目，发挥的是相对长尾（长尾代表不同短期爆发但能长期缓慢销售的）的作用，对于整体产品的提升不会有特别大的帮助，但是对于用户的美誉度和用户活跃度会起到一定的促进作用。个人认为，在有精力的情况下，可以做一些这类专栏或栏目，让用户体会到产品的深度和多样性，同时这类栏目的传播性往往更好一些。

图10-15   百度知道《知道日报》

内容融合：目前大家可以在很多音频和视频类内容产品中看到很多文字的内容，如影评、乐评之类，有时阅读类产品也会出现视频内容。其实，每一种内容形式都有其独特的魅力和使用场景，做得好的运营应该能够将各种内容融会贯通、取长补短，在适当的时候使用适当的内容表现方式，会对提升运营有很大的帮助。

包月：这种包月会员收费方式，很多用户已经很熟悉了。运营人员会将部分内容设置为收费内容，或者在免费内容前后加入较长的广告，用户为了能看到更丰富的内容或拥有更好的观看体验，会选择充值，购买会员服务。在一些音频或阅读类产品中，包月会员的收入已经是很大一块。目前，除了会员，很多产品都已经推出了超级会员包月，基本上是将原有的会员权益再做分级，属于换汤不换药的做法。当然，也在一定程度上反映出运营人员和产品人员对于内容型产品收入的焦虑。

打包：主要集中在阅读类产品中，将同一类型或相关的阅读内容进行打包销售。一个包里的电子图书通常从数十本到上百本，用户用一个比较低的价格能买到这些打包的图书。打包对于爱读书的用户，是个很好的产品方式，但是一般打包的书里高质量的书只占大约20%。相反地，还有一种做法是拆短篇，在有创作者授权的情况下，将一些适合分成短篇进行销售的内容分拆，降低了单价的同时，也增加了用户浏览和购买的机会。

借阅、试用：最早也出现在阅读类产品中，在一定时间内免费阅读，过了免费时间就需要付费了。其实这也是一种促销方式，让用户在限定时间内免费读书，到期就需要付费。如果用户有些书没有读完，也许他（她）就会付费购买。在其他内容型产品中，类似的做法就是试用，如会员试用7天，让用户先感受到会员的特权，如果到期后用户体验良好，就会有很大概率正式购买。

还有一些运营方式，如直播里的类似游戏的各种任务机制、视频中的弹幕互动、内容打赏机制等，这些都是近些年运营人员想出来的新花样，所有的目的都是刺激用户更活跃和产生更多的消费。

10.2.5　建立联系——用户、互动、情怀

笔者认为，所有的内容型产品，都是给用户提供信息，满足用户的某方面需求的，或者是消耗时间的需求，或者是获取价值的需求，等等。同时，内容创作者创作内容也是为了得到别人的认可和支持。所以，内容型产品的运营人员主要做的应该是用户心理的工作。

讲到内容型产品，很多人都会想到豆瓣小组和豆瓣读书。当年豆瓣红火时，豆瓣读书是豆瓣的一面旗帜，有很多经典的书评，也有很多活跃的人物，是一个很有阅读情怀的产品。直到现在，很多人依然认为用社区和书单这种方式来连接读书的

人，是一种可以尝试的方法，但是这种方法一定是慢工出细活的，是需要沉淀的。读书人都是很挑剔的，不会接受粗制滥造的产品。短时间来看，有一个和豆瓣类似但又不完全一样的产品，那就是知乎。知乎真的是个不错的内容型产品，将人的一些心理需求体现到了极致，让用户在知乎上可以很方便地表达看法，并且对其他用户进行点赞、关注等，所以笔者认为知乎几乎是豆瓣的进化版，会有比较强的生命力及后期商业价值。当然，这两者都是很有特色的内容型产品，都是希望用内容能够将用户连接起来。

其实做内容型产品，如果能够让用户以各种方式参与到其中，那么用户会有很好的体验。据调查，目前"95后"的网文读者有一半都愿意参与网文的情节设计，这些读者很乐意看到自己的想法被作者采用，并且会有更大的意愿来支持作者创作，由此可见年青一代对于内容型产品能够参与互动的迫切性。还有一些很有意思的方法，如网易新闻的策略，如图10-16所示。网易新闻原来自称是"有态度的新闻"，现在改为"各有态度"，网易和其他资讯类产品不太相同的地方，是它更鼓励用户来产品里发表自己的意见和态度，也乐于见到用户在产品里为了一条新闻而热烈讨论。如果后期网易新闻能够将这些用户的热情更多地从看资讯、评论资讯、分享信息复制转移到提供内容上来，加大在产品里拓展UGC原创内容的力度，笔者相信，以网易用户的热情，网易的产品能够在众多的资讯类内容型产品中闯出一片天。

同时，内容型产品的用户忠诚度比其他类型产品更高，产品的特色尤为重要。因为用户已经在你的产品里浏览或下载了一些内容了，用户可以随时来看，没必要下载好几个产品来回看，而且产品人员会越来越了解用户，会根据用户的兴趣来推荐内容。所以你会发现很多用户手机上会装多个电商应用，来回比价，但是资讯类或内容类的产品一般不会装多个来回看。比如，两个产品都有同样的内容，那么什么特点会让用户选择A而不是B呢。良好的阅读体验，有更多的用户爱看的内容，或者评论写得特别好，有很多用户愿意分享心得，诸如这些都是促使新用户选择的因素。其实这些也都是各自产品的特点：用户体验好，内容有特色或有社区互动。内容型产品必须有自己的特色或情怀才能吸引更多的用户。

图 10-16　网易新闻

　　最近，有个很有意思的产品叫作"最右"，如图 10-17 所示，里面有各种段子和短视频，这点和市面上其他的娱乐类内容型产品没什么区别，但是比较有意思的是，该产品里的用户可以对内容进行"顶"或"踩"，同时在评论里可以上传图片和视频，也可以对评论进行"顶"或"踩"，满足了年轻用户的个性化回复的需求，目前在内容型产品中很火热。有兴趣的同学，可以搜索"最右"，相信看完后会被年轻用户的交互方式所折服。还有个引起笔者注意的产品叫"不可能的世界"，主打年轻化阅读，为"90 后""00 后"生产阅读内容，为"老白"用户和动漫迷而生。做法是：对小白分文不收，只要三观正常，具备影视剧改编条件的正能量小说，并且要有创意和"脑洞"的文章，才会被收入到这个产品里。该产品特色鲜明，据说在年纪小的同学中影响力挺大。

　　在内容型产品里，用户与用户之间的联系更多是基于内容的，如粉丝愿意来看某个主播的直播、读者欣赏某个作者的内容或者有同样内容爱好的用户之间互相点赞、关注等。用户与内容之间的联系，如用户上传的 UGC 内容，用户对内容的评论、讨论、分享等，这些都是用户在产品内与内容之间发生的关系。用户与产品的关系则更多是由于产品的情怀和特点，满足了用户需求，如在产品里能看到喜欢的内容、产品的体验超级好等。作为一款内容型产品，如果能够让用户与用户之间、用户与内容之间、用户与产品之间产生联系，那么一定是一款极具魅力的产品。

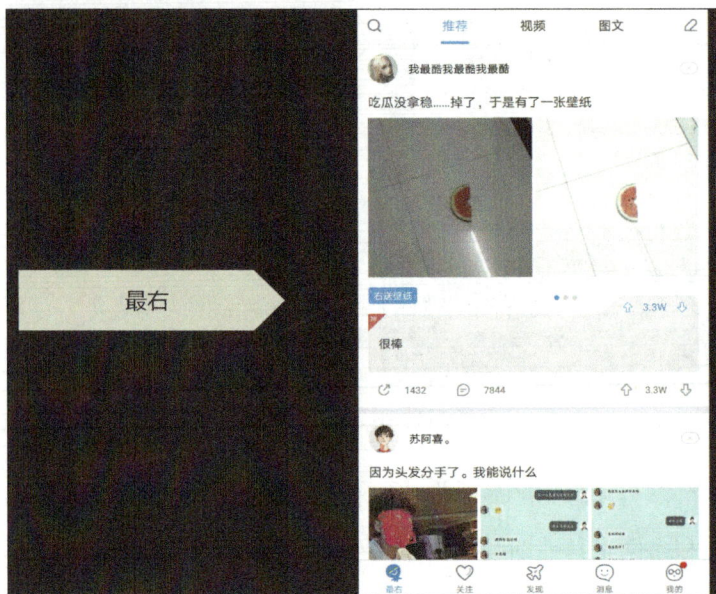

图 10-17　最右

作为内容型产品的运营人员，要明白所有的工作都是围绕着用户对产品内容的认可来进行的。前面提到的内容运营的 5 个点，分别从内容的产生、包装、推荐、形式到后期进行了简单的介绍。再次强调，所有的运营工作都是需要以数据为依据的，每个产品也都自己的不同之处，运营人员必须"大胆尝试、小心取证"。

10.3　内容型产品的未来

随着科技的发展，大屏幕手机和新的智能硬件的普及给了内容产品更多的机会。

可能在不久的将来，所有内容都可以通过你的VR眼镜或手机等新型硬件投射到任何地方，然后通过你的手势控制直接进行操作。未来的内容型产品还有很多可以想象的空间。

IP风愈演愈烈：近几年IP版权逐渐得到重视。很多优秀的内容，在还未火热之前，各种改编权就已经被签约。未来，IP应该会越来越热，甚至会因为科技的发展延伸到更多的领域。作为有远见的运营人员，你可以开始寻找一些有潜力的作品，将作品的各种版权都签下来，然后进行一些运作和孵化，之后将版权在影视剧、游戏、动漫、听书、衍生品等相应的领域出售，会有不错的成绩。未来几年，IP市场会越来越红火，不只是原来的影视剧、游戏，VR、AR等方向的IP都有着极大的市场，如图10-18所示。

图10-18 电影《盗墓笔记》

内容即消费：内容在本质上也是个商品，只是这个商品的价值可能不容易衡量。所以在进行内容产品运营时，可以借鉴一些电商的手法，但是绝对不能直接复制。比如，电子书和电商就应该能有不错的结合点，之前淘宝阅读和京东阅读都做过一些尝试，但是还没有完全融合。特别是一些生活类的电子书和电商的结合是非常紧密的。一本旅行类的图书，完全可以在内容相应的页面出现一些和内容相符的商品推荐。一本菜谱，完全可以在每个页面后面出现这个菜肴的半成品购买入口，页尾出现相应的厨具甚至是烹饪班的报名入口。再比如，一个直播节目，完全可以将节目里使用的道具进行推荐，将电商的导购融合在场景之中，这样做，转化率和用户的体验都应该会比较好。简单地说，就是根据内容和场景来精准匹配商品，这样的推荐不会让用户觉得太生硬，如图 10-19 所示。

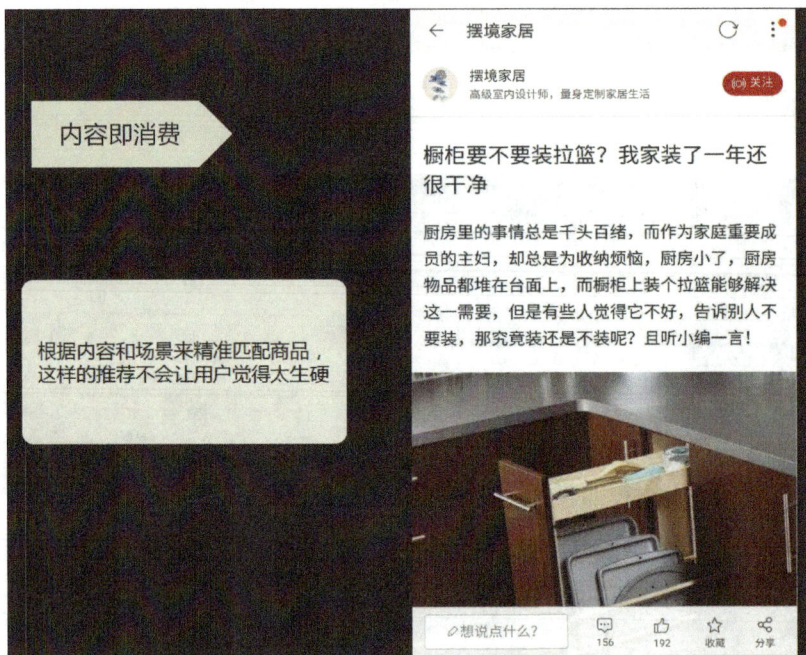

图10-19　淘宝头条

短内容产品：现代人越来越忙碌，能自由支配的时间也越来越琐碎。读长篇的内容或看一部很长的电影，真的是一件难得的事情。所以，现在有很多产品会将长篇的内容打散成为短篇，将最精华的20%内容提炼出来，让你花20%的时间能有80%的收获。也有一些产品将长篇音频转换为短小的音频进行传播。之后，还出现了很多短视频的产品，将长视频中最精华的部分进行了剪辑重组，将亮点呈现给用户。笔者仍然看好这类短内容产品的未来发展，碎片化的内容能够在短时间内满足用户获取更多的内容的需求，只是表现形式上可能需要有更多的突破，如图10-20所示。

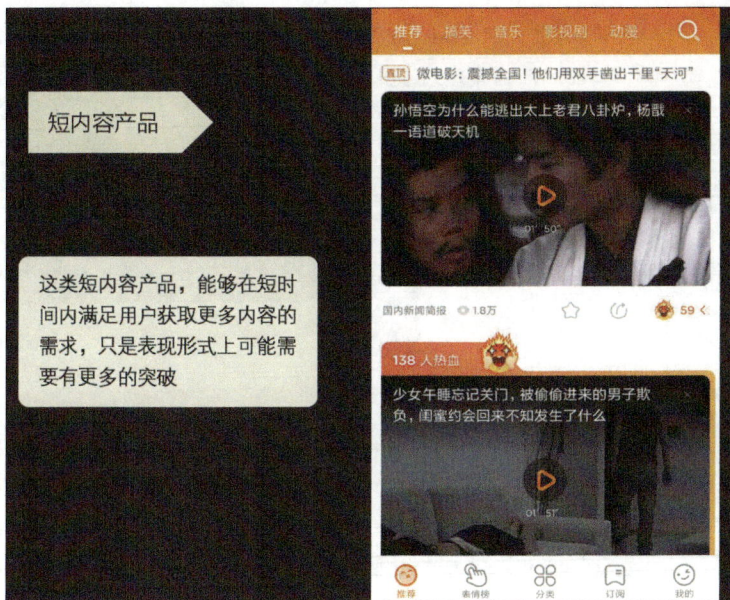

图10-20　土豆短视频

全民皆内容：从10年前的博客，到后来的微博，再到现在的微信朋友圈，从中国到外国，所有使用相关互联网应用、移动互联网应用的人都在充当写手的角色。只是这个内容是原创还是转载，是长篇还是短篇的区别。特别是朋友圈，几乎每个使用者都要弄点内容上去。人是群居动物，所以每个人都是希望与他人分享自己的感受的。分享感受最好的方式就是通过内容，可以是文字、图片或视频，近两年火起来的短视频也是如此。随着未来手机技术的发展，每个人可以用手机很方便地发布自己的创作，包括图文、照片、视频等，可以随时随地上传，和朋友进行分享。只是现在这股风气还未兴起，一定还有很多有创作才能的人，因为各种不便利而未被挖掘。未来，可能每个人在这些社交空间原创或转发的内容，可以聚合起来，成为自己的一部成长日记和他人分享，甚至是获得收益，如图10-21所示。有个类似的产品，就是淘宝头条，它主张每个人都可以是内容的创作者，并且让创作与收益结合，获得创作的乐趣和利益，期待这个方向下一步的发展。

图10-21　汤圆创作

内容提供者与消费者线上面对面互动：笔者一直认为，内容的呈现只是完成了内容创作者心理预期的一半。另外一半，应该是内容消费者对于内容的态度与评价，甚至是创作者与内容消费者之间的互动。未来，可能任何的内容被人评论后，都可以随时通知到作者，并得到作者的回复，甚至是"面对面"讨论。有可能会出现一种技术，让内容消费者在阅读内容时，可以直接通过全息投影与作者进行实时互动，如图10-22所示。想象有一款产品，在你阅读一篇时尚或任何一类资讯时，让你能够直接与创作者进行线上讨论，是不是很酷的一件事？

笔者认为，随着科技进步，未来的内容产品还有很大的想象空间。想想看，如果看电影或电视剧可以像看直播一样与剧中人物进行互动，那该多有意思。有志从事这方面工作的同学，平时可以多关注和留意相关信息。

图10-22　支付宝"如影计划"

10.4　小结

（1）目前，在移动互联网市场上，内容型的产品占据绝对的统治位置，很多工具型产品、社交类产品等都在往内容化的方向发展。

（2）内容型产品包括图文、音频、视频、直播等各种形式，内容型产品的核心还是在内容上。

（3）做内容产品运营的同学一定要了解内容而且对内容有敏感度。做内容运营，从寻找、包装、推荐到新的形式，要有一整套完整的运营方法，需要大家在实际过程中结合各自的产品去不断打磨。产品要深入到用户心里，还必须有一定的情怀特色，应想办法让用户、内容和产品之间建立长期稳固的联系。

（4）除了这几年流行的信息流外，随着科技的发展，未来的内容型产品还会有很大的想象空间，内容与消费的结合会越来越紧密，用户从消费内容到生产内容的门槛也会越来越低。

第11章

工具型产品运营有窍门

11.1 工具型产品中运营的作用

这几年，以解决用户特定需求为出发点的工具型产品如雨后春笋般出现，从早期的浏览器、输入法，到后来的清理类、生活类、拍照类应用等，日益霸占手机用户的屏幕。理论上讲，所有互联网产品都是工具，无论是电商、社交，还是游戏等，在后面加"工具"二字，用户都能接受。但是现在大家说"工具型产品"更多的是指解决单一需求、使用场景单一的"纯工具产品"。

工具型产品有先天的优势，很容易因为产品的功能亮点吸引用户。但也面临几个同样的问题，如门槛低、同质化严重、用户黏性太低、迁移成本低，无法形成自己的账号体系和建立竞争壁垒，还有就是通常都有上亿的用户体量，几千万的月活用户，但用户后期的运营和如何变现一直都是个"老大难"的问题。能从工具类转变到服务类、平台类的产品少之又少，但是如果不转变，工具类产品将一直是个"用完即走"的产品，这也就是工具类产品都在力求突破，同时开始注重运营的原因。

11.1.1 工具型产品运营要提升用户活跃度

工具型产品做运营，有时候也是迫不得已的，因为产品做到了一定规模后，大部分用户只是在有相应的需求时使用产品，并不会有持续性的需求。在目前的市场上，一个产品的用户使用时长直接决定了其未来的商业价值，此时工具型产品更需要运营人员能够提升用户活跃度。所以，工具型产品中的运营第一使命是通过用户运营和活动运营来提升产品的活跃度。

此时，产品人员通常会需要开发一些小功能配合运营人员的"活跃计划"。比如，各家都很常见的签到功能，如图11-1所示。通过签到刺激用户每天都来产品里"打卡"，签到几天后还会有额外彩蛋，比较常见的积分和积分游戏。还有，增加一些内容的供给，让用户除了使用产品外，还能浏览一些相关的内容，也可以为后期做广告进行铺垫，对于很久不来的用户给予特殊的推送，让用户感受到被关怀，从而促使用户使用产品。定期举行一些线上活动，使用户能够感受到产品除了基本功能外，还有一些有意思的东西。还有，如果产品是和线下结合比较多的，如外卖之类的，完全可以做一些线下的活动，情人节时订外卖送玫瑰等，都能促进用户的活跃。诸如此类，相信各位在各家产品上都见过。总体来说，工具型产品运营基本是以产品的额外功能和活动为主。

图11-1 工具型产品签到

有一点需要谨记，很多通用的方法并不是真的通用的，需要谨慎地尝试后根据数据作调整。比如，很多工具类产品都会做资讯信息流，仿佛信息流是个大宝库，做了就会有很高的收益。但实际上，很多产品的信息流因为技术投入不足体验并不好，和用户使用场景不够贴合，所以效果并不好。还有些产品会加入一些社区运营，但是相对来说，社区运营是需要比较久的用户积累和内容积累的，并不会在短时间内对产品活跃有很大帮助。并且，如果使用工具型产品的用户不擅长产出内容，那么社区就会难以维持。

想通过运营提升工具型产品的用户活跃度，首先所做的运营一定要符合产品的场景和用户，其次需要通过反复测试来验证是否真实有效。

11.1.2　工具型产品运营要带来更多新用户

通过产品运营，工具型产品的用户活跃度有了一定提升。这些可能还不够，还要通过市场运营和品牌运营等方式，想办法给产品带来新用户。前面在讲解市场运营时对于通过市场渠道增加新用户的方式已经做了比较详细的介绍，这里就不具体展开。品牌运营确实是一种增加新用户的方式，通过全媒体的传播，能够增加产品的知名度从而带来新用户。但是目前已经有越来越多的广告和传媒公司介入全媒体传播的领域，所以用户对于软广或推广活动也日渐麻木，未必能够有很好的效果，加上全媒体渠道需要有"养粉"阶段，不容易马上见到效果。当然，如果产品前期有比较好的全媒体基础，那么品牌运营是有一部分可操作空间的。笔者认为，要拉新，最好的方式还是在产品内做一些运营活动，然后通过各种渠道进行承载扩散，效果会更好一些。比如，之前各大应用都用过的"以老带新"活动，老用户推广一个新用户后，新老用户都可以获得一定的收益，老用户推广到一定级别后还可以获得叠加收益等。

再举个例子，笔者出行一直爱坐顺风车，这肯定是需要利用工具型产品，大家都是有出行需求时才会用到，如图11-2所示。要想让用户更多地使用，只要乘客端有出行需求，通过简单的卡券刺激基本都可以促成。相对而言，车主端动力并不是那么充分。笔者认为，做共享经济，钱作为经济手段是很重要的，但不一定是最重要的。

图11-2　顺风车产品

如果有个车主选择了顺风车出行，他能找到一个很合拍的乘客，一路聊得很开心，甚至最后成为朋友，那么对于车主和乘客都是件很开心的事情，而且也都会很乐意多去使用产品。所以，如果能够用一些手段给车主和乘客建立起相应的用户标签，然后将最合适的两人进行撮合岂不是很好的事情？其实现在在结束行程后，顺风车都会要求乘客与车主互相打分，并且用标签的方式写上对彼此的印象，这些应该是滴滴的产品要做用户标签的一个伏笔。除此之外，还会有几种不同的方式，如在应用内增加内容，通过用户对内容的喜好建立标签，但笔者认为这样的场景并不是很合理，用户使用出行产品时很少会关注内容，更合理的应该是可以和某些内容型产品的账号打通和绑定，增加用户的标签。还可以在产品内做个小社区，社区主要是以兴趣爱好和地域甚至是街道来划分的，用户可以在社区内发表一些动态或提问，通过用户对关注的社区和内容来打造用户标签，用户之间也可以互相关注，匹配度更高的用户更容易成行。再往下一步，可以和一些线下的活动或场所进行结合，根据车主的兴趣推荐出行线路，并推荐同行的乘客，有点类似于给出行用户推荐活动，也有点像现实版的陌生人交友。之前笔者做过相关调研，陌生人交友的原因是希望更加自由、无约束或找到志同道合的人，这点和顺风车是有类似结合点的，可以让用户因为顺风车成为朋友。

正如前面提到的，车主愿意出行的原因除了补贴车费外，还可以结交志同道合的朋友。除此之外，运营还可以做一些有趣的事情，如流动图书馆，信件中间站——成为用户间交友的桥梁等。同时，还可以结合不同车主的特性和车辆，做一些有针对性的活动，如"外国车主日"，让外国的车主出行时带上彩蛋等，都会对产品产生帮助。这些都只是一些设想，但是如果真的能够很好地实践，相信会有更多的司机愿意加入顺风车车主的行列。

11.1.3　工具型产品运营得找到合适的商业模式

到目前为止，工具型产品最合理的商业模式似乎就是前端收费，即用户付费使用产品，目前iOS端有部分工具型产品就是这样的。同时，国外用户对于这种付费方式的接受度也比较高。其实，这点在早期的互联网时代表现得更为明显，很多软件销售，都是需要企业付费使用的。但是想让国内的个人用户接受收费使用显然是很难的事情，所以工具型产品运营都在想方设法从用户口袋里"掏钱"。

目前，一种比较合理的方式就是让用户免费使用软件，然后针对其中的一些高级功能，需要用户来付费，这点可以说是付费使用的一种延伸。当使用用户数到达一定量级时，付费用户的数量也会相应增加，从而为产品带来一笔收入。相对来说，这也是一种比较"正向"的收入，通过产品自身的功能来产生收入。

另外一个基本所有的互联网产品都逃不了的商业模式就是广告了，广告可以说是现金流的生命线。但是，工具型产品的广告一定要做得"优雅"，否则就会遭到用户的反感而被用户弃用。使用工具型产品的用户，基本都是有特定需求时进来的，用户都希望能比较快地满足需求，所以如果大篇幅地出现广告，一定会影响用户的使用。比较好的广告模式，应该是结合用户的使用场景出现的，如一个地图产品，在用户搜索到目的地后，可以推荐目的地附近的相关活动。或者是用户打开应用后的整体皮肤界面是某个品牌商的，再推荐品牌商的活动。也可以再可爱一点，弄个出行小助理，小助理偶尔给推荐个广告什么的。总之就是尽量使广告不影响用户使用产品，才更容易让用户接受。

笔者认为，一些工具类产品，在产品稳定后可以做一些平台性质的纵向拓展，与机构合作，如让一些机构入驻并提供部分内容，像地图产品可以做地点认领，向机构收取一定的平台费用，也是一笔可观的收入，甚至可能变成一种新的商业模式。

以上这几种商业模式，也是工具型产品目前的主要商业模式了，包括前端收费、会员与增值业务、广告、平台服务费等。关于工具型产品的商业模式的讨论一直在持续中，相信未来会有更多商业模式出现，笔者也希望工具型产品可以跳出只有用户口碑而没有收入的"怪圈"。

11.2　不同类型的工具型产品如何运营

工具型产品有很多不同类别，从用户使用的场景来看，大致会分成系统工具类、生活工具类、办公工具类、其他类等。无论哪种工具型的产品，在产品稳定后，都会期待往更大的方向拓展，如内容方向、社交方向或云服务方向等。下面，我们来看一些比较成功的工具型产品是如何完成运营转型的。

11.2.1　系统类工具产品运营

先来看看平时大家接触最多的工具型产品——系统工具类。这类产品基本都是和系统相关性较强的，如果没有这类工具型产品，手机系统在使用上就会出现一些问题。这类产品中做得比较好的典型有 UC 浏览器、搜狗输入法和猎豹清理大师。

UC 浏览器是国内知名的老牌手机浏览器，常年与腾讯的 QQ 浏览器争夺国内手机浏览器市场份额第一的位置。被阿里巴巴全资收购后，UC 浏览器成为阿里巴巴移动事业部一枚重要的棋子，阿里巴巴也意识到如果只是通过浏览器的工具功能，做网

址导航、各种导流，无法有更大的突破。所以在前几年，UC成立了神马搜索，主推
移动端搜索，凭借UC浏览器的市场份额，目前在移动搜索市场能稳居第二名，但是
与排名第一的百度的市场份额还是相差很大，如图11-3所示。

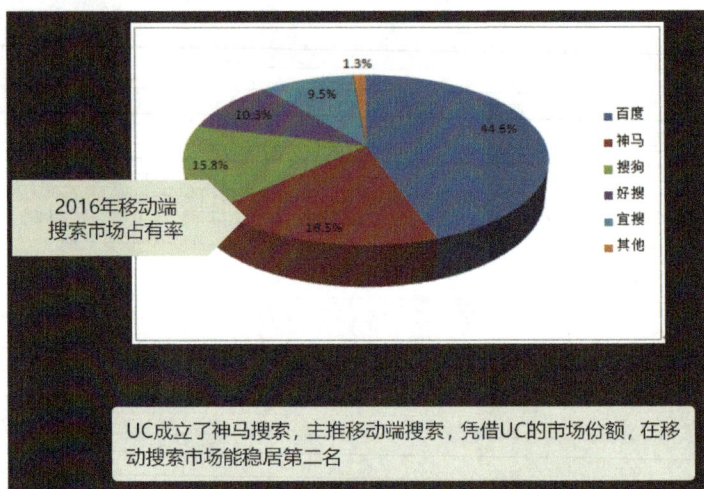

图11-3　2016年移动端搜索市场占有率

　　近两年，UC浏览器又在内容角度有所突破，开始做起了内容分发，成立了UC
头条，布局"大鱼号"，还与阿里巴巴的大文娱打通，补充了优酷土豆等平台的内容，
让UC仿佛找到了另一条出路。凭借UC浏览器多年的用户积累和动作，目前UC头
条在资讯类的产品中排名已经达到前10，笔者依旧看好UC头条的前景。从UC浏览
器我们不难看出，产品人员在工具型产品的产品设计和规划中，一定要有前瞻意识和
战略性，相信UC浏览器也是在很早就已经开始布局了与浏览器业务强相关的移动搜索，
在移动搜索到达一定的规模量级后，又考虑向流量较聚集的内容型产品转型，充
分发挥产品的用户优势。

　　搜狗输入法是国内为数不多的对输入法有持续投入，并很早开始利用数据反补
产品的一个系统类工具型产品，如图11-4所示。从PC端到移动端，搜狗输入法无
疑是成功的，当年PC上诸多输入法割据，在移动互联网时代，能够提前布局并能将
产品完全打通的为数不多。进入移动互联网时代，搜狗输入法成为搜狗旗下众多产品

的重要入口。搜狗输入法和其他工具型产品有所不同，并不是本身的产品产生直接收益，而是凭借其强大用户量，向搜狗的其他产品线输送用户，包括搜狗搜索、搜狗应用市场等，都是受益者。同时，笔者猜测，搜狗输入法还将最宝贵的数据资源运用到了人工智能中，目前用户在微信内输入的内容，如果使用搜狗输入法，会出现自动回复选项，这应该是搜狗在人工智能领域的一个尝试，相信未来还会有更大的惊喜。

图11-4　搜狗输入法

　　相对于前两家，严格意义上说，猎豹清理大师并不属于系统类工具，但却是与系统强相关的工具，如图11-5所示。前几年，当用户的手机配置和空间有限时，猎豹清理大师利用这个情况占据了很多手机，随着用户手机性能和配置的日益提升，猎豹清理大师的用户增长也遇到了瓶颈，所以这两年猎豹移动也在调整方向，希望利用原有的众多用户基础，往内容化方向发展。总体来说，猎豹清理大师还是比较简单的，基本就是广告分发和导流的模式，会根据用户安装的应用属性，给用户推送相应的内容，通过广告获得收益，广告收入也占据了猎豹移动收入的大部分。

　　总体而言，由于系统类工具与系统有较强关联性，用户使用频次较高，基本模式都是将用户的产品需求做到极致后，更倾向于推广自家其他产品的服务来获得收益。这种做法能保证在不影响用户使用体验的基础上，继续为自家产品持续地导入流量，是一种相对高级的做法。

图11-5　猎豹清理大师

11.2.2　生活类工具产品运营

除了系统类工具产品外，平时用户使用较多的就是生活类工具产品了。这类产品有很多，如平时用的自拍应用、天气预报、地图、出行产品、WiFi工具等。这类产品的特点更接近"用完即走"，用户使用这类产品的场景是特定的。

先来看看在国内移动应用排行榜进入前10名的、唯一没有BAT背景的产品——WiFi万能钥匙，如图11-6所示。WiFi万能钥匙是位于上海的互联网公司，是之前盛大的陈大年带领开发的一款产品。笔者认为这个产品的切入点比较好，手机用户对于WiFi的需求是极其强烈的，基本可以说是刚需。WiFi万能钥匙是最早运营"共享"概念的产品，让用户能够在没有WiFi的环境下方便地接入到合作的WiFi中。这个产品在二、三线城市的普及率极高，所以打开产品后看到产品的运营内容也像是主要针对二、三线用户的。实际上，内容的质量并不高，基本还是以猎奇、"擦边球"内容为主。整体的运营令人感觉是为相对低端用户提供的一个广告集合体，从资讯推荐到应用下载和各种生活服务等一应俱全，但很难想象，一个相对高端的用户会在体验并不够友好的页面里浏览资讯或寻找生活服务。笔者认为，随着运营商不断"提速降费"，WiFi万能钥匙的用户红利也会逐渐消失，所以WiFi万能钥匙目前要做的应该是逐渐建立自有业务，或自建内容平台，或向O2O方向发展，不可只关注目前的流量红利。

图11-6 WiFi万能钥匙

墨迹天气（如图11-7所示）作为另一款月活过亿的生活类工具产品，和WiFi万能钥匙有着类似的使用场景，但并没有WiFi万能钥匙那样的刚需，用户看天气信息可能只需要看一眼桌面小组件或一条推送消息即可。我们会发现墨迹天气是将市场上能做的各种运营方式都试了个遍——活动、内容、社区、电商等。但是，我们从墨迹天气的招股书中不难发现，所有的商业化中，广告占据了98%以上的收入，也就是说墨迹天气尝试的电商、社区等均告无效。墨迹天气的这一现象也是众多工具类产品的悲哀——有海量用户肯定能带来收入，但未必是海量的收入。

图11-7　墨迹天气

目前，墨迹天气仍在主推的是类似于图片社交的"时景"模块，希望用户将实时的景象拍摄下来后分享，这和天气有一定的结合度，同时可以利用地域的因素，墨迹天气应该是希望通过图片社交打造一个中国版的instagram。根据笔者的观察，"时景"模块的用户较刚推出时，已经有了很高的提升，但用户的质量参差不齐，未来会如何发展让我们拭目以待。

还有一款生活类工具产品——滴滴出行（如图11-8所示），也是平时大家用得比较多的，每天都有很多人在享受滴滴出行提供的服务。从滴滴打车改名为滴滴出行，就已经暴露出滴滴的野心。可喜的是，产品的进程和扩张很顺利。目前，滴滴出行已经囊括了出租车、顺风车、豪华车、快车、专车、代驾、试驾、小巴、自驾租车、敬老出租及最近刚接入的OFO单车这些出行方式。有些属于试水的产品，最终是否能走下去还要看具体的运营数据。虽然是同属于生活类工具产品，但是滴滴出行在一开始就有了类似电商的属性，"买卖"双方可以在滴滴的平台上进行下单、接单，并通过平台结算。所以，滴滴出行与其他的生活类工具产品相比有了平台的优势，不用纠结其本身的商业模式。但滴滴出行也有产品运营的需求，比如很多车主会利用政策漏洞来诱导乘客在线下成单，应通过有效运营尽可能规避这种情况的发生，同时应在高峰期充分调动司机出行接单。类似共享出行的"顺风车"业务，如何通过产品和运营，刺激车主与乘客更多地使用顺风车出行，是否需要考虑加入社交因素等，都是滴滴出行的产品人员和运营人员需要深度调研后再决定的。

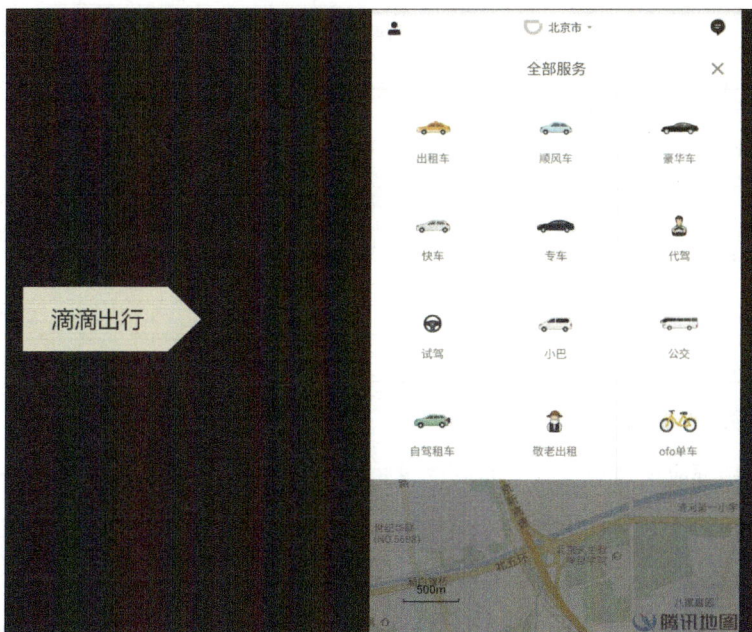

图11-8　滴滴出行

生活类工具应该是属于目前工具类中"生活"得不太好的一种类型，该类工具的用户有需求但又不够强烈，同时产品本身的功能相对单一，大部分收入主要依靠广告，面临着有流量但不知如何更好地变现等问题。更好的生活类工具的做法，应该可以拓展到O2O领域，将线上和线下进行一些结合，拓宽产品的使用场景，寻找到新的增长点。

11.2.3　办公类（文档类）工具产品运营

作为用户使用量庞大的办公类（文档类）工具产品，以百度网盘、WPS Office和网易邮箱大师为代表。这类产品也有着工具型产品都有的特点——有比较好的产品体验，能够满足用户在特定场景的需求，但在商业化运营和产品运营上也面临一些问题。

先来看一下目前市场上所剩不多的网盘产品——百度网盘，如图11-9所示。作为当时用户备份和存储空间的不二选择，网盘曾经红极一时。金山快盘、115网盘、华为DBank等，目前都已经不再提供服务，还在提供服务的用户量最大的当属百度网盘了。百度网盘作为用户存储备份资料的工具，在产品运营上，目前还是以导流为主，移动产品内的"看吧"Tab，基本沦为信息流广告位。笔者认为这并不恰当，一般人很难会在网盘里看资讯，相应的数据也不会太高。当然，百度网盘不做过多内容方面的运营也可能与打击盗版及国家政策有关，之前就有很多用户将百度网盘作为传播盗版资源和低俗资源的通道。目前，百度网盘也开始推广会员服务，并且将会员进行了分级，分为会员和超级会员，超级会员享受除了会员之外的更多权益。笔者认为，如果网盘想有更多的商业模式，又担心个人用户的内容有问题，应该接入更多的机构内容服务商，并让用户可以通过网盘下载和保存相关内容。最基本的，百度体系内的内容产品都应该可以支持保存到网盘，这样的模式会更为合理一些。

WPS Office（如图11-10所示）是金山办公旗下的王牌产品，从PC端到移动端实现了完美转型，并一跃成为全球移动端用户量最多的办公类工具应用。WPS Office从转型移动端后，立足用户的使用场景，做了很多很实用的功能，如投影、共享播放、文档模板、云文档等，并成为Google Play和App Store的市场推荐应用。在运营上，由于本身有着比较大量的用户基础和市场垄断地位，WPS Office的运营基本上都集中在商业化变现方面：移动WPS移植了PC端的流量变现和会员模式，还有稻壳模板等增值变现，还增强了WPS云文档的入口作用，同时增加了稻壳的精品课内容，基本上是围绕着用户文档使用场景在拓宽产品和运营的思路。目前，办公类（文档类）整体的产品用户和营收都比较稳定，后期当更多用户开始习惯使用云文档后，如果在企业用户内部及普通用户之间能够形成正向的文档交换，那么办公类（文档类）产品会迎来新的一轮高潮。

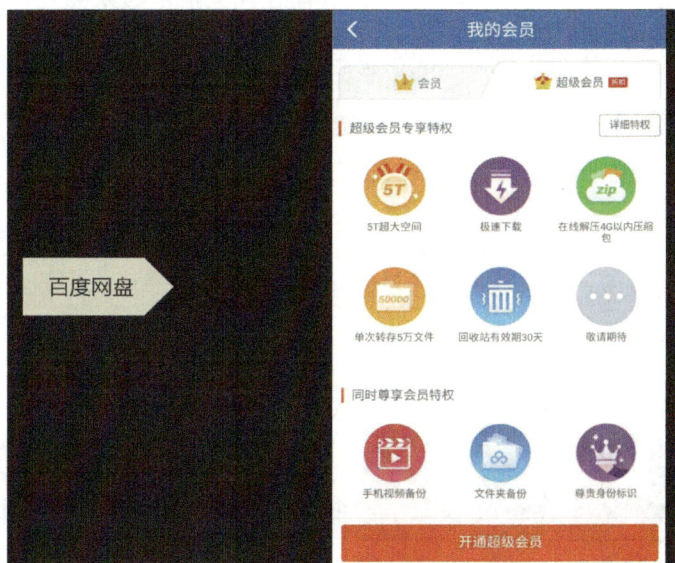

图11-9　百度网盘

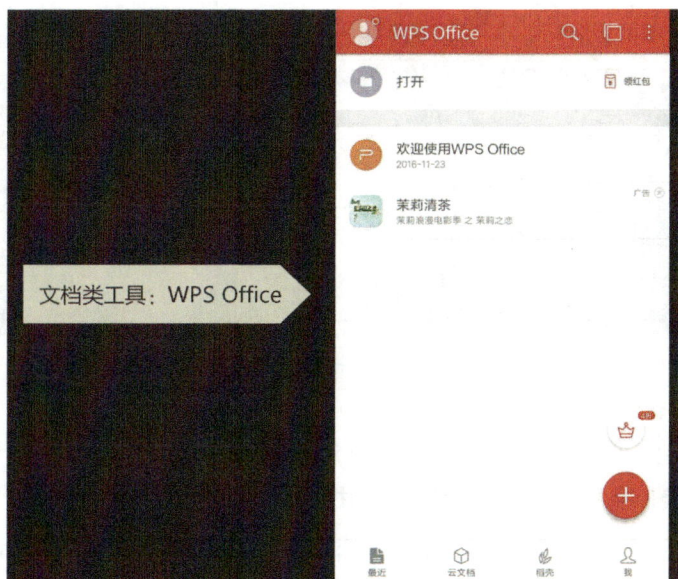

图11-10　WPS Office

办公类工具产品的另外一类典型就是邮箱类产品，目前市场上做个人邮箱服务的产品并不多，大部分市场份额被QQ邮箱和163邮箱占据。由于QQ邮箱和微信都出自腾讯广州研发团队，目前没有太多的营收压力，所以整个产品几乎看不到运营的成分，是个特别"本分"的、"用完即走"的产品。相比来说，网易邮箱大师（如图11-11所示）就有比较多的运营参与。基本上，网易邮箱大师的运营都集中在流量变现，也就是广告方面。邮箱大师的广告有3种形式，第一种是固定推荐位推自家产品，主要集中在"我"Tab中；第2种是给通过邮箱服务器给用户发送广告邮件，基本也是以自己的海淘、严选、金融这类产品为主；第3种是最近刚加入的信息流，在邮件列表中插入图片或文字广告位。

图11-11　网易邮箱大师

目前领先的各家办公类（文档类）工具产品的市场份额相对稳定，而且需求也是相对固定的，基本上有办公或文档需求的用户都会使用，且用户需求量巨大。目前运营做得比较好的办公类工具产品，都已经开始尝试会员的变现模式，同时也会加入广告变现。相对来说，增加一些与产品相关的内容或增值商品提供给用户，让用户在产品内产生消费，能够对产品有更多的正向作用。

综合前面所有讲到的工具型产品，会发现一个共同的特征——产品的本质需求决定了产品的命运，工具型注定是个低门槛但高难度的产品。由于系统类的工具型产品与手机系统的基本功能结合紧密，所以有着较多用户。由于生活类的工具型产品与生活场景结合较多，用户数也较多。其他的垂直类别工具产品，用户相对小众，用户量也更小一些。这些工具产品都是以满足用户的某种需求进入到用户的手机中，运营在其中的身份比较特别。相对来说，运营在前期就介入的产品并不太多。产品趋于稳定后，部分产品开始有了用户运营，通过一些活动、产品内外的刺激吸引用户更多地使用产品，并帮助产品传播。待产品成熟后，更多的是开始做商业化运营或拓展到新功能的运营，商业化运营集中在广告变现与增值服务中，新功能运营主要是对内容或社区方面的运营介入。

11.3　工具型产品的未来

工具型产品有几个天然的劣势：门槛低、用户忠诚度低、商业模式未被验证。所以，往往都是过亿的用户体量，几千万量级的月活用户，但是市值相比其他产品低了很多。在工具型产品中，"有用户意味着能赚钱"仿佛并不灵验，用户量越大，并不代表产品的盈利越多。但是，不可否认工具型产品有其存在的意义和价值，只是未来需要有更多的探索和发展。

工具型产品未来的发展方向，在前面提到过一些，笔者总结了以下几点。

第一，一定要深入用户场景来连接服务。工具是可以随时替换的，但是如果要替换服务则成本高很多。可以根据产品所处的使用场景和用户特点，围绕原有的功能衍生周边服务。如支付宝原来只是个支付工具，后来上线了余额宝，提供了理财服务，用户的接受度就很高，到现在支付宝已经成为一个集支付、理财、贷款、生活服务等于一身的产品。

　　第二，可以拓展产品的边界，提供一些内容，通过内容将用户连接起来。很多工具型产品的用户都有相同的属性，完全可以尝试社区的形式，组织用户在社区发表内容。一方面让用户有了更多机会使用产品，并对产品产生依赖和更多的数据连接，另一方面也是为产品寻找更多出口和商业机会。

　　第三，工具型产品可以尝试对用户收费。也许让个人付费在国内未必可行，毕竟用户没有形成习惯，可以继续探索一些增值的功能。相反，海外用户对于付费使用的意愿则强烈的多，国内也有很多"出海"成功的产品的案例。对企业收费，则需要产品人员根据企业用户需求来进行一些定制和开发，满足企业用户的特定需求后，企业是会乐意付费使用的。

　　工具型产品作为目前市场上用户量最大的产品类型之一，在诞生之日起就带着"原罪"，用户自然地将工具型产品局限在某个固定的场景之中。众多工具型产品要突破这重障碍，需要继续努力和尝试，如图11-12所示。

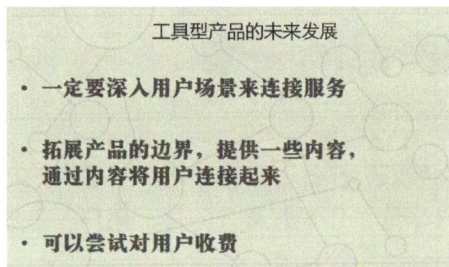

图11-12　工具型产品的未来发展

11.4　小结

　　（1）工具型产品一直是移动互联网的热点之一，但是其运营一直比较尴尬，既要通过运营增加用户活跃和用户口碑，又要找到合适的商业模式，对于运营人员的要求也较高。

（2）工具型产品用户的使用场景和需求是相对固定的，仅通过运营的刺激作用有限，运营人员需要和产品人员及用户有更多沟通，了解和关注用户的需求和出发点，拓展工具产品的边界。

（3）做得较好的工具型产品都开始尝试转型，如内容、社交、活动等方面，运营可以多从这些场景中制订策略来刺激用户。

（4）目前，广告变现、自家产品导流、会员及增值收入还是工具型产品商业化运营的主要手段。

第12章

运营人员的未来

12.1 运营人路在何方

很多运营人员都会有这样的疑惑：做了多年运营后，感觉工作如流水线一般，没有新意，也没有更多进步的空间；还有一些更资深的运营人员，成为运营部门负责人，但并不知道自己下一步的目标在何方。作为一名运营人员，究竟未来要怎么往前走，路才会更加宽阔呢？运营人员要如何选择呢？

12.1.1 让自己成为运营专家

目前，移动互联网公司设置岗位一般有两个方向：专家方向和管理方向，如图12-1所示。专家方向，也叫技术方向，这个方向的人选主要是以专业知识为未来发展方向的，以技术、产品为主，目前也扩充到了运营、设计等。这类人基本只做专业的事情，管理比较少，主要是将专业钻研透，在每个企业都会需要这类人。管理方向，顾名思义，是一个对专业要求相对较弱但必须全面的发展路线。对专业相关的各领域都有所了解但未必精通，通常人际关系处理得比较好，善于协调处理各种矛盾，这类人比较适合走"管理路线"，也比较容易走入企业的高层管理。相对来说，管理方向的人选性格相对外向，专家方向的人选性格相对内向。

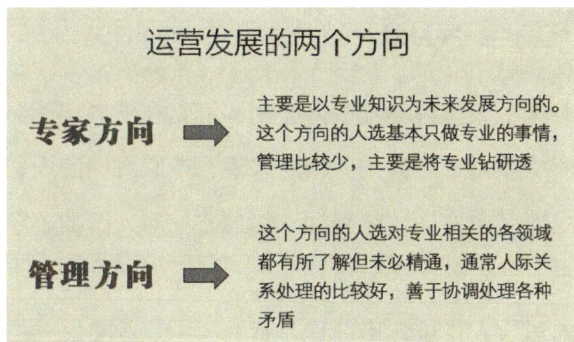

图12-1 运营发展的两个方向

　　这两个方向并没有好坏之分，只有适合与否。通常来说，大部分的运营人员都会成为某个方向的运营专家。随着运营工作时间的增长，很多运营人员会在运营的某个领域积累了一定的经验和见解，当拿到一款竞品时，你能很快地说出竞品的优点和不足；当要做一款同类型新产品时，你会很流畅地说出运营在前期和后期需要做的各项工作。运营经验再丰富一些后，当你拿到一款产品时，看几遍就应该能知道这个产品的产品形态、运营模式和商业模式。产品形态相对简单，是一款电商产品，还是一款资讯类产品或社交类的产品；运营模式，是编辑推荐的方式，是用户自创的UGC模式，还是平台型还是自营型等；商业模式相对需要更多的经验，产品是通过流量广告创造收入，是通过用户的付费增值业务，还是通过大流量形成平台赚取服务费等。作为一名资深的运营人，这些都应该在拿到产品几分钟内能看明白。这时的运营人，应该有一双运营专家的眼睛。

　　要成为一名运营专家还应具备一点：看到别人的产品或一个新项目时，你能很快地找出产品的亮点或不足，并能够为这款产品想到合适的运营建议。同时，还能联想到自己的产品，是否有可以借鉴的点需要补足。当然，这还是需要有一定判断力的，并不是所有的亮点都是你的产品所需要的。比如，你负责的是一款直播类产品，看到短视频时，你是否有想过可以让主播将直播的录像精华部分剪辑成短视频分享。看到类似的产品或服务时，你都应该联想到自己的产品是否有可以借鉴的地方。

　　如果你做运营有3年以上了，可以看看自己是否达到了一名运营专家的标准。

12.1.2　走向管理岗位

前面提到了，目前的大型移动互联网公司，通常在业务层面会分两个方向，一个是专家方向，另外一个就是管理方向。相对来说，专家方向的人选会比较多一些，因为大部分的人都会是对某个方向比较精通，管理方向对人选的要求相对多一些，所以相对人选会少一些。

工作了3~5年的运营人，虽然不能说是运营精英，但起码是个有经验的运营人了。如果你是个热爱思考的同学，那么你的业务能力肯定不会差；如果你对运营的各个领域都有着一定的了解，同时还知道如何与人相处，那么就很适合走上管理岗位。

通常来说，运营人在的职场轨迹是这样的：初级运营、运营专员→运营主管、运营经理→运营负责人、运营总监→高级总监→VP/

图12-2　运营人的职场轨迹

COO→？，如图12-2所示。每个阶段都需要2~3年的专职时间，也就是说，正常情况下，你想在一个互联网公司里当上总监，需要至少6年的专职时间。一般情况下，如果你只有两三年的经验，有人请你做总监，那么你应该考虑一下这个公司的认知了。大部分人的职场发展都会停留在运营经理和运营总监之间，无论是专家方向还是管理方向。而很多公司又是需要运营管理人员的，此时公司通常会从之前的管理方向的人选里找到合适的人员，帮助他们晋升。一般而言，管理方向的人员更适合走上运营的高层。

很多人最关心的就是每个阶段的运营人员的收入会是怎么样的。笔者想说的是，收入肯定是因人而异的，初级运营的收入相比互联网其他方向来说会是比较低的。比如，一个在北京的应届大学毕业生运营的月薪范围可能为5000~12 000元，每到了一个阶段，他（她）的收入应该会是成倍增长。到VP级别后，可能就更高了，还会有可观的股票期权。专家方向和管理方向的运营人，其实收入不会有太大的差别，更多的只是工作内容的区别而已，所以不用过于介意收入问题。

作为一个运营人，如果你是一个多面手，能应付各种问题，并善于协调各种关系，应该让自己在业务层面上更加的精通，并学会管理。在日常工作中，培养自己的项目管理经验和人员管理经验，然后寻找更合适的机会，不断丰富自己各方面的能力，让自己成为管理者。

12.1.3　运营和产品不分家

在很多移动互联网公司里，运营和产品是不分家的，同属于一个部门。相对来说，这类公司对于运营业务的重视还不够充分，或者是由公司基因决定的，或者是由产品属性决定的。而在这类公司里的运营人员，其实有很好的资源和背景，他们能第一时间了解到产品的各种信息，并且和其他公司的产品人员一样，能够和第一线的研发人员、测试人员沟通需求。其实这个时候，运营人员和产品人员并没有特别明显的界限。

有一定经验的运营人，转向产品岗位也许是不错的选择。笔者之前的运营同事，就有很多人成功地转到了产品岗位。笔者也是如此，也经历过从运营转为产品的阶段。从运营转到产品，大多数情况下，先从用户体验的角度来介入会比较容易一些。简单地说，可以先从产品的前端界面体验和交互上以及一些偏运营方向的功能设计来入手，通过用户反馈和数据分析，提出一定的产品设计与优化方案。后期，对产品有更多深入的了解时，可以开始接触一些产品的基础功能，其间逐步梳理产品逻辑。再往后，可以做一些和后台相关的产品设计以及和技术结合更多一些的产品设计。最后和运营人员一样，需要接触和了解产品的商业化方向的设计。

在笔者看来，运营人员更多时候是在执行，产品人员更多时候是在策划。运营人员是不停地换着方法尝试，只要能增加用户使用、增加收入，这些事情都值得试；而产品人员是希望产品更专注，更多的是在选择。运营主线在放中收，产品主线在收中放，两者都以用户和产品为基础，相互作用。如果能同时了解这两种工作，对互联网从业者具有更大的帮助。

除了产品岗外，还有很多运营人在做了多年运营后，成功转向商务市场岗位，或者转向策划岗位等，都是不错的选择。无论如何，在做运营时潜心修炼、积累宝贵的工作经验和工作方法，然后努力去做自己擅长的事情，总会有不错的回报。

做了几年运营后，也要为自己的将来打算了。如果继续做运营，是做某个专项，让自己成为运营专家，还是负责整个项目或转向产品岗位等其他方向，将来成为公司产品和运营的负责人？是时候给自己定位了。

12.2　做一个聪明的职场运营人

笔者在互联网和移动互联网公司工作多年，经历了各类公司，也遇到过各种各样的问题。终于想明白了——任何公司都存在问题，没有问题的公司是不存在的，只是问题放到个人身上来看能否接受罢了。工作，最重要的是要将自己的心态调节好，想明白后，面对一些事情时也就没那么难做决定了。

以下是笔者工作多年的一些感悟，不仅是针对运营人的，对于所有职场的人可能都有用。

1. 公司喜欢听话、出活儿的人

几乎所有的公司都喜欢听话、出活儿的人。

听话，并不是说对领导唯命是从，而是说对于领导的安排，可以保质保量地按时完成。如果有任何疑问，可以提出，但是最重要的是双方取得一致的观点后，坚决地执行。简单地说就是情商高。

出活儿，说的就是个人能力的问题了，能够完成领导安排的各项事情，甚至可以做到要求之外更多的事情。简单地说就是智商不能低。

笔者对于听话和出活儿的考虑是，大部分情况下，听话比出活儿还重要。想象一下，一个很有能力的人却不愿执行公司制订的方案而一意孤行，那不是个很可笑的事情吗。相反，一个能力稍弱的人，可能很认真地做某个事情，但是需要多次修改后才能做好，如果这个人是个善于学习的人，相信经过一段时间的学习和提升，他的能力也会有较大幅度的提升，如图12-3所示（图中一、二、三、四是数学中4个象限）。笔者对于公司用人的排序是：一＞二＞四＞三，供大家参考。

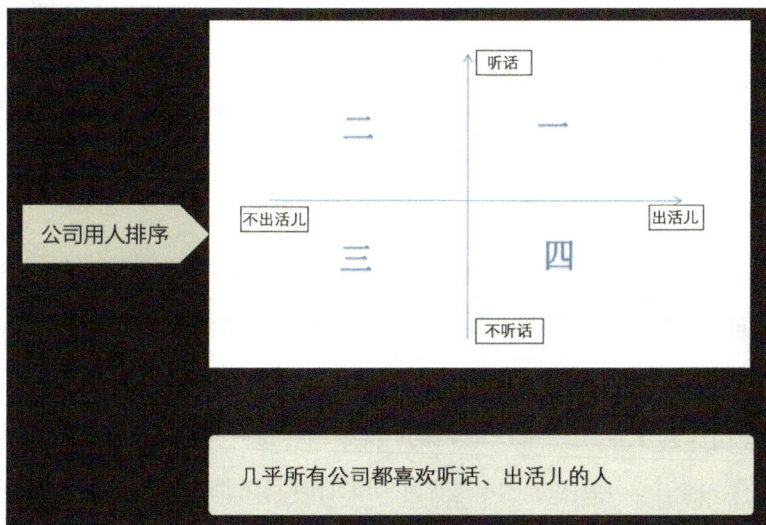

图12-3　公司用人排序

2.要有同理心，换位思考

很多时候，每个人都觉得自己是独特的存在，认为自己很优秀，其他人都不如自己。这种自信在面试时或面对竞争时是有用的，但是切不可带到日常的工作中。

工作中，经常需要同部门同事、跨部门同事甚至是和领导进行沟通和协作。沟通时，难免会遇到意见相左的情况，这时不要只站在自己的角度去思考问题。专业的职场人需要学会换位思考，以对方的角度想一下为什么对方会有和自己不同的想法。甚至在沟通之前，就站在对方角度思考会出现什么样的问题、如何解决。与老板沟通也是如此，很多事情以一个小小运营人员的角度看或许没什么，但是站在领导的角度，会有不一样的思考，你要想办法弄清他（她）的用意。

　　作为对外沟通很多的运营人员，一定要有同理心，不可以一味地以自己的角度看问题。同时，对于需要帮助的同事则不要吝啬，帮助别人的同时也是在提升自己。同事关系是需要平时维护的，以后当自己需要帮助时，也会获得回报。

3. 目标导向，完成任务

　　工作中，一定要记得结果大于过程。在公司里，都是以业绩论成败的，如果没有业绩，即使你再努力、再拼命，也没办法立足。

　　日常工作中，确定目标后就要坚定不移地去实现。如果遇到各种各样的问题而打乱节奏，这时就要懂得分轻重，先将眼前紧急的事情做好，然后继续做重要的事情。运营人员要给自己制定目标，所有的工作都应围绕着完成任务来进行。

4. 不推卸责任，不打小报告

　　工作中遇到追究问题时，千万不要一张口就说"不是我的问题"或"我不知道"，这是不负责任的说法。如果真的遇到问题而不知道应该怎么解决，不要说"我不知道"，可以说"这个需要我回去再查一下"或"这个问题我们线下讨论一下，稍后给您答复"。公司雇人工作是来解决问题的，如果不能解决问题，那么这个人对公司就没有价值。作为整个项目中的一员，项目出现任何问题都与每个人息息相关，所以遇到问题时不要去推卸责任，先和大家一起想出解决问题的办法，然后再找问题的原因以及以后应如何避免。

　　还有一点，就是不要打别人的小报告。不要在领导或同事面前说他人的坏话。一个成熟的职场人，绝对不会喜欢在他（她）面前说别人坏话的同事或下属。工作就是工作，不要带太多的个人情绪，所有的问题都应该是对事不对人的。

5. 隐忍和坚持

　　隐忍和坚持是成熟的职场人的标志。职场有句话："能受多大委屈，才能成多大事儿"。在面对压力和委屈时的反应体现了一个人的成熟程度。即使真的受了委屈，也不要当场辩解或让自己失去控制，在不知道如何应对时建议先保持沉默，事后找领导私下沟通。

　　没有人在职场里会一直一帆风顺，即使是很优秀的人都可能遇到不被重用的情况，这时最好的做法并不是离开，应该选择坚持。如果只是公司业务调整或不可抗的因素，就应该想办法在自己的业务范围内做出业绩，让公司看到自己的价值。在困难环境中的种种经历会让人成长得更快，会使人变得更坚定。但如果是因为人际关系或公司内部斗争被边缘化，并且发现短期内无法改变现状，那么可以选择换个环境重新开始。

很多人不知道何时离开公司是合适的选择，笔者认为，如果你在一个公司工作了约3年，发现公司没办法给你个人带来更大的提升时，也许就可以考虑换个环境了。

以上这几点，都是笔者个人职场生涯的一些总结，希望能够对正在拼搏的运营人员有所帮助。

12.3　小结

（1）作为一个有了一定经验的运营人员，要为后期的发展想好方向，可以选择做一名在某个领域有深入了解的运营专家，也可以是一名对各方面都能兼顾的管理人员。如果对相关岗位有兴趣，有机会也可以转行为产品、市场、策划等。总之，运营人员的路还是比较宽阔的。

（2）随着年龄的增长，对职场的认识也慢慢在增加。任何自认"卓尔不群"的人，都会被社会和职场的有规律所驯化。笔者认为，一个聪明的运营人员，在职场中至少有几点是需要共勉的：听话、出活儿、有同理心、以目标为导向、不推卸责任、隐忍和坚持。

（3）有一位前辈和笔者说过一句话："公司不是家"，希望各位时刻将这句话铭记在心。

➡ 起点学院小课堂 Chapter 3 ⬅

刚入行的互联网运营人员，恰似发育中的青少年，好奇、懵懂，还有一丝渴望：

- 活动策划要怎么做？有模板和案例吗？
- 产品运营和内容活动用户运营有什么区别？
- 做运营好枯燥，感觉没有发展空间怎么办？

对于运营人而言，活动、文案、公众号早已经让我们不堪重负。热点神出鬼没，稍有不慎错过了，一个月的KPI可能就不达标了。比起画画原型、写写文档的产品，运营更需要精通十八般武艺，一个不能落下。怎么能有时间解答这些问题？

其实不懂活动策划，不知道关键数据指标是什么，甚至不知道文案内容该怎么写都没关系，只要你肯学习、肯磨炼，经过一段时间的不断沉淀最终会对这些内容信手拈来，熟能生巧。

那么，要如何去学习和积累这些内容呢？人人都是产品经理在这里提供一份书单、一些案例和一个工具包，供运营们作学习参考。

Chapter 3.1 ➔ 一份书单

- 运营相关

《从零开始做运营》

《谁说菜鸟不会数据分析》

《进化式运营》

《创意之道》

《广告文案训练手册》

《统计数字会撒谎》

《写给大家看的设计书》

《金字塔思维》

《自控力》

● 营销相关

《增长黑客》

《引爆点》

《需求》

《定位》

《用户力》

《让创意更有黏性》

《一个广告人的自白》

《消费者行为学》

《共鸣：内容运营方法论》

● 产品相关

《结网》

《人人都是产品经理》

《AI+时代产品经理的思维方法》

《产品经理必懂的技术那点事儿》

《绝密原型档案》

《Axure RP8 网站与 App 原型设计经典实例教程》

《About Face 4：交互设计精髓》

《破茧成蝶：用户体验设计师的成长之路》

● 互联网思维

《从 0 到 1》

《商战》

《免费：商业的未来》

《周鸿祎：我的互联网方法论》

《游戏化思维》

《点石成金》

《长尾理论》

《22条商规》

《众包》

《社交红利》

《参与感：小米口碑营销内部手册》

《人类简史》

- 用户心理

《怪诞行为学》

《群氓之族：群体认同与政治变迁》

《乌合之众：大众心理研究》

《影响力》

《无价》

《清醒的艺术》

《思考，快与慢》

《启示录》

Chapter 3.2 → 运营人工作中必备的网站

网站名	网址	推荐理由
运营派	yunyingpai.com	学习运营知识
人人都是产品经理	woshipm.com	学习产品知识
起点学院	qidianla.com	产品经理和运营培训
花瓣网	huaban.com	找专题和Banner设计灵感
unsplash	unsplash.com	全球知名免费图库
appannie	appannie.com	APP排名和数据分析
爱站网	aizhan.com	网站数据查询分析
百度搜索风云榜	top.baidu.com	累计百度各类关键词排行榜
新榜	newrank.cn	内容创业服务平台

续表

网站名	网址	推荐理由
百度脑图	naotu.baidu.com	百度出品的在线思维导图工具
墨刀	modao.cc	原型在线设计软件
Teambition	teambition.com	团队协作工具
石墨文档	shimo.im	文档表格在线协作
麦客	mikecrm.com	在线表单制作工具
soogif	soogif.com	GIF图片在线搜索
易企秀	eqxiu.com	H5页面制作工具
天眼查	tianyancha.com	企业信息查询
135编辑器	135editor.com	微信编辑排版工具
创客贴	chuangkit.com	傻瓜式平面设计工具
快法务	kuaifawu.com	企业法务商标公司注册
腾讯问卷	wj.qq.com	免费简约的问卷系统
阿里指数	alizs.taobao.com	阿里社会化大数据分析平台
百度指数	index.baidu.com	百度网民数据分析平台
头条指数	index.toutiao.com	今日头条数据分析

推荐网站由阿猫阿狗导航（dh.woshipm.com）收集整理。

Chapter 3.3 → 运营案例和工具

　　这是一份实打实的运营资料，我们曾经花了一个多月的时间，精挑细选整理了这份产品运营案例资料，包含上百份经典营销和活动案例、学习内容以及运营必备工具。

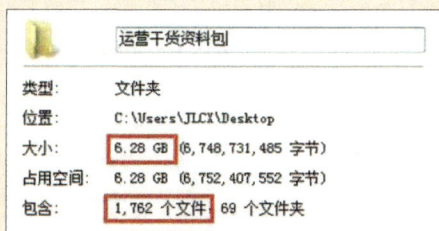

若想获取以上内容，请扫描下方二维码关注"起点学院"微信公众号（id：qidianxueyuan666）并回复关键词"运营攻略123"，即可免费领取！

后记

到这里，关于移动互联网产品运营的分享就基本结束了。在写书的过程中，移动互联网也有了很多新的变化和发展，如BAT中的百度面临各种业务调整、《王者荣耀》火爆全国、乐视帝国被瓦解、共享经济被各种炒作等，让人不得不感慨时不我待。感谢自己生活在这个年代，见证了移动互联网的风起云涌；也庆幸自己生活在这个年代，有机会投身于移动互联网的浪潮。

真的没想到，自己居然可以写出这么多的内容，中间有几次想到过放弃，但是在休整了几天后，又继续乖乖地开始敲键盘了。回看一下本书的内容，确实是自己这么多年工作的积累与总结。从产品运营的工作内容、工作方法入手，到具体产品运营的实例，再到后期转行做产品的经历，无一不让自己觉得欣慰。感谢自己经历了很多事情，最终将大部分的方法都留在了自己的脑海中。

有人说"运营是个坑，什么都往里扔"，也有人说运营"道行高深"。我用了近10年来参与其中，还只能说是"管中窥豹"。运营是典型的入门门槛低、内里又有太多玄机的工作，好的运营人员应该想办法建立起产品和用户之间的联系，使产品形成完整的运营生态，从而实现正向的可持续性的发展。

我想，对于移动互联网的产品运营的讨论还会继续，产品和运营围绕着用户的各种尝试和突破也会不停地持续下去。我依旧看好运营的未来发展，更多的产品会趋于成熟，也会有更多的人更加关注运营，运营所发挥的作用也会越来越大。希望所有的运营人员，都能明确自己是做什么的，知道每个阶段需要干什么，同时提升自己的各项能力，成为一个有竞争力的运营人员。看起来好像很简单，其实中间的路很长，需要所有的运营人员慢慢体会。

　　在这里，要再次感谢"人人都是产品经理"和人人的CEO老曹（曹成明），在他们的帮助下，才使这本书有机会问世。书里有很多内容和建议都是我和老曹通过反复沟通、深入讨论后才确定的；书中部分的案例和攻略（如"起点小课堂"）是由"人人都是产品经理"友情提供的。再次感谢"人人都是产品经理"和其旗下"起点学院"的"小朋友们"，帮这本书做了很多的宣传工作。

　　我不算文笔太好的人，写的内容都比较简单、直白，和市面上的那些所谓的"专家学者"所提供的系统教程的写作风格可能不太一样。希望大家在看这本书时，可以像与一个年长几岁的同事一起交流工作方法，像大学时和自己的师兄或师弟沟通想法一样。因为时间关系，书中有些内容讲得还比较简单，如果有机会我会再进行补充（据说如果书卖得好会重印哦，如果大家支持，到时我一定给补上，有点小邪恶了）。

陈辉微信公众号

　　如果大家有任何的建议和反馈，都可以加我的微信公众账号gaoxiaoyunying，和我保持沟通；也欢迎给我发邮件，邮箱是vetajest@sina.com，只要有来信一定会给大家回复。

　　最后，再次感谢所有在工作和生活中帮助过我的人。不联系，并不代表忘记。

　　谢谢！

陈辉

腾讯 / 阿里 / 百度

的产品经理和运营

每天泡在这里

人人都是产品经理
WWW.WOSHIPM.COM

300万产品经理、互联网运营的聚集地

人人都是产品经理
www.woshipm.com

人人都是产品经理（woshipm.com）是以产品经理、互联网运营为核心的学习、交流、分享社群，集媒体、教育、招聘、社群活动为一体，全方位服务产品人和运营人，微信公众号woshipm。成立8年以来举办在线讲座500余期，线下活动300多场，覆盖北京、上海、广州、深圳、杭州、成都等10余座城市，在互联网业内得到了广泛关注和高度好评。社区目前拥有300万忠实粉丝，其中产品经理200万，中国85%的产品经理都在这里。

扫码回复"运营攻略"
领取**20G产品经理**
必备资料包

3000+专栏作者
干货文章源源不断

每月3场线下活动
与大咖面对面学习

500+微信群、QQ群
找志同道合的人

全年30期产品运营
精品课免费听

来起点学院
BAT总监带你从0到1
系统学习
提升自己的
产品和运营能力

起点学院
互联网黄埔军校

产品经理、互联网运营专业技能提升平台

起点学院
互联网黄埔军校

起点学院(www.qidianla.com)是人人都是产品经理旗下的产品经理和互联网运营职业技能提升平台,在教育行业深耕8年,联合BAT百余名总监共同研发产品运营课程,目标成为互联网的"黄埔军校",为行业培养优秀的产品经理和运营人才。

累计学员	BAT导师
360000+人	300+名

- 主打**精英式教学体系**
- 源自**BAT**内部的产品运营方法论
- 只做能落地的**产品经理**和**运营课程**

扫码回复"**运营攻略666**"
领取产品经理必备资料包